RECLAM-BIBLIOTHEK

Aphrodite, die Göttin der Liebe, ist seit mehr als 2500 Jahren in der Weltkultur anwesend. Hesiod beschreibt als erster ihre Geburt: »Das Geschlecht aber, das Kronos erst mit dem Stahl abschnitt und dann vom Land ins wogende Meer warf, trieb lange Zeit in den Wogen, und rings entstand weißer Schaum aus dem unsterblichen Fleisch; darin aber wuchs ein Mädchen. Zuerst trieb es zum hochheiligen Kythera hin, von dort dann kam es zum meerumflossenen Kypros. Heraus aber stieg die hehre, herrliche Göttin, und ringsum sproßte frisches Grün unter ihren schlanken Füßen. Götter und Menschen nennen sie Aphrodite.«

Rausch und Ekstase begleiten die Schaumgeborene seit ihren Anfängen, aber auch der Gegenpol läßt sich finden: die sublimierte, vergeistigte Liebe. Zwischen diesen Gegensätzen wird Aphrodite vielfältig verhandelt: als Retterin, Lügnerin, verwerfliches Negativbeispiel, bis hin zur desexualisierten Anti-Venus. Das Wechselverhältnis von hochaufgeladener Erotik und ihrem Gegenteil, der Entsinnlichung, bleibt über die Jahrtausende hinweg erhalten.

Mythos Aphrodite

Texte von Hesiod bis Ernst Jandl

Herausgegeben von Mario Leis

RECLAM VERLAG LEIPZIG

Mit 13 Abbildungen

ISBN 3-379-01693-4

Reclam-Bibliothek Band 1693
1. Auflage, 2000
Reihengestaltung: Hans Peter Willberg
Umschlaggestaltung: Oberberg + Puder, Leipzig, unter Verwendung des Gemäldes »Geburt der Venus« von Sandro Botticelli (um 1485; Uffizien, Florenz)
Gesetzt aus Meridien
Satz: Peter Conrad, Brandis
Druck und Bindung: Ebner Ulm
Printed in Germany

Inhalt

III Abgang – »Die Göttin schlummert ein, des Singens müd.«

IV   Auferstehung – »Große Venus, mächtge Göttin!«

I

Aphrodites Geburt –
»Ich bin da, ich bin da!«

Theogonie

Vers 123–206

Aus dem Chaos gingen Erebos *(finsterer Grund)* und die dunkle Nacht hervor, und der Nacht wieder entstammten Aither *(Himmelshelle)* und Hemere *(Tag)*, die sie gebar, befruchtet von Erebos' Liebe.

Gaia brachte zuerst, ihr gleich, den sternreichen Uranos hervor, damit er sie ganz bedecke und den seligen Göttern ein niemals wankender Sitz sei. Weiter gebar sie hohe Berge, liebliche Göttersitze für Nymphen, die zerklüftete Höhen bewohnen. Auch das unwirtliche Meer, das anschwillt und stürmt, erzeugte sie, doch ohne verlangende Liebe. Dann aber gebar sie, von Uranos umarmt, den tiefwirbelnden Okeanos, auch Koios und Kreios und Hyperion und Iapetos, dazu Theia und Rheia und Themis (die *Rechtsordnung*) und Mnemosyne, Phoibe, die goldbekränzte, und die liebliche Tethys. Nach diesen wurde als jüngster der Krummes sinnende Kronos geboren, das schrecklichste ihrer Kinder. Der haßte den strotzenden Vater.

Dann wieder gebar sie die Kyklopen, die ein trotziges Herz haben, Brontes *(Donner)*, Steropes *(Blitz)* und den ungestümen Arges (den *Grellen*), die Zeus den Donner gaben und ihm den Blitz schmiedeten. Diese glichen sonst in allem den Göttern, doch saß nur ein Auge inmitten ihrer Stirn. Kyklopen *(Kreisaugen)* aber war der Name, mit dem man sie nannte, weil ein kreisrundes Auge in ihrer Stirn saß. Stärke, Gewalt und List war immer in dem, was sie taten.

Andere noch stammten von Gaia und Uranos, drei riesige, ungestüme Söhne, die man nicht nennen soll, Kottos, Briareos und Gyges, die überheblichen Kinder. Ihnen entsprangen hundert ungeschlachte Arme an den Achseln, jedem wuchsen fünfzig Häupter aus den Schultern über derb-gedrungenen Gliedern, und maßlos gewaltige Stärke wohnte in ihrer Riesengestalt.

Alle nämlich, die von Erde und Himmel stammten, waren schrecklich-gewaltige Kinder und dem Vater von Anfang ein Greuel; kaum war eines geboren, verbarg sie Uranos alle im Schoß der Erde, ließ sie nicht ans Licht und freute sich noch seiner Untat. Die riesige Erde aber wurde im Inneren bedrängt, stöhnte und ersann einen bösen, listigen Anschlag. Rasch erschuf sie das Element des grauen Stahls, machte eine große Sichel, wies sie ihren lieben Kindern und sprach ihnen (denn groß war der Groll ihres Herzens) Mut zu: »Ihr, meine und eines ruchlosen Vaters Kinder, wollt ihr mir gehorchen, so können wir die Schandtat eures Vaters vergelten. Er hat nämlich als erster sich die schimpflichen Werke ausgedacht.«

So sprach sie, doch alle ergriff Furcht, und keiner von ihnen sagte ein Wort. Der große, Krummes sinnende Kronos jedoch faßte Mut und erwiderte gleich seiner edlen Mutter: »Mutter, ich könnte die Tat auf mich nehmen und ausführen, denn ich kenne nicht Schonung für unseren Vater, der seines Namens nicht wert ist; er hat nämlich als erster sich die schimpflichen Werke ausgedacht.«

So sprach er. Die riesige Erde aber freute sich. Sie barg ihn in einem Versteck, gab ihm die scharfgezahnte Sichel in die Hand und lehrte ihn die ganze List. Es kam aber der große Himmel, führte die Nacht herauf, umfing die Erde voller Liebesverlangen und breitete sich ganz über sie. Der Sohn aber griff aus dem Versteck mit der linken Hand nach ihm, nahm die riesige, lange, scharfgezahnte Sichel in die Rechte, mähte rasch das Geschlecht seines Vaters ab und warf es hinter sich, daß es fortflog; doch fiel es nicht ohne Wirkung aus seiner Hand, denn all die blutigen Tropfen, die herabfielen, empfing Gaia und gebar im Kreislauf der Jahre die starken Erinnyen, die großen Giganten in strahlender Rüstung und mit langen Speeren in der Hand sowie auch die Nymphen, die man auf der unendlichen Erde Melische *(Eschennymphen)* nennt.

Das Geschlecht aber, das er erst mit dem Stahl abschnitt und dann vom Land ins wogende Meer warf, trieb lange Zeit in den Wogen, und rings entstand weißer Schaum aus dem unsterblichen Fleisch; darin aber wuchs ein Mädchen. Zuerst trieb es zum hochheiligen Kythera hin, von dort dann kam es zum meerumflossenen Kypros. Heraus aber stieg die hehre, herrliche Göttin, und ringsum sproßte frisches Grün unter ihren schlanken Füßen. Götter und Menschen nennen sie Aphrodite (und schaumgeborene Göttin und schönbekränzte Kythereia), weil sie dem Schaum entwuchs, Kythereia aber, weil sie nach Kythera gelangte, und Kyprosgeborene, weil sie am vielumwogten Kypros herausstieg, und geschlechtsliebend, weil sie aus dem Geschlecht ans Licht trat. Eros gab ihr das Geleit, und der schöne Himeros folgte ihr, als sie, soeben geboren, zur Schar der Götter emporstieg. Von Anbeginn aber besitzt sie solche Ehre und gewann diesen Bereich unter Menschen und ewigen Göttern: trautes Mädchengeplauder und Lächeln und Trug, süße Lust, Umarmung und Kosen.

um 700 v. Chr.

Geburt der Venus. Fragment vom sogenannten Ludovisischen
Thron. 5. Jh. v. Chr.

178   Aphrodite Anadyomene

Eine Kythere, wie eben dem Schoß sie des Meeres
entstiegen,
kannst du hier sehen, ein Werk, das uns Apelles
gemalt.
Schau, sie faßt mit der Hand nach den Locken, noch feucht
von den Wassern,
und aus dem tropfenden Haar ringt sie sich drückend
den Schaum.
O, jetzt werden sogar Athene und Hera bekennen:
»Niemals streiten wir mehr wegen der Schönheit mit
dir.«

Antipatros von Sidon

179   Ein gleiches

Als Aphrodite sich nackt dem Schoße des nährenden
Meeres
eben zum Lichte entrang, hat sie Apelles erblickt.
Und ganz wie er sie sah, so schuf er sie: Naß noch vom
Meere,
drückt sie mit rosiger Hand grade den Schaum aus dem
Haar.

Aulus Licinius Archias

180   Ein gleiches

Als mit tropfendem Haar, noch naß vom salzigen
Schaume,
Kypria nackend des Meers purpurnen Fluten entstieg,
nahm sie, genau so wie hier, von den schimmernden
Wangen die Locken,
rang des Ägäischen Meers Wasser aus ihnen heraus

17

und enthüllte, wie recht, nur den Busen. – Wenn Kypris
                                        so schön ist,
    mag Enyalios' Herz bald vor Verwirrung vergehn.

Demokritos

181   Ein gleiches
Eben entrang sich Kythere dem Schoße der See, und
                                        Apelles'
    Hände vollbrachten dabei hilfreich-entbindend den
                                        Dienst.
Rasch! Geh weg von dem Bild! Sonst wirst du vom
                                        Schaume des Meeres,
    den sie aus ihrem Gelock grade sich windet, noch naß.
Zeigte dem Apfel zulieb sich Kypris so strahlend in
                                        Nacktheit,
    hat Athene dann nicht Troja zu Unrecht zerstört?

Julianos, Präfekt von Ägypten

182   Ein gleiches
Wie Kypris eben ihrer Mutter Schoß entstieg
und Schaum, noch rauschend, um die Hochzeitsholde
                                        hing,
so hat Apelles sie in wonnevollem Reiz
gemalt – gemalt? o nein, lebendig sie geformt.
Hübsch pressen ihre Finger aus dem Haar das Naß,
hübsch leuchtet aus dem Aug ein sanft Verlangen auf,
und Reife kündend schwillt, der Quitte gleich, die Brust.
Athene selbst und Zeus' Gemahlin rufen aus:
»Damit beurteilt, werden wir besiegt, o Zeus.«

Leonidas von Tarent

ab dem 5. Jh. v. Chr.

PLATON

Das Gastmahl

203 b–203 c

Als nämlich Aphrodite geboren war, schmausten die Götter, und unter den übrigen auch Poros, der Sohn der Metis. Als sie nun gespeist, kam, um sich etwas zu erbetteln, da es doch festlich herging, auch Penia und stand an der Türe. Poros nun, berauscht vom Nektar, denn Wein gab es noch nicht, ging in den Garten des Zeus hinaus, und schwer und müde wie er war, schlief er ein. Penia nun, die ihrer Dürftigkeit wegen den Anschlag faßte, ein Kind mit Poros zu erzeugen, legte sich zu ihm und empfing den Eros. Deshalb ist auch Eros der Aphrodite Begleiter und Diener geworden, wegen seiner Empfängnis an ihrem Geburtsfest und weil er von Natur ein Liebhaber des Schönen ist und Aphrodite schön ist.

um 380 v. Chr.

De ortu Deæ Veneris.

Von Ankunfft vnd Vrsprung der Göttin Veneris.

ES schreiben die Poeten wie Varro bezeuget / wie daß auß dem Himmel ein Fewriger Samen gewachsen / vnd in das Meer gefallen / auß welchem Schaum die Göttin Venus erboren. Vnd erzehlet Cicero vier Veneres lib. 3. de natura Deorum, eine die auß dem Himmel vnd Tag erboren / dessen Tempel in Elide gewesen / die ander auß dem Schaum obgemeldt / die mit Mercurio den Cupidinem erzeuget habe / die dritte ein Tochter Iouis vnnd Dianę Vulcani Weib / vñ auß der Venere vnd Marte ist Anteros geboren / die vierde nennt er Astarten auß Syro vnnd Syria erzeugt / so da Adonis gefreyet / die Vrsach aber warumb Venus auß dem Meerschaum geboren / gesagt werde / schreibt

b ij   Plu-

Plutarchus in Symp. lib. 5. cap. 10. er halte daruor die Poeten haben Venerem auß dem Meerschaum geboren gedichtet / vnd sey die Fabel dahero kommen / als wann sie auß dem Meer geboren / daß sie vnter dieser Bemäntelung mehr Saltzes geberende Krafft andeutende. Oder aber wil bedeuten daß die zu Samenfügung der Hitz vnnd Feuchtigkeit / den gebornen das Leben gibt / dann das Meer ist Feucht vnd Warm / vnd durch die stättige Bewegung gibt vñ wirfft es Schaum auß / welcher Schaum dann ein Symbolum vnd Zeichen deß Samens ist / daher sie auch Pontia die Meerverwantin Saligena Limeneia genandt ist worden. Daher Virgilius im fünfften Buch den Neptunum die Venerem also an redet / einführt mit diesem Verß /

Fas omne est Cytherea meis te sidere regnis
    Vnde genus ducis.

Venus dir traw ich gantz mein Reich /
    Daher du führest dein Geschlecht.

Vnd Seneca in Hippolyto redet von seinem Vrsprung / spricht:

Diua non miti generata ponto
Quam vocat matrem geminus Cupido

Vnd

Vnd Ausonius in Beschreibung der
Göttin/

Orta Salo, suscepta Solo, patre edita cælo
   Æneadum genetrix hic habito almaVenus.

Geborn vom Meer/erzogen auff Erdt/
   Vom hohen Himmel herkoffen werd/
Ein Mutter der Æneadum
   Wohne allhier gütig vnd fromb.

Vnd Ouidius den Paridem an die He-
lenam schreibend/ einführende sagt also:

In mare (nil mirum) ius habet orta mari.

Vom Meer geboren nicht minder ist/
   Daß es regiere zu jeder frist.

   Vnd eben derselbige in der Epistel von
Ero an Leandrum setzet solche Vrsach.

Quod timeas non est, auso Venus ipsa fauebit,
   Sternet, & æquoreas æquore nata vias.

Das du dich förchst/nicht ist/ Leb frey
Venus dein Glück wirdt stehen bey/
Denn sie vom Meer geboren/ den Weg
Wirdt gleich machen/ gleich einem Steg.

   Vnd in der Epistel von Sappho an
Faon sagt/

Solue ratem Venus orta mari , mare præstet
   eunti.

                    b iij   O Ve-

O Venus zart/löß auff das Schiff
Daß es gehe sicher durch die Tieff.

Vnd in dem vierdten Buch seiner Ver=
wandtlung führet er diese Göttin ein zu re=
den von sich selbsten/auff diese Weiß/

------- *Aliqua & mihi gratia ponto est,*
Si tamen in medio quondam concreta pro-
 fundo
Spuma fui, Graiumque manet mihi nomen
 ab illa.

Ich auch noch gnad von Mehr ja hab/
Dann ich vor Zeiten war ein Gab/
Deß diesen Meers gerunnerer Schaum/
Daher mir noch der Griechisch Nahm.

1614

CASPER VON LOHENSTEIN

Venus

Vers 42–70

Bald erstlich aber fällt / durch wen du seyst genesen /
Ein eyfer-kummer vor. Die meisten sind gesinnt /
Du seyest Jupiters und der Dionen kind.
Viel dürffen dir wohl gar den vater streitig machen /
Und sagen / daß du nur (wer will des wahns nicht lachen!)
Cambyscns kinds-kind seyst. In wahrheit / welcher glaubt
Solch abergläubisch ding / dem ist sein neblicht haupt
Von wahnwitz angefüllt. Denn wer hat ie vernommen /
Daß von der tauben sey ein starcker adler kommen?
Kein bock hat noch wohl nicht ein pferd zur welt gebracht /
Kein käfer einen straus. Und aus der finstern nacht
Entspringt kein sonnen-licht. Die meisten aber sagen /
Der himmel habe dich in seiner schooß getragen /
Als dich der tag gezeugt. Zwar diese meynung scheint
Mir nicht so ungereimt / weil sie dich nicht verkleint /
Auch keines mangels zeugt. Daß du vom himmel
                                    kommen /
Und von den göttern hast dein wesend thun genommen /
Trifft mit der gottheit ein. So ist auch weil die welt /
Diß weit-umarmtes all / wird durch den tag erhellt /
Dein wesen schon gewest. Doch scheinet unter allen
Mir keine meynung mehr / als derer / zu gefallen /
Die deinen stamm erzehln; Daß die geschwellte flut
Des blau-gesaltznen schaums / geschwängert durch das blut
Des himmels-saamen sey / als aus erzürntem wüten
Saturnus sichel ihm das manns-glied abgeschnitten
So wär es durch die lufft gefallen in die see /
Und aus erregtem schaum sey unsre Cyprie
Entsprossen in der flut. Diß machet uns zu wissen /
Warum die Griechen erst dich Aphrodite hiessen.

postum erschienen 1695

Mythologisches Lexikon

Aus dem Artikel über Venus

2 §. Aeltern. Diese sind so mannichfaltig, als man Personen dieses Namens annimmt. Einer spricht von zwoen, der himmlischen Venus, deren Mutter unbekannt ist, und der gemeinen Venus, welche Jupiters und der Dione Tochter ist. *Plato in Sympos.* p. 1179. Zu diesen beyden setzete man noch eine dritte, welche man die abwendende nannte, hinzu, gab aber keine Aeltern von ihr an. *Pauſ. Bœot.* c. 16. p. 566. Andere wissen von ihrer vieren. Die erste Venus sollte also von dem Cölus und Dies; die zwente aus dem Schaume des Meeres, von welcher Cupido geboren worden; die dritte von dem Jupiter und der Dione, welche den Vulcan geheurathet; und die vierte von dem Thrus und der Shria entstanden seyn, welche besonders Astarte genannt worden. *Cicer. de N. D. l. III.* c. 23. p. 1199. Allein, noch eine, oder doch die letzte von den erwähnten, sollen Tauben aus einem Eye ausgebrütet haben, welches vom Himmel herab und in den Euphrat gefallen, von den Wellen aber an das Land gewälzet worden. *Hygin. Fab.* 197. Man machet auch eine zu des Saturnus und

der Evonyme Tochter. *Epimenides ap.*
Nat. Com. l. IV. c. 13. *p.* 380. Unter
allen aber bleibt doch die zwente die be-
kannteste. Ihre Erzeugung soll folgender Gestalt geschehen seyn. Als
Saturn seinem Vater das männliche
Glied weggeschnitten, und es in das
Meer geworfen hatte, so entstund um
solches herum ein weisser Schaum,
der eine Zeitlang auf dem Meere umher trieb, bis endlich Venus aus dem-
selben empor stieg. *Hesiod. Theog. v.*
188. *& Serv. ad Virgil. Aen. V. v.* 801.
Sie soll auf einer Muschel zuerst in die
Insel Enthera, von da aber nach Enpern gekommen seyn, da denn, wo sie
mit ihren Füßen hintrat, Gras und
Bluhmen hervor brachen. *Hesiod. l. c.*
v. 192.

3 §. Auferziehung. Wie einige vor-
geben, so wurde sie nicht sowohl in
gedachter Muschel, als vielmehr noch
in dem Schaume, von dem Zephyr an
Enpern getrieben. Hier sollen sie denn
die Horen aufgenommen und erzogen
haben. Als sie hernach erwachsen war,
so putzeten sie dieselbe aufs schönste
aus und führeten sie also in den Himmel, wo sie solche den Göttern vor-
stelleten, da denn ein jeder sie, ihrer
ganz besondern Schönheit halber, zur
Gemahlinn verlangete. *Homer. Hymn.*
in Vener. II. per integr.

1770

Über Anmuth und Würde

[...] Diese Venus steigt schon ganz vollendet aus dem Schaume des Meers empor: vollendet, denn sie ist ein beschlossenes, streng abgewogenes Werk der Nothwendigkeit, und als solches, keiner Varietät, keiner Erweiterung fähig. Da sie nehmlich nichts anders ist, als ein schöner Vortrag der Zwecke, welche die Natur mit dem Menschen beabsichtet, und daher jede ihrer Eigenschaften durch den Begriff, der ihr zum Grund liegt, vollkommen entschieden ist, so kann sie – der Anlage nach – als ganz gegeben beurtheilt werden, obgleich diese erst unter Zeitbedingungen zur Entwicklung kommt. [...]

1793

CHRISTIAN MORGENSTERN

Anadyomene

Apollo eilt, die Welt zu wecken,
da schlag ich auf die Lider schwer:
Und mich befällt ein süß Erschrecken:
Vor meinen Augen liegt das Meer.
Ich finde mich auf sicherer Klippe,
die Wellen schmeicheln zu mir her.
In stummer Andacht schweigt die Lippe.
Vor meinen Augen liegt das Meer.

Sandro Botticelli: Geburt der Venus. Um 1485.

Es spült der Sonne rote Brände
hinauf den weißen Dünensand,
es wirft sie hoch auf steile Wände,
in Feuer stehen Meer und Land,
als gält es heut ein Fest zu feiern,
wie einst, da Venus sich entwand
der Frühflut rosenroten Schleiern …
In Feuer stehen Meer und Land.

Und wie ich in die Pracht versonnen
dem fliehnden Traumbild rufe: Bleib!
da hat es schon Gestalt gewonnen:
Dem Schaum entsteigt ein göttlich Weib.
Ein Wogensturz von goldnen Rosen
enthüllt den schönsten Frauenleib.
Zum Flüstern sinkt der Brandung Tosen –
dem Schaum entsteigt ein göttlich Weib.

Ich aber bin emporgesprungen,
indes die Göttin näher schwebt –

die Schönheit ist nicht tot: sie lebt!

1894

RAINER MARIA RILKE

Geburt der Venus

An diesem Morgen nach der Nacht, die bang
vergangen war mit Rufen, Unruh, Aufruhr, –
brach alles Meer noch einmal auf und schrie.
Und als der Schrei sich langsam wieder schloß
und von der Himmel blassem Tag und Anfang
herabfiel in der stummen Fische Abgrund –:
gebar das Meer.

Von erster Sonne schimmerte der Haarschaum
der weiten Wogenscham, an deren Rand
das Mädchen aufstand, weiß, verwirrt und feucht.
So wie ein junges grünes Blatt sich rührt,
sich reckt und Eingerolltes langsam aufschlägt,
entfaltete ihr Leib sich in die Kühle
hinein und in den unberührten Frühwind.

Wie Monde stiegen klar die Kniee auf
und tauchten in der Schenkel Wolkenränder;
der Waden schmaler Schatten wich zurück,
die Füße spannten sich und wurden licht,
und die Gelenke lebten wie die Kehlen
von Trinkenden.

Und in dem Kelch des Beckens lag der Leib
wie eine junge Frucht in eines Kindes Hand.
In seines Nabels engem Becher war
das ganze Dunkel dieses hellen Lebens.
Darunter hob sich licht die kleine Welle
und floß beständig über nach den Lenden,
wo dann und wann ein stilles Rieseln war.

Durchschienen aber und noch ohne Schatten,
wie ein Bestand von Birken im April,
warm, leer und unverborgen, lag die Scham.

Jetzt stand der Schultern rege Waage schon
im Gleichgewichte auf dem graden Körper,
der aus dem Becken wie ein Springbrunn aufstieg
und zögernd in den langen Armen abfiel
und rascher in dem vollen Fall des Haars.

Dann ging sehr langsam das Gesicht vorbei:
aus dem verkürzten Dunkel seiner Neigung
in klares, waagrechtes Erhobensein.
Und hinter ihm verschloß sich steil das Kinn.

Jetzt, da der Hals gestreckt war wie ein Strahl
und wie ein Blumenstiel, darin der Saft steigt,
streckten sich auch die Arme aus wie Hälse
von Schwänen, wenn sie nach dem Ufer suchen.

Dann kam in dieses Leibes dunkle Frühe
wie Morgenwind der erste Atemzug.
Im zartesten Geäst der Aderbäume
entstand ein Flüstern, und das Blut begann
zu rauschen über seinen tiefen Stellen.
Und dieser Wind wuchs an: nun warf er sich
mit allem Atem in die neuen Brüste
und füllte sie und drückte sich in sie, –
daß sie wie Segel, von der Ferne voll,
das leichte Mädchen nach dem Strande drängten.

So landete die Göttin.

Hinter ihr,
die rasch dahinschritt durch die jungen Ufer,
erhoben sich den ganzen Vormittag
die Blumen und die Halme, warm, verwirrt,
wie aus Umarmung. Und sie ging und lief.

Am Mittag aber, in der schwersten Stunde,
hob sich das Meer noch einmal auf und warf
einen Delphin an jene selbe Stelle.
Tot, rot und offen.

1907

RICHARD DEHMEL

Venus Anadyomene

Das ist die alte Stimme wieder,
aus langen Träumen jung erwacht.
Sie sang die allerersten Lieder,
trunken und schüchtern. Sie singt und lacht:

Über dem grünen Roggenmeere
wiegte die Glut zwei Pfauenaugen.
Blühend roch die brütende Leere.
Tief im grünen Roggenmeere
lag ein Knabe mit blauen Augen.

Das war, als du noch Fehle hattest,
noch alte Furcht und fremde Scham,
als du noch keine Seele hattest,
die nur aus D e i n e m Blut dir kam.

Aber du sahst die Falter leuchten,
mit flackernden Flügeln bunt sich greifen;
träumte dir von zwei dunkelfeuchten
Augen, und die sahst du leuchten
unter bunten, flatternden Schleifen.

Das war die Zeit des Schaums der Säfte,
die Ähren stäubten gelben Seim;
vieltausendjährige Sehnsuchtskräfte
erregten schwellend einen Keim.

Ahntest unterm andern Kleide
andre nackte Glieder klopfen.
Deine Hände flackerten beide.
In die einsam heiße Haide
quoll ein erster Samentropfen.

Das tat die Sehnsucht dieser Erde,
die opfernd um die Sonne schweift.
Sie sprach das allererste Werde.
Auf! Die Sprache der Mannheit reift.

1907

PAUL HEYSE

Die Geburt der Venus

Sequenz aus dem gleichnamigen Roman.
Der Maler Marcel Dagobert erlebt während eines Gewitters tag-
traumartig die Geburt der Venus.

[...] So lullte mich die Stille und der Zauber der Natur
nach und nach in einen Halbschlaf, in dem ich noch zuweilen die Augenlider ein wenig hob, um mir des herrlichen Lagers, wo ich ruhte, bewußt zu bleiben. Dann
mag ich wohl fest eingeschlafen sein, wie lange, weiß ich
nicht. Plötzlich aber wurde ich durch einen heftigen Don-
nerton aufgeschreckt. Ich fuhr in die Höhe, der Himmel
über mir war wie mit einer blauschwarzen Decke verhüllt, unter der die Purpurbläue des Meers um so magi-
scher leuchtete. Ganz hinten glänzte ein smaragdgrüner
Streif, über dem zitterte die Luft wie ein lockeres, weißes
Gewebe – ein Anblick, an dem ich mich nicht satt sehen
konnte.

Doch, wie ich noch so aufgestützt schaue und staune,
geschah ein völliges Wunder. Aus dem nachtdunklen Gewölk fuhr ein breiter, zackiger Feuerstrahl mitten in die
Meeresfläche, die plötzlich hoch aufwallte, wie wenn sie
durch den Blitz entzündet worden wäre. Zugleich kam die
ganze Breite der See in ein seltsames Wogen und Wallen,
Schaum spritzte an vielen Stellen auf, ohne daß ein Wind
ihn aufwühlte, in dem weißen Gekräusel sah ich allerlei
Lebendiges auftauchen, große Fische, Delphine und halb
tierische, halb menschliche wilde Köpfe, wie man Tritonen zu malen pflegt. Sie bewegten sich in tollen Sprüngen
und sprühten Wasser aus großen Muschelhörnern, eine
bacchantische Zügellosigkeit, nur ohne einen einzigen
Laut. Es war, als ob die Seegeschöpfe ein großes Fest feierten.

Und auf einmal wurde es still, eine feierliche Stille, wie
wenn eine Volksmenge die Ankunft eines Herrschers er-

wartet. Und da – mitten in dem Gewühl – hob sich aus der Tiefe eine weiße Gestalt, langsam herauftauchend, daß ich glaubte, die Flut von ihren blonden Haaren herabrieseln zu sehen, erst der herrliche Kopf bis an die Brust, dann, sacht emporgleitend, der ganze göttliche Leib, die zarten Füße auf den Rücken eines silberhellen Delphins leicht aufgestützt, die Arme, sobald sie ganz im Freien schwebte, weit ausgebreitet und mit den dunklen Augen umherblickend, wie eine Fürstin, die ihr Reich überschaut und einen gnädigen Blick auf ihre Untertanen wirft.

Dieser Blick – dieses Lächeln – das Herz brannte mir – ich sprang auf – ich war im Begriff, zum Strand hinunterzustürzen und mich ins Meer zu werfen, um der himmlischen Erscheinung näher zu kommen – da erscholl ein neuer, schwächerer Donner, plötzlich zerstob die Wolkendecke, der Himmel wurde wieder hell, und alle Meergeschöpfe, die sich auf den brandenden Wogen getummelt und um die Gestalt der Herrin gedrängt hatten, waren mit dieser verschwunden. Nichts war geblieben als der blaue Spiegel der Flut, den jetzt eine luftige Brise kräuselte. [...]

1909

ОСИП МАНДЕЛЬШТАМ

Silentium

Она еще не родилась,
Она – и музыка, и слово,
И потому всего живого
Ненарушаемая связь.

Спокойно дышат моря груди,
Но, как безумный, светел день,
И пены бледная сирень
В черно-лазуревом сосуде.

Да обретут мои уста
Первоначальную немоту,
Как кристаллическую ноту,
Что от рождения чиста!

Останься пеной, Афродита,
И, слово, в музыку вернись,
И, сердце, сердца устыдись,
С первоосновой жизни слито!

1910

OSSIP MANDELSTAM

Silentium

Sie ist noch nicht, ist unentstanden,
Musik ist sie und Wort:
So lebt, verknüpft durch ihre Bande,
Was west und atmet, fort.

Im Meer das Atmen, ruhig, immer,
Das Licht durchwächst den Raum;
Aus dem Gefäß, das bläulich schimmert,
Steigt fliederblasser Schaum.

O könnt ich doch, mit meinem Munde,
Solch erstes Schweigen sein,
Ein Ton, kristallen, aus dem Grunde,
Und so geboren: rein.

Bleib, Aphrodite, dieses Schäumen,
Du Wort, geh, bleib Musik.
Des Herzens schäm dich, Herz, das seinem
Beginn und Grund entstieg.

PAUL VALÉRY

Naissance de Vénus

De sa profonde mère, encore froide et fumante,
Voici qu'au seuil battu de tempêtes, la chair
Amèrement vomie au soleil par la mer,
Se délivre des diamants de la tourmente.

Son sourire se forme, et suit sur ses bras blancs
Qu'éplore l'orient d'une épaule meurtrie,
De l'humide Thétis la pure pierrerie,
Et sa tresse se fraye un frisson sur ses flancs.

Le frais gravier, qu'arrose et fuit sa course agile,
Croule, creuse rumeur de soif, et le facile
Sable a bu les baisers de ses bonds puérils;

Mais de mille regards ou perfides ou vagues,
Son œil mobile mêle aux éclairs de périls
L'eau riante, et la danse infidèle des vagues.

1920

Geburt der Venus

Noch kalt wird, aus der Mutter Unergründlichkeit,
Und dampfend in dem sturmumwogten Anbeginn
Nun, von dem Meer der Sonne bitter ausgespien,
Aus Diamanten des Orkans das Fleisch befreit.

Ihr Lächeln formt sich, und es folgt auf ihrem blanken
Arm, den der Morgen einer wunden Schulter netzt,
Von Thetis' Feuchte rein der Edelstein, und jetzt
Bahnt ihre Flechte sich ein Schauern auf den Flanken.

Der frische Kies, den ihr gewandter Lauf besprengt und flieht,
Stürzt sinkend ein, vertieft den Lärm der Gier –
Der Sand trank ihrer Knabensprünge Küsse ganz;

Jedoch mit tausend Blicken, vag wie auch perfid,
Mischt Blitze der Gefahr, des Wassers Lachen ihr
Bewegtes Auge in der Wellen untreun Tanz.

GOTTFRIED BENN

Liebe

Liebe – halten die Sterne
über den Küssen Wacht –:
Meere, Eros der Ferne,
rauschen, es rauscht die Nacht,
steigt um Lager, um Lehne,
eh sich das Wort verlor,
Anadyomene
ewig aus Muscheln vor.

Liebe – schluchzende Stunden,
Dränge der Ewigkeit
löschen ohne viel Wunden
ein paar Monde der Zeit,
Landen – schwärmender Glaube,
Arche und Ararat
sind dem Wasser zu Raube,
das keine Grenzen hat.

Liebe – du gibst die Worte
weiter, die dir gesagt,
Reigen – wie sind die Orte
von Verwehtem durchjagt,
Tausch – und die Stunden wandern,
die Flammen wenden sich,
ich sterbe für einen andern
und du für mich.

1927

MARIE LUISE KASCHNITZ

Venus Anadyomene

Unsere Mütter
Hatten Umgang
Mit dem Feuer
Aschenregen
Fiel auf ihre
Haare gelbe
Blitze furchten
Ihren Schoß.
Unsere Väter
Zerrissen die Hoden
Des Uralten warfen
sie hoch von der Klippe.
Durch diese unsere
Kleinen Gebärden
Durch diese unsere
Armseligen Worte
Manchmal
Weht noch die feurige Asche
Hallen die Schritte der Riesen
Steigt aus dem treibenden Abschaum
Lächelnd die Schönheit.

1955

Schaumgeboren

Flocken
Und Locken.
Korallen
Und Lallen,
Rosenschein.
Tief in die wogende Wiege hinein.
Und das Meer ganz von Sinnen
Weiß nicht, was vor lauter Jauchzen beginnen:
»Ich bin da, ich bin da!«
Bittende Wellen
Langen und schwellen:
»Ich bin da, ich bin da!«

1902

II

Göttliche Aphrodite –
»Und es führte die Göttin«

Hymnos auf Aphrodite

Muse, sag mir die Werke der goldenen Aphrodite,
Herrin auf Kypros; süßes Verlangen weckt sie den Göttern,
überwältigt der sterblichen Menschen Geschlechter, die
                                        Vögel
hoch in den Lüften, die Scharen der Tiere, aller
                                        zusammen,
mag sie das Festland, mag sie das Weltmeer zahllos
                                        ernähren:
jedes buhlt um die Gnaden der schön bekränzten Kythera.
Drei nur konnte sie nicht verlocken und täuschen die
                                        Sinne:
So mißachtet Athene, die eulenäugige Tochter
Zeus', des Aigisschwingers, der goldenen Aphrodite
Wirken. Die Taten des Ares ergötzen sie, Krieg und
                                        Gefechte,
blutige Schlachten, doch auch das Bemühen um Werke
                                        der Schönheit.
Sie war die erste, die irdische Handwerksleute belehrte
Wagen zu baun für den Kampf und erzene, bunte
                                        Gefährte.
Doch sie lehrte auch Mädchen im Hause Werke der
                                        Schönheit,
legte sie jedem der Zarten ans Herz. Als zweite ergab sich
Artemis auch, die lärmende Göttin mit goldener Spindel,
niemals der Liebe der lieblich lächelnden Aphrodite.
Sie ergötzt es, den Bogen zu spannen, das Wild im Gebirge
bringt sie zur Strecke; Leier und Chöre und tosendes
                                        Jauchzen,
schattige Wälder liebt sie und Städte voll rechtlicher
                                        Männer.
Noch eine ehrbare Jungfrau wollte nichts wissen vom
                                        Wirken
Aphrodites: Histia wars, die der listige Kronos

45

zeugte zuerst, doch nach Zeus, des Aigisschwingenden,
Ratschluß
wieder als Letzte. Da kam zur Erhabnen als Freier
Poseidon,
kam auch Apollon; doch sie verweigerte jede Bereitschaft,
sagte mit Schroffheit Nein, und was restlos ging in
Erfüllung,
darauf schwur sie den mächtigen Eid, indem sie die
Hände
legte aufs Haupt des Zeus, des aigisschwingenden Vaters:
Jungfrau wolle sie bleiben, die hehre Göttin, für immer.
Vater Zeus aber schenkte als schönen Ersatz für die
Hochzeit,
daß sie nun thront in der Mitte des Hauses, fetteste Opfer
werden gespendet; in allen Tempeln der Götter genießt sie
Ehren und waltet für alle Menschen der göttlichen
Pflichten.
Drei also konnte sie nicht verlocken und täuschen die
Sinne,
niemand anderer sonst ist Aphrodite entronnen.
Keiner der seligen Götter und keiner der sterblichen
Menschen,
auch die Gedanken des Zeus, des donnerfrohen, berückt
sie,
ob er der größte auch ist und der größten Ehren
teilhaftig.
Ihm auch wirrt sie die Sinne nach Laune, die sonst so
gediegnen,
brachte ihn ohne Beschwerde mit sterblichen Weibern
zusammen,
dachte dabei nicht an Hera, die Schwester ihm ist und
Gemahlin,
bei den unsterblichen Göttinnen weitaus die beste
Erscheinung.
Kronos, der listige, zeugte sie als die Erhabenste; Rhea
ward ihre Mutter; doch Zeus in unverrückbarem
Ratschluß
holte sie sich als ehrbare, tüchtig verständige Gattin.

Zeus aber senkte auch jener ins Herz das süße
                                    Verlangen,
sich einem sterblichen Mann zu ergeben in Liebe, damit
                                    sie
selber nicht entbehre die Freuden der menschlichen
                                    Brautnacht,
oder gar rühmend einmal im Kreise der Götter behaupte,
süß dabei lachend, die lieblich lächelnde Aphrodite,
sie sei es doch, die vereine Götter mit sterblichen Weibern,
die dann sterbliche Kinder gebären unsterblichen Vätern,
wie sie auch Göttinnen paare mit sterblichen Männern.
                                    Auch ihr nun
senkte Zeus ins Herz nach Anchises süßes Verlangen,
der auf den Gipfeln der Berge der Ida, wo reichliche
                                    Quellen
rieseln, Rinder bewachte, Unsterblichen ähnlich an
                                    Aussehn.
Kaum nun sah ihn die lieblich lächelnde Aphrodite,
und sie verliebt sich; wildes Verlangen packte die Sinne;
fort nach Kypros eilt sie, den duftenden Tempel betritt sie,
fort nach Paphos zum duftenden Altar im heiligen Haine.
Eiligst geht sie hinein, verschließt die glänzende Pforte,
ließ die Charitinnen gleich darauf sie baden und salben
mit unsterblichem Öl, wie an ewigen Göttern es
                                    schimmert,
so ambrosisch und köstlich, daß ganz in Duft sie gehüllt
                                    war.
Herrlich bekleidet sie sich mit ihren schönsten
                                    Gewändern,
prangend im Goldschmuck, die lieblich lächelnde
                                    Aphrodite,
stürmte dann eilig nach Troja hinweg vom duftenden
                                    Kypros,
hoch in Wolken gehüllt vollendet sie schnell ihre Reise.
Und sie gelangte zur Mutter der Schafe, wo reichliche
                                    Quellen
rieseln, zur Ida, gradaus durchs Gebirg ans Gehöft im
                                    Geleite

wedelnder Wölfe in fleckigem Fell, blitzäugiger Löwen;
Bären und schnelle, auf Rehe lüstern versessene Panther
folgten; beim Anblick schwoll ihr das Herz vor
Freudengefühlen,
daß sie den Tieren Verlangen erregte und alle zusammen
kosend zu zweit zum Schlummer sich legten im Schatten
des Hofes.
Doch sie selber betrat nun die wohlgezimmerte Hütte.
Fand ihn allein im ganzen Gehöft, das die andern
verlassen,
ihren Anchises, den Helden von göttlicher Schönheit. Die
Hirten
waren den Rindern gefolgt hinaus auf die grasigen
Weiden.
Einsam im ganzen Gehöft, das die andern verlassen,
durchschritt er
hin und her das Gemach und spielte mächtig die Leier.
Jetzt trat Aphrodite, die Tochter des Zeus, ihm entgegen,
groß an Gestalt, als ein Mädchen von frisch
jungfräulichem Aussehn,
daß nicht Furcht ihn befalle, wenn nun er sie leibhaft
erschaue.
Aber Anchises macht sich beim Anblick Gedanken,
bewundert
dieses Aussehn, diese Größe, die prangenden Kleider.
Hatte sie doch einen Leibrock an, dessen Funkeln das
Feuer
überstrahlte, blinkenden Brustschmuck, gleißende
Ringe;
Ketten hingen am zarten Hals in bezaubernder Schöne,
goldnes Geschmeid; doch über den zarten Brüsten, da
blinkt es
wie der leuchtende Mond, ein Wunder war es zu schauen.
Liebe ergriff Anchises; dann sprach zu ihr er die Worte:
Heil dir Herrin! du kommst von den Seligen unter
mein Dach hier!
Artemis bist du, Leto vielleicht oder Aphrodite,
Themis die Edelgeborne, Athene mit Augen der Eule?

Bist aus dem Kreis der Charitinnen eine gekommen, die
                                                    aller
Götter Gefährtinnen sind und darum Unsterbliche
                                                    heißen?
Bist du eine der Nymphen, die schöne Haine bewohnen,
oder von jenen, die hier in den herrlichen Bergen daheim
                                                    sind,
oder an Quellen der Ströme und grasigen Auen? Ich will
                                                    dir
hier auf der höchsten Warte, in weit, hoch, herrlicher
                                                    Rundschau
deinen Altar errichten, will schöne Opfer dir bringen
ganz nach der Jahrzeit. Du aber gnädigen Sinnes verleihe,
daß ich vor allen troischen Männern herrlich erscheine!
Schenk für die Zukunft blühende Kinder und lasse mich
                                                    selber
lange leben, mich freuen des Lichtes der Sonne und
                                                    glücklich
unter den Scharen der Meinen die Schwelle des Alters
                                                    erreichen!
   Da nun entgegnete ihm Zeus' Tochter, Aphrodite:
Höchstgerühmter Anchises der erdgeborenen Menschen!
Ich bin keine Göttin! Was hältst du mich gar für
                                                    unsterblich?
Ich bin sterblich! geboren hat mich ein Weib. Doch mein
                                                    Vater –
Otreus heißt er; sein Name hat überall Klang, wo du
                                                    hinhörst,
über ganz Phrygien reicht seine Herrschaft, das
                                                    mauerbewehrte.
Eure Sprache dagegen versteh ich genau wie die unsre;
nährte mich doch eine troische Amme in unserm Palaste,
nahm das Kleine vom Schoße der Mutter und pflegte es
                                                    täglich.
Darum wahrlich versteh ich auch euere Sprache
                                                    vortrefflich.
Jetzt – aus dem Chor der lärmenden Artemis raffte mich
                                                    Hermes

weg von der Göttin mit goldener Spindel, der Gott mit
dem Goldstab,
weg vom Spiel vieler Nymphen und wohlbegüterter
Mädchen,
weg aus dem reichen Gefolge, das alle im Kranze
umringte.
Dorther komm ich entführt von Hermes, dem Gott mit
dem Goldstab.
Weit über Felder der sterblichen Menschen mußte ich
folgen,
weit über Land, das keinem gehört und von niemand
bestellt wird.
Reißende Tiere durchziehn es von Lager zu schattigen
Lagern.
Ich aber spürte die nährende Erde nicht unter den Füßen.
Immer doch hört ich, ich werde dein Ehweib heißen,
Anchises,
werde dein Lager teilen und herrliche Kinder dir
schenken.
Als es der starke Schimmernde so mir gesagt und
verkündet,
wahrlich, da ging er zurück in den Kreis der
Unsterblichen. Ich doch
kam jetzt her zu dir von gewaltigem Müssen getrieben.
Auf meinen Knieen fleh ich dich an bei Zeus und bei
deinen
Eltern, den edlen – denn einen wie dich zeugt niemals ein
Schlechter –:
Rühr mich nicht an! Laß keine Liebkosung mich fühlen,
bevor du
mich deinem Vater gezeigt und der Mutter, der edel
gesinnten,
auch deinen Brüdern, die gleicher Herkunft wie du sind.
Ich will ja
keine verächtliche Schwägerin sein; sie sollen mich
achten!
Rasch aber schick zu den Phrygern bei ihren scheckigen
Fohlen,

laß es dem Vater, der sorgenden Mutter verkünden, dann
werden
Gold genug und gewobene Kleider sie schicken; du aber
nimm dann als Bräutigam an die Fülle der strahlenden
Gaben!
Hast du dies alles getan, dann rüste zu lieblicher Hochzeit;
Menschen sollen sie preisen und auch die unsterblichen
Götter!
Süßes Verlangen erregte die Göttin mit diesen
Gesprächen.
Liebe ergriff Anchises, bedeutsam sprach er die Worte:
Bist eine Sterbliche du; gebar dich ein Weib; ist dein Vater
Otreus, ein Name, der Klang hat, wie du erzähltest, und
hat dich
jener unsterbliche Führer, hat Hermes dich hieher
geleitet,
sollst du Gemahlin mir heißen für alle künftigen Tage:
Wahrlich dann wird kein Gott, kein sterblicher Mensch
wird verhindern,
hier und sofort dich mir in Liebe zu einen. Und schösse
selber Apollon, der Schütze ins Weite, vom silbernen
Bogen
tödliche Pfeile: Göttergleiches Weib! mich erfüllte
nur das eine Verlangen: dein Lager möcht ich besteigen;
nachher wollte ich gerne im Hause des Hades versinken.
Sprachs und nahm ihre Hand. Lieb lächelnd Aphrodite,
um sich wendend, die schönen Augen zu Boden
geschlagen,
ging zum gerichteten Bett, wo auch sonst es stand für den
Fürsten.
Weiche Decken lagen zuunterst gebreitet, darüber
Häute von Bären und brüllenden Löwen, die hatte
Anchises
hoch in den Bergen selber erlegt. Nun saßen sie beide
dort auf dem Rande des trefflich gezimmerten Lagers.
Anchises
nahm ihr zuerst den funkelnden Schmuck vom Leibe, die
Spangen,

dann die gleißenden Ringe, weiter die Ketten, den
                              Brustschmuck;
löste den Gürtel, streifte die glänzenden Hüllen ihr ab und
legt sie auf einen mit silbernen Nägeln gefestigten Sessel.
Dann aber schmiegte Anchises, – so wollten es Götter und
                              Schicksal –
er, ein Mensch, sich hin zur Göttin und wußte nichts
                              Sichres.
Während die Hirten die Rinder mitsamt dem kräftigen
                              Kleinvieh
heimwärts trieben, zurück zum Stall von den blumigen
                              Weiden,
senkte die Göttin Anchises in süßen, beglückenden
                              Schlummer.
Selbst aber legte sie an ihre herrlichen Hüllen, die hehre
Göttin, und als sie sich trefflich und völlig gekleidet, da
                              wuchs sie
gleich mit dem Haupt bis ans Dach der wohlgezimmerten
                              Hütte.
Ewig unsterbliche Schönheit aber strahlt von den
                              Wangen,
wie man sie kennt, die schön bekränzte Kythera. Darauf
                              nun
weckte sie ihn aus dem Schlaf und sprach die
                              bedeutsamen Worte:
Dardanide, steh auf! Was liegst du in reglosem
                              Schlummer?
Auf und schau, ob ich jetzt noch die gleiche dir scheine,
                              wie damals,
da dein Auge zuerst mich erblickte! Sie sprachs. Aber er
                              nun
reckte vom Schlaf sich empor und gehorchte ihr eiligst. Da
                              sah er
Aphrodites Hals und herrliche Augen. Bestürzung
kam über ihn; er mied ihren Blick, verdrehte die Augen,
sank zurück und hüllt mit der Decke sein herrliches
                              Antlitz.
Bittend sprach er sodann zu ihr die geflügelten Worte:

52

Göttin! Gleich als zuerst dich mein Auge erblickte, da
                                        wußt ich,
daß eine Göttin du warst. Doch du hast nicht ehrlich
                                      gesprochen.
Hier auf den Knieen fleh ich bei Zeus, dem Schwinger der
                                        Aigis,
sorge, daß nicht bei den Menschen ich lebe und hause als
                                    Schwächling!
Nein, erbarme dich meiner! Kein Mann erfreut sich des
                                      Lebens,
der mit unsterblichen Göttinnen teilte das Lager der Liebe.
   Ihm antwortete drauf Zeus' Tochter, Aphrodite:
Höchstgerühmter Anchises vor allen sterblichen
                                      Menschen,
fasse dich mutig und bange nicht sehr in deinem Gemüte!
Bist doch ein Freund der Götter; so brauchst du wahrlich
                                      nicht fürchten,
daß dir andere Selige weh tun oder ich selber.
Dir wird geboren ein Sohn, ein geliebter, ein Herrscher in
                                      Troja,
Kinder und Enkel werden erstehen in dauernder Folge.
Heißen wird er Aineias, da schreckliches Leid mich
                                      erfaßte,
als ich das Lager bestieg mit dir, einem sterblichen Manne.
Aber von allen sterblichen Menschen wird immer den
                                      Göttern
euer Geschlecht an Wuchs und Gestalt am meisten sich
                                      nähern.
Zeus der Berater raubte sich, weil er so schön war, den
                                      blonden
Ganymedes; bei den Unsterblichen sollte er leben,
Weinschenk sein im Palaste des Zeus, den Göttern aus
                                      goldnem
Mischkrug schütten den roten Nektar, ein Wunder zu
                                      schauen,
hochgeehrt von allen Unsterblichen. Aber den Vater
Tros, der nicht wußte, wohin ihm den Sohn, den
                              geliebten, die Windsbraut

fortgeführt, überkam eine unvergessene Trauer.
Tag für Tag ohne Pause erscholl sein Seufzen und Klagen.
Mitleid spürte da Zeus. Er gab für den Sohn ihm zur Sühne
Rosse mit Flügelfüßen, mit denen Unsterbliche fahren.
Diese bekam er geschenkt; der Geleitmann, der
                    Schimmernde, sagte
alles, da Zeus ihm den Auftrag gegeben zu künden, er
                           werde
niemals altern, er solle unsterblich sein wie die Götter.
Aber als er die Kunde des Zeus vernommen, da klagte
nimmer er weiter, vielmehr empfand er herzliche Freude,
fröhlich fuhr er dahin mit den Rossen auf windschnellen
                          Füßen.
Eos, die Göttin auf goldenem Throne, hinwieder entführte
eurem Geschlecht den Tithonos; er glich den
                      unsterblichen Göttern.
Bittend ging sie zum dunkelumwölkten Kroniden:
                        Tithonos
sollte unsterblich werden und leben endlose Tage.
Zeus gewährte den Wunsch und nickte der Törin
                    Erhörung;
denn sie hatte nicht gründlich bedacht, die erhabene Eos,
Jugend auch zu erflehn, das verderbliche Alter zu tilgen.
Während er also in lockender Jugend erstrahlte, genoß er
Eos, die frühgeborne, die Göttin auf goldenem Throne,
wohnte draußen am Rande der Welt an Okeanos
                    Strömung.
Aber es kam die Zeit, da begann ihm die Fülle der Haare
grau zu werden am edlen Kinn und am herrlichen
                    Haupte.
So sein Lager zu teilen vermied die erhabene Eos,
pflegte ihn aber, als wär er ein Kind, in ihrem Palaste,
gab ihm ambrosische Speise und wunderschöne
                    Gewänder.
Als aber schließlich das häßliche Alter ihn völlig
                    erdrückte,
als er kein Glied mehr bewegen konnte, keines mehr
                    heben,

schien ihrem Herzen folgender Plan der beste: Sie ließ ihn
sitzen im Ehegemach, versperrte die glänzenden Türen;
endlos tönt sein Stimmchen, denn Kraft ist nicht mehr
vorhanden,
so wie sie einstens wirkte in seinen lockeren Gliedern.
Nimmer möcht ich, daß du als solches Gebilde unsterblich
unter Unsterblichen weiltest und lebtest ewige Zeiten.
Solltest du freilich, so wie du bist an Gestalt und
Erscheinung,
leben und so mein Ehmann heißen, dann würde wohl
niemals
Herzeleid mein entschlossenes Denken umdüstern.
Indessen
jetzt wird gar bald dich das Alter umdüstern, vor dem alle
gleich sind,
das kein Mitleid kennt und spät an die Menschen
herantritt.
Alter verfluchtes, du Ohnmacht, du Grausen sogar für die
Götter!
Mir aber droht der unsterblichen Götter heftiger Vorwurf
alle Tage und dauernd, wofür der Schuldige du bist.
Früher hatten sie Angst vor meinem Kosen und Planen,
hab ich doch alle Unsterblichen sterblichen Weibern
verkuppelt.
Jeder erlag meinem Sinnen und Trachten; doch jetzt ist es
anders.
Hüten wird sich mein Mund, vor Unsterblichen davon zu
sprechen.
War ich doch gänzlich verblendet, ganz schrecklich, ich
darf kein Wörtchen
jemals reden davon, den Verstand hatt ich völlig verloren.
Gab ich mich doch einem Sterblichen hin und trage sein
Kind jetzt
unter dem Herzen. Sieht es das Licht der Sonne, so sollen
Nymphen es mir erziehn im Gebirg, hochbrüstige
Frauen,
die diesen heiligen, hohen Berg hier bewohnen und
niemals

Menschen oder Unsterblichen folgen. Sie leben sehr
lange,
essen sie doch ambrosische Speise, Unsterbliche tanzen
herrliche Reigen mit ihnen; Silene, der treffliche Späher
Hermes, der Schimmernde auch, genießen in dämmrigen
Winkeln
lieblicher Höhlen zusammen mit ihnen die Freuden der
Liebe.
Kommen Nymphen zur Welt, so wachsen zusammen mit
ihnen
Tannen und hochgewipfelte Eichen im nährenden
Boden,
ragen empor im hohen Gebirg in sprossender Schöne:
Heilige Götterbezirke; so pflegt sie das Volk zu benennen;
niemals aber schlägt sie kahl ein menschlicher Axthieb.
Tritt dann aber die Moira heran und müssen sie sterben,
dann verdorren zuerst im Boden die herrlichen Stämme,
rundum stirbt das Laub, die Äste brechen herunter,
zugleich aber verläßt ihre Seele die strahlende Sonne.
Diese Göttinnen werden mein Söhnchen bekommen und
nähren.
Aber sobald sich reizvolle Jugend über ihn breitet,
werden sie hieher ihn bringen, um dir ihn zu zeigen.
Damit dies
alles aber verständig bedacht sei, will ich erst im fünften
Jahre selber dich wieder besuchen, den Sohn an der Seite.
Siehst du ihn aber erblüht vor deinen Augen, dann wirst
du
jauchzen vor Schauen; denn völlig gleichen wird er den
Göttern.
Führen wirst du ihn dann nach Troja, dem stürmisch
umbrausten.
Fragt dich aber ein sterblicher Mensch nach der Mutter,
die für dich
trug unterm Herzen den lieben Sohn, so sollst du
erzählen,
was ich jetzt dir befehle, und hüte dich vor dem
Vergessen:

Ist der Sproß einer Nymphe mit blumigem Antlitz, so sagt
man,
wie sie in diesem Gebirge hier hausen, das Wälder
bedecken.
Plauderst du aber und rühmst dich in sinnlosem Prahlen,
du habest
liebend umfangen die herrlich bekränzte Kythera, so wird
dich
Zeus ergrimmt zerschmettern mit seinem flammenden
Blitzstrahl.
Nun ist alles gesagt! Überleg es in deinem Gemüte!
Halt an dich! Verrate kein Wort! Bedenke der Götter
Groll! So sprach sie und stürmte hinein in den luftigen
Himmel.
Heil dir Göttin! Herrin auf Kypros, dem trefflich
bebauten!
Du bists, mit der ich begann. Bald sing ich ein anderes
Preislied.

6. Jh. v. Chr.

SAPPHO

Liebesentbehrung

Auf buntem Thron, Unsterbliche, Aphrodite,
Zeus' Tochter, Listenspinnerin, ich flehe zu dir:
Lähm mir mit Trübsinn nicht und Überdrüssen,
Herrin, den Mut,

Sondern komm hierher, wenn schon früher jemals
Du meine Stimme fern vernehmend

Mich hörtest und des Vaters Haus verließest
Und kamst,

Den goldenen Wagen angeschirrt: dich zogen schöne
Schnelle Sperlinge über die schwarze Erde
Dicht mit Flügeln wirbelnd, vom Himmel mitten
Hin durch den Äther,

Und langten an sogleich, du aber, Selige, lächelnd
Mit dem unsterblichen Antlitz, fragtest,
Was mir denn wieder zugestoßen, was mich
Wieder denn riefe

Und was ich am meisten wünschte, daß mir werde
Rasenden Herzens. »Welche soll Peitho wieder
In deine Liebe führen? Welche, Sappho,
Tut dir ein Leid an?

Denn flieht sie, soll sie bald verfolgen!
Nimmt Gaben sie nicht: nun denn, sie soll geben!
Und liebt sie nicht: bald wird sie lieben
Auch wider Willen!«

Komm zu mir jetzt auch! Löse mich von schweren
Gedanken, und was alles zu erfüllen
Mein Herz begehrt, erfülle! Sei du selber
Die Kampfgenossin!

nach 600 v. Chr.

Ilias

Dritter Gesang, Vers 380–420

Aphrodite rettet Paris (Alexandros) aus dem tödlichen Griff des Menelaos, sie entführt ihn in sein Schlafgemach. Die Göttin zwingt Helena – die Ehefrau des Paris –, seinem Verlangen nach-zugeben.

                Doch jenen entrückt' Aphrodite
Sonder Müh, als Göttin, und hüllt' in Nebel ihn
                        ringsher,
Setzt' ihn drauf in die Kammer, von duftender Würze
                        durchräuchert;
Schnell dann Helena suchend enteilte sie. Jene noch fand
                        sie
Dort auf ragendem Turm und umher viel troische
                        Weiber.
Leis ihr feines Gewand voll Nektarduft ihr bewegend,
Redete sie in Gestalt der wollekrempelnden Greisin,
Hochbetagt, die ihr einst in heimischer Burg
                        Lakedaimons
Liebliche Wolle gezupft und ihr am meisten geliebt war;
Dieser gleich an Gestalt, begann Aphrodite, die Göttin:
    Komm! dich ruft Alexandros, mit mir nach Hause zu
                        kehren.
Jener ruht in der Kammer auf zierlichem Lagergestelle,
Strahlend in Reiz und Feiergewand. Kaum solltest du
                        glauben,
Daß er vom Zweikampf komme; vielmehr er gehe zum
                        Reigen,
Oder er sitzt ausruhend vom fröhlichen Reigen ein wenig.
    Jene sprachs, und erregt' ihr das wallende Herz in dem
                        Busen.
Aber sobald sie bemerkte den lieblichen Nacken der
                        Göttin,

Auch den Busen voll Reiz und die anmutstrahlenden
Augen,
Tief erstaunte sie jetzt und redete, also beginnend:
Grausame, warum strebst du, mich nochmals schlau zu
verleiten?
Soll ich vielleicht noch weiter die wohlbevölkerten
Städte
Phrygiens oder der holden Maionia Städte
durchwandern,
Wenn auch dort ein Geliebter dir wohnt der redenden
Menschen?
Drum weil jetzt Menelaos den edlen Held Alexandros
Überwand und beschleußt, mich heim, die Verhaßte, zu
führen,
Darum schleichst du mir jetzo daher voll trüglicher
Arglist?
Setze zu jenem dich hin und verlaß der Unsterblichen
Wandel,
Und nie kehre dein Fuß zu den seligen Höhn des
Olympos:
Sondern teile des Sterblichen Weh und pfleg ihn mit
Sorgfalt,
Bis er vielleicht zum Weibe dich aufnimmt oder zur
Sklavin!
Dorthin geh ich dir nimmer, denn unanständig ja wär
es,
Ihm sein Bett zu schmücken hinfort. Des würden mich
alle
Troerinnen verschmähn; und Gram schon lastet das Herz
mir!
Aber voll Zorns antwortete drauf Aphrodite, die Göttin:
Reize mich nicht, o Törin! ich könnt im Zorne mich
wenden
Und so sehr dich hassen, als innig mein Herz dich geliebet!
Beid' entflammt ich die Völker sodann zu verderblicher
Feindschaft,
Troer sowohl wie Achaier; dann raffte dich böses
Verhängnis!

Jene sprachs, und verzagt ward Helena, Tochter
                                        Kronions.
Eilend ging sie, gesenkt den silberglänzenden Schleier,
Still, unbemerkt den übrigen Fraun; und es führte die
                                        Göttin.

Fünfter Gesang, Vers 311–430

Aphrodite rettet ihren verletzten Sohn Aineias vor Diomedes.

Dort nun wär er gestorben, der Völkerfürst Aineias,
Wenn nicht schnell es bemerkt die Tochter Zeus'
                                        Aphrodite,
Die dem Anchises vordem ihn gebar bei der Herde der
                                        Rinder.
Diese, den trautesten Sohn mit Lilienarmen
                                        umschlingend,
Breitet' ihm vor die Falte des silberhellen Gewandes
Gegen der Feinde Geschoß, daß kein Gaultummler
                                        Achaias
Jenem die Brust mit Erze durchbohrt' und das Leben
                                        entrisse.
Also den trautesten Sohn enttrug sie hinweg aus der
                                        Feldschlacht.
Doch nicht Kapaneus' Sohn war sorglos jenes
                                        Vertrages,
Welchen ihm anbefahl der Rufer im Streit Diomedes;
Sondern er hemmt' abwärts sein Gespann starkhufiger
                                        Rosse
Außer dem Sturm, das Gezäum am Sesselrande
                                        befestigt;
Schnell dann Aineias' Rosse, die schöngemähnten,
                                        entführt' er
Aus der Troer Gewühl zu den hellumschienten
                                        Achaiern,
Gab sie darauf dem Genossen Deïpylos, den er vor allen

Jugendfreunden geehrt, weil fügsamen Sinnes sein Herz
war,
Daß zu den Schiffen hinab er sie führete. Selber der Held
dann
Stieg in das eigne Geschirr und ergriff die prangenden
Zügel,
Lenkte dann schnell zum Tydeiden die mächtig
stampfenden Rosse,
Freudigen Muts. Der folgte mit grausamem Erze der
Kypris,
Weil er erkannt, sie erschein' unkriegerisch, keine der
andern
Göttinnen, welche der Sterblichen Schlacht obwaltend
durchwandeln,
Weder Athenens Macht, noch der Städt' Unholdin
Enyo.
Als er nunmehr sie erreicht, durch Schlachtgetümmel
verfolgend,
Jetzo, die Lanze gestreckt, der Sohn des erhabenen
Tydeus,
Traf er daher sich schwingend mit eherner Spitze die Hand
ihr,
Zart und weich; und sofort in die Haut ihr stürmte die
Lanze
Durch die ambrosische Hülle, die ihr Charitinnen
gewebet,
Nah am Gelenk in der Fläche: da rann ihr unsterbliches
Blut hin,
Klarer Saft, wie den Wunden der seligen Götter
entfließet;
Denn nicht essen sie Brot, noch trinken sie funkelnden
Weines;
Blutlos sind sie daher und heißen unsterbliche Götter.
Laut nun schrie die Göttin und warf zur Erde den Sohn
hin.
Aber ihn in den Händen errettete Phoibos Apollon,
Hüllend in dunkles Gewölk, daß kein Gaultummler
Achaias

Jenem die Brust mit Erze durchbohrt' und das Leben
entrisse.
Jetzo erhub die Stimme der Rufer im Streit Diomedes:
Weiche zurück, Zeus' Tochter, aus Männerkampf und
Entscheidung!
Nicht genug, daß du Weiber von schwachem Sinne
verleitest?
Wo du hinfort in den Krieg dich einmengst, wahrlich, ich
meine,
Schaudern sollst du vor Krieg, wenn du fern nur nennen
ihn hörest!
Jener sprachs; und verwirrt enteilte sie, Qualen
erduldend.
Iris nahm und enttrug sie windschnell aus dem
Getümmel,
Ach, vom Schmerze betäubt, und die schöne Hand so
gerötet!
Jetzo fand sie zur Linken der Schlacht den tobenden
Ares
Sitzend, in Nacht die Lanze gehüllt und die hurtigen
Rosse.
Jen' auf die Knie hinfallend vor ihrem teuersten Bruder,
Bat und flehete sehr um die goldgeschirreten Rosse:
Teuerster Bruder, schaffe mich weg und gib mir die
Rosse,
Daß zum Olympos ich komm, allwo die Unsterblichen
wohnen.
Heftig schmerzt mich die Wunde; mich traf ein sterblicher
Mann dort,
Tydeus' Sohn, der anjetzt wohl Zeus, den Vater,
bekämpfte.
Jene sprachs; und er gab die goldgeschirreten Rosse.
Und sie trat in den Sessel, ihr Herz voll großer
Betrübnis.
Neben sie trat dann Iris und faßt' in den Händen die
Zügel,
Treibend schwang sie die Geißel, und rasch hinflogen die
Rosse.

Bald erreichten sie dann die seligen Höhn des Olympos.
Dort nun hemmte die Rosse die windschnell eilende
Iris,
Schirrte sie ab vom Wagen und reicht' ambrosische
Nahrung.
Aber mit Wehmut sank in Dionens Schoß Aphrodite;
Jene mütterlich hielt die göttliche Tochter umarmend,
Streichelte sie mit der Hand und redete, also beginnend:
Wer mißhandelte dich, mein Töchterchen, unter den
Göttern
Sonder Scheu, als hättest du öffentlich Frevel verübet?
Ihr antwortete drauf die holdanlächelnde Kypris:
Tydeus' Sohn dort traf mich, der stolze Held Diomedes,
Weil ich den lieben Sohn aus dem Kampf enttrug, den
Aineias,
Welcher mir vor allen geliebt ist unter den Menschen.
Nicht ists mehr der Troer und Danaer scheckliche
Feldschlacht,
Sondern es nahn die Achaier sogar Unsterblichen
kämpfend!
Ihr antwortete drauf die herrliche Göttin Dione:
Dulde, du liebes Kind, und fasse dich, herzlich betrübt
zwar!
Viele ja duldeten schon, wir Götter umher des Olympos,
Gram von sterblichen Menschen, indem wir einander
gekränket.
Ares ertrugs, als jenen die Riesenbrut des Aloëus,
Otos samt Ephialtes, in schmerzenden Banden gefesselt.
Dreizehn lag er der Mond', umschränkt vom ehernen
Kerker,
Und er verschmachtete schier, der unersättliche Krieger,
Wenn nicht der Brut Stiefmutter, die reizende Eëriboia,
Solches dem Hermes gesagt: der stahl von dannen den
Ares,
Kraftlos schon und ermattet; denn hart bezwang ihn die
Fessel.
Here auch trugs, als einst Amphitryons mächtiger Sohn
ihr

Mit dreischneidigem Pfeil an der rechten Seit' in den
                                              Busen
Traf: da hätte sie fast unheilbare Schmerzen empfangen.
Selbst auch Aïdes trugs, der gewaltige
                                      Schattenbeherrscher,
Als ihn eben der Mann, der Sohn des Aigiserschüttrers,
Unten am Tor der Toten mit schmerzendem Pfeile
                                              verwundet.
Aber er stieg zum Hause des Zeus und dem hohen
                                              Olympos,
Traurend das Herz, durchdrungen von wütender
                                      Pein; denn geheftet
War in der mächtigen Schulter der Pfeil und quält' ihm die
                                              Seele.
Doch ihm legt' auf die Wunde Paieon lindernden Balsam,
Und er genas; denn nicht war sterbliches Los ihm
                                              beschieden.
Kühner, entsetzlicher Mann, der frech, nicht achtend des
                                              Frevels,
Sein Geschoß auf Götter gespannt, des Olympos
                                              Bewohner!
Jenen erregte dir Zeus' blauäugige Tochter Athene:
Tor! er erwog nicht solches, der Sohn des mutigen
                                              Tydeus,
Daß nicht lange besteht, wer wider Unsterbliche
                                              kämpfet,
Daß nicht Kinder ihm einst an den Knien: mein
                                      Väterchen! stammeln,
Ihm, der gekehrt aus Krieg und schreckenvoller
                                              Entscheidung.
Darum hüte sich jetzt, wie tapfer er sei, Diomedes,
Daß nicht stärker denn du ein anderer gegen ihn
                                              kämpfe,
Daß nicht Aigialeia, die sinnige Tochter Adrastos',
Einst aus dem Schlaf aufschluchzend, die Hausgenossen
                                              erwecke,
Schwermutsvoll um den Jugendgemahl, den besten
                                              Achaier,

Sie, das erhabene Weib von Tydeus' Sohn Diomedes!
Sprachs, und trocknete jener mit beiden Händen die
Wunde;
Heil ward jetzo die Hand, und besänftiget ruhten die
Schmerzen.
Aber es schauten daher Athen' und die Herrscherin Here,
Und mit stichelnden Worten erregten sie Zeus Kronion.
Also redete Zeus' blauäugige Tochter Athene:
Vater Zeus, ob du solches verargen mir wirst, was ich
sage?
Sicher bewog nun Kypris ein schönes achaiisches
Weiblein,
Mitzugehn zu den Troern, die jetzt unmäßig sie liebet;
Dort vielleicht am Gewande der holden Achaierin
streichelnd,
Hat sie mit goldener Spange die zarte Hand sich geritzet.
Lächelnd vernahms der Vater des
Menschengeschlechts und der Götter,
Rief sie heran und sprach zur goldenen Aphrodite:
Töchterchen, dein Geschäft sind nicht die Werke des
Krieges.
Ordne du lieber hinfort anmutige Werke der Hochzeit.
Diese besorgt schon Ares, der stürmende, und
Athenaia.

Vierzehnter Gesang, Vers 187–223

*Here will Zeus verführen; nachdem sie sich geschmückt hat, fehlt
ihr noch der ›Liebes-Gürtel‹ Aphrodites.*

Als sie nunmehr vollkommen den Schmuck der Glieder
geordnet,
Eilte sie aus dem Gemach und rief hervor Aphrodite,
Von den anderen Göttern entfernt, dann freundlich
begann sie:

Möchtest du jetzt mir gehorchen, mein Töchterchen,
                                    was ich begehre,
Oder vielleicht es versagen, mir darum zürnend im
                                              Herzen,
Weil ich selbst die Achaier, und du die Troer
                                        beschützest?
  Ihr antwortete drauf die Tochter Zeus' Aphrodite:
Here, gefeierte Göttin, erzeugt vom gewaltigen Kronos,
Rede, was du verlangst; mein Herz gebeut mir
                                        Gewährung,
Kann ich es nur gewähren, und ist es selber gewährbar.
  Listenreich antwortete drauf die Herrscherin Here:
Gib mir den Zauber der Lieb' und Sehnsucht, welcher dir
                                              alle
Herzen der Götter bezähmt und sterblicher
                                  Erdebewohner!
Denn ich geh an die Grenzen der nahrungsprossenden
                                              Erde,
Daß ich den Vater Okeanos schau und Tethys, die
                                              Mutter,
Welche beid' im Palaste mich wohl gepflegt und
                                        erzogen,
Ihnen von Rheia gebracht, da der waltende Zeus den
                                              Kronos
Unter die Erde verstieß und die Flut des verödeten
                                              Meeres.
Diese geh ich zu schaun und den heftigen Zwist zu
                                        vergleichen.
Denn schon lange Zeit vermeiden sie einer des andern
Hochzeitbett und Umarmung, getrennt durch bittere
                                        Feindschaft.
Könnt ich jenen das Herz durch freundliche Worte
                                        bewegen,
Wieder zu nahn dem Lager, gesellt zu Lieb' und
                                        Umarmung,
Stets dann würd ich die teure geehrteste Freundin
                                        genennet.
  Ihr antwortete drauf die hold anlächelnde Kypris:

Nie wärs recht, noch geziemt' es, dir jenes Wort zu
                                                verweigern;
Denn du ruhst in den Armen des hocherhabnen
                                                Kronion.
Sprachs, und löste vom Busen den wunderköstlichen
                                                Gürtel,
Buntgestickt: dort waren des Zaubers Reize versammelt;
Dort war schmachtende Lieb' und Sehnsucht, dort das
                                                Getändel
Und die schmeichelnde Bitte, die selbst den Weisen
                                                betöret.
Den nun reichte sie jener und redete, also beginnend:
    Da, verbirg in dem Busen den bunt durchschimmerten
                                                Gürtel,
Wo ich des Zaubers Reize versammelte. Wahrlich, du
                                                kehrst nicht
Sonder Erfolg von dannen, was dir dein Herz auch
                                                begehret.
    Sprachs; da lächelte sanft die hoheitblickende Here;
Lächelnd darauf verbarg sie den Zaubergürtel im Busen.

zweite Hälfte des 8. Jh. v. Chr.

Odyssee

Achter Gesang, Vers 266–366

Aphrodite, vermählt mit Hephaistos, begeht mit Ares Ehebruch.

Lieblich rauschte die Harfe, dann hub der schöne Gesang
an.
Ares' Liebe besang und Aphroditens der Meister,
Wie sich beide zuerst in Hephästos' prächtiger Wohnung
Heimlich vermischt. Viel schenkte der Gott und entehrte
des hohen
Feuerbeherrschers Lager. Doch plötzlich bracht' ihm die
Botschaft
Helios, der sie gesehn in ihrer geheimen Umarmung.
Aber sobald Hephästos die kränkende Rede vernommen,
Eilet' er schnell in die Esse, mit rachevollen Entwürfen,
Stellt' auf den Block den gewaltigen Amboß und
schmiedete starke,
Unauflösliche Ketten, um fest und auf ewig zu binden.
Und nachdem er das trügliche Werk im Zorne vollendet,
Ging er in das Gemach, wo sein Hochzeitbette geschmückt
war,
Und verbreitete rings um die Pfosten kreisende Bande;
Viel spannt er auch oben herab vom Gebälke der Kammer,
Zart wie Spinnengewebe, die keiner zu sehen vermöchte
Selbst von den seligen Göttern, so wunderfein war die
Arbeit.
Und nachdem er den ganzen Betrug um das Lager
verbreitet,
Ging er gleichsam zur Stadt der schöngebaueten Lemnos,
Die er am meisten liebt' von allen Ländern der Erde.
Ares schlummerte nicht, der Gott mit goldenen Zügeln,
Als er verreisen sahe den kunstberühmten Hephästos.
Eilend ging er zum Hause des klugen Feuerbeherrschers,
Hingerissen von Liebe zu seiner schönen Gemahlin.

Aphrodite war eben vom mächtigen Vater Kronion
Heimgekehrt und saß. Er aber ging in die Wohnung,
Faßte der Göttin Hand und sprach mit freundlicher
                                        Stimme:
    Komm, Geliebte, zu Bette, der süßen Ruhe zu pflegen!
Denn Hephästos ist nicht daheim; er wandert vermutlich
Zu den Sintiern jetzt, den rauhen Barbaren in Lemnos.
    Also sprach er, und ihr war sehr willkommen die Ruhe.
Und sie bestiegen das Lager und schlummerten. Plötzlich
                                        umschlangen
Sie die künstlichen Bande des klugen Erfinders Hephästos,
Und sie vermochten kein Glied zu bewegen oder zu
                                        heben.
Aber sie merkten es erst, da ihnen die Flucht schon
                                        gehemmt war.
Jetzo nahte sich ihnen der hinkende Feuerbeherrscher.
Dieser kehrte zurück, bevor er Lemnos erreichte,
Denn der lauschende Gott der Sonne sagt' ihm die Tat an.
Eilend ging er zu Hause mit tiefbekümmerter Seele,
Stand in dem Vorsaal still, und der rasende Eifer ergriff
                                        ihn.
Fürchterlich ruft er aus, und alle Götter vernahmen's:
    Vater Zeus und ihr andern, unsterbliche selige Götter,
Kommt und schaut den abscheulichen unausstehlichen
                                        Frevel,
Wie mich lahmen Mann die Tochter Zeus', Aphrodite,
Jetzo auf immer beschimpft und Ares, den Bösewicht,
                                        herzet;
Darum, weil jener schön ist und grade von Beinen, ich
                                        aber
Solche Krüppelgestalt! Doch keiner ist schuld an der
                                        Lähmung,
Als die Eltern allein! O hätten sie nimmer gezeuget!
Aber seht doch, wie beid' in meinem eigenen Bette
Ruhn und der Wollust pflegen! Das Herz zerspringt mir
                                        beim Anblick!
Künftig möchten sie zwar auch nicht ein Weilchen so
                                        liegen!

Wie verbuhlt sie auch sind, sie werden nicht wieder
verlangen,
So zu ruhn! Allein ich halte sie fest in der Schlinge,
Bis der Vater zuvor mir alle Geschenke zurückgibt,
Die ich als Bräutigam gab für sein schamloses Gezüchte!
Seine Tochter ist schön, allein unbändigen Herzens!
Also sprach er. Da eilten zum ehernen Hause die
Götter:
Poseidaon kam, der Erdumgürter; und Hermes
Kam, der Bringer des Heils; es kam der Schütze Apollon.
Aber die Göttinnen blieben vor Scham in ihren
Gemächern.
Jetzo standen die Götter, die Geber des Guten, im
Vorsaal,
Und ein langes Gelächter erscholl bei den seligen Göttern,
Als sie die Künste sahn des klugen Erfinders Hephästos.
Und man wendete sich zu seinem Nachbar und sagte:
Böses gedeihet doch nicht; der Langsame haschet den
Schnellen!
Also ertappt Hephästos, der Langsame, jetzo Ares,
Welcher am hurtigsten ist von den Göttern des hohen
Olympos,
Er, der Lahme, durch Kunst. Nun büßt ihm der
Ehebrecher!
Also besprachen sich die Himmlischen untereinander.
Aber zu Hermes sprach Zeus' Sohn, der Herrscher
Apollon:
Hermes, Zeus' Gesandter und Sohn, du Geber des
Guten,
Hättest du auch wohl Lust, von so starken Banden
gefesselt,
In dem Bette zu ruhn bei der goldenen Aphrodite?
Ihm erwiderte darauf der geschäftige Argosbesieger:
O geschähe doch das, ferntreffender Herrscher Apollon!
Fesselten mich auch dreimal soviel unendliche Bande,
Und ihr Götter sähet es an und die Göttinnen alle,
Siehe, so schlief' ich doch bei der goldenen Aphrodite!
Also sprach er; da lachten laut die unsterblichen Götter.

Nur Poseidon lachte nicht mit; er wandte sich bittend
Zum kunstreichen Hephästos, den Kriegsgott wieder zu
lösen.
Und er redet' ihn an und sprach die geflügelten Worte:
Lös ihn! Ich stehe dafür: er soll, wie du es verlangest,
Vor den unsterblichen Göttern dir alles bezahlen, was
recht ist.
Drauf antwortete jenem der hinkende
Feuerbeherrscher:
Fordere solches nicht, du Erdumgürter Poseidon!
Elende Sicherheit gibt von Elenden selber die Bürgschaft.
Sage, wie könnt' ich dich vor den ewigen Göttern
verbinden,
Flöhe nun Ares fort, der Schuld und den Banden
entrinnend?
Ihm erwiderte drauf der Erderschüttrer Poseidon:
Nun Hephästos, wofern denn auch Ares fliehend
hinwegeilt,
Um der Schuld zu entgehn, ich selbst will dir dieses
bezahlen!
Drauf antwortete jenem der hinkende
Feuerbeherrscher:
Unrecht wär' es und grob, dir eine Bitte zu weigern.
Also sprach er und löste das Band, der starke Hephästos.
Und kaum fühlten sich beide der mächtigen Fessel
entledigt,
Sprangen sie hurtig empor. Der Kriegsgott eilte gen
Threke,
Aber nach Kypros ging Aphrodite, die Freundin des
Lächelns,
In den paphischen Hain, zum weihrauchduftenden Altar.
Allda badeten sie die Charitinnen und salbten
Sie mit ambrosischem Öle, das ewige Götter verherrlicht,
Schmückten sie dann mit schönen und wundervollen
Gewanden.

spätestens um 700 v. Chr.

EURIPIDES

Hippolytos

Vorszene

APHRODITE *erscheint auf dem Dach des Palastes:*
Ich bin die Göttin Kypris, auf dem Erdenrund
So hochgefeiert wie im Himmel hochgerühmt.
Vom Pontus bis zum Westmeer: wo die Sonne scheint,
Hab ich getreue Diener – die ich hoch belohne,
Doch wer es wagt, mich zu verachten, fällt.
Denn darin sind sich auch die Götter gleich:
Sie lieben es, wenn sie der Mensch verehrt.
Bald mach ich meine Worte furchtbar wahr.
Denn Theseus' Sohn, der Amazone Kind,
Hippolytos, des frommen Pittheus Zögling,
Nennt mich, als einzger Bürger dieses Lands,
Die allerschlimmste Gottheit, die es gibt.
Er flieht die Ehe, haßt der Liebe Werk.
Doch Phoibos' Schwester Artemis, das Kind des Zeus,
Hat er als höchste Gottheit sich erkoren.
Mit dieser Jungfrau schweift er durch den grünen
                                                    Hain,
Jagt wilde Tiere mit den schnellen Hunden auf,
Ihr mehr, als einem Sterbling ziemt, vertraut.
Des trag ich keinen Neid, wie sollt ich auch?
Doch was er gegen mich gefrevelt, wird bestraft
An diesem Jüngling noch an diesem Tag.
Was lang geplant, bedarf nicht vieler Müh.
Als er von Pittheus' Haus in attisch Land
Zur Schau und Feier heiliger Weihen zog,
Sah ihn des Vaters Gattin und entbrannte
In wilder Leidenschaft durch meine Macht.
Und schon bevor sie nach Trözen kam, hat sie dort
An Pallas' Fels, im Angesichte dieses Lands
Hinübersehnend mir ein Heiligtum gestiftet
Und heimlich »beim Hippolytos« es zubenannt.

Seit Theseus dann mit ihr des Kekrops Stadt verließ,
Sich selber bannend ob der Vettern Mord
Auf Jahresfrist, und dieses Land bezog,
Nimmt ihre Qual kein Ende, und in Seufzern
Verzehrt die Ärmste sich in aller Stille;
Kein Mensch im ganzen Hause kennt ihr Leid.
Doch soll dies Unheil nicht so glimpflich enden:
Ich zeig es Theseus an, und alles kommt ans Licht.
Der eigne Vater wird dem Jüngling, der mir trotzt,
Den Untergang bereiten durch Poseidons Kraft,
Der einst drei sichre Wünsche ihm verlieh;
Auch Phaidra muß, die edle Fürstin, untergehn.
Ich kanns ihr nicht ersparen: zahlen muß der Feind
Die Buße, die den Durst mir völlig stillt.

Schon seh ich dort des Theseus Sohn, Hippolytos,
Heimziehen nach vollbrachtem Werk der Jagd:
Nicht länger duldets mich an diesem Ort.
Ein großer Schwarm von Dienern folgt ihm auf dem
                                                        Fuß
Und preist mit lautem Lied die Göttin Artemis –
Er ahnt nicht, daß des Hades Tore offen stehn,
Und doch ist dies der letzte Tag, den er erblickt.

428 v. Chr. aufgeführt

PLATON

Das Gastmahl

180c–181c

Pausanias hält eine Rede über den himmlischen und den irdischen Eros.

Denn wenn es nur einen Eros gäbe, dann wäre das ganz schön. Nun aber gibt es eben nicht nur einen. Gibt es aber nicht nur einen, so ist wohl richtiger, daß zuvor bestimmt werde, welchen man loben soll. Ich also will versuchen, dies zu berichtigen, zuerst den Eros beschreiben, welcher zu loben ist, und dann auch ihn loben des Gottes würdig.

Wir wissen nämlich alle, daß es ohne Eros keine Aphrodite gibt; wenn also diese nur eine wäre, so würde auch ein Eros sein, da nun aber deren zwei sind, muß es auch einen zweifachen Eros geben. Wie sollten aber nicht der Göttinnen zwei sein? Die eine ist ja die ältere, die mutterlose Tochter des Uranos, welcher wir auch den Beinamen »die himmlische« geben, und dann die jüngere, des Zeus und der Dione Tochter, welche wir auch die gemeine nennen. Notwendig also wird auch der eine Eros, der Gehilfe der letzteren, mit Recht der gemeine genannt, der andere der himmlische. Preisen nun muß man zwar alle Götter, was aber jedem von diesen beigelegt ist, will ich versuchen zu zeigen. Mit jeder Handlung nämlich verhält es sich so: an und für sich selbst ist, sie zu verrichten, weder schön noch häßlich. Wie was wir jetzt tun: trinken, singen, sprechen, davon ist nichts an und für sich schön; sondern wie es in der Ausübung gerät, so wird es. Denn schön und recht gemacht wird es schön; unrecht aber, wird es schlecht. So auch das Lieben und der Eros: nicht jeder ist schön und wert, verherrlicht zu werden, sondern nur der uns anreizt, schön zu lieben.

Der der gemeinen Aphrodite also ist auch in Wahrheit gemein und bewirkt, was sich eben trifft, und dieser ist es, nach welchem die schlechten unter den Menschen lieben. Es lieben aber solche zuerst nicht minder Frauen als Knaben; dann, welche sie nun eben lieben, an denen mehr den Leib als die Seele; dann, soviel sie immer können, die unvernünftigsten, indem sie nur auf die Befriedigung sehen, unbekümmert, ob auf schöne Weise oder nicht. Daher ihnen denn begegnet, daß sie tun, was ihnen eben vorkommt, gleichermaßen wie das Gute ebenso auch das Gegenteil. Wie denn auch dieser Eros von der Göttin abstammt, welche teils weit jünger ist als die andere, teils auch ihren Ursprung schon beidem, Weiblichem sowohl als Männlichem, verdankt. Der der himmlischen aber gehört zuerst einer, welche nicht von Weiblichem, sondern nur von Männlichem abstammt, und dies ist die Liebe der Knaben; dann auch, welche älter ist und keinen Anteil hat an Frevel. Daher denn wenden sich zu dem Männlichen die von diesem Eros angewehten, indem sie das von Natur Stärkere und mehr Vernunft in sich Habende lieben.

um 380 v. Chr.

APOLLONIOS VON RHODOS

Das Argonautenepos

Buch III, Vers 1–166

Wohlan nun, Erato, tritt mir zur Seite und erzähle mir, wie Jason das Vlies dank Medeas Liebe von dort zurück nach Jolkos brachte. Denn auch du hast am Wirken der Kypris Anteil und ziehst unvermählte Mädchen in den Bann der Liebe; deshalb trägst du auch <diesen> lieblichen Namen.

So <nun>, im dichten Schilf verborgen, verharrten die Helden in ihrem Versteck. <Nur> Hera und Athene bemerkten sie; ohne Wissen der anderen unsterblichen Götter und selbst des Zeus gingen sie in ein Zimmer und berieten. Zunächst wollte Hera Athenes Meinung erfahren:

»Mach du nun als erste, Tochter des Zeus, einen Vorschlag! Was ist zu tun? Willst du irgendeine List ersinnen, mit der sie vielleicht das Goldene Vlies des Aietes an sich nehmen und nach Hellas bringen können, oder sollen sie versuchen, ihn mit schmeichelnden Worten zu überreden? Denn er ist zwar äußerst gewalttätig, doch darf man vor einem Versuch nicht zurückschrecken.«

So sprach sie, ihr aber entgegnete sogleich Athene:

»Hera, du fragst mich ohne Umschweife, was ich auch selbst im Geist erwäge! Doch es kommt mir noch keine List in den Sinn, die den Helden nützen könnte – und dabei habe ich schon viele Pläne erwogen.«

So sprach sie, und beide hefteten ihren Blick auf den Boden zu ihren Füßen, voller Zweifel bei sich hin und her überlegend. Schließlich kam Hera als erste auf eine Idee und ließ folgenden Vorschlag vernehmen:

»Auf, laß uns zu Kypris gehen! Wir wollen uns beide an sie wenden und sie auffordern, ihrem Sohn – sofern er folgsam ist – zu sagen, er solle die zauberkundige Tochter des Aietes mit seinen Geschossen treffen und in Liebe zu

Jason entbrennen lassen: Dann wird er, so glaube ich, mit Hilfe ihrer Ratschläge das Vlies zurück nach Hellas bringen.«

So also sprach sie. Athene gefiel der kluge Plan, und sie antwortete ihr gleich darauf mit freundlichen Worten:

»Hera, unkundig der Geschosse des Eros brachte mich mein Vater zur Welt, und irgendein betörendes Verlangen der Sehnsucht kenne ich nicht. Wenn dir selbst aber der Plan gefällt, will ich gern folgen; du aber solltest wohl besser das Wort führen bei der Begegnung!«

So sprach sie; da erhoben sie sich rasch und gingen zum Palast der Kypris: Ihr hinkender Gatte hatte ihn für sie gebaut, gleich nachdem er sie aus dem Haus des Zeus als Gattin heimgeführt hatte. Sie gingen durch den Hof und traten in den Vorraum des Schlafgemachs, wo die Göttin das Bett des Hephaistos zurechtzumachen pflegte. Dieser war in der Frühe zu Schmiede und Amboß gegangen, tief in das Innere der Plankteninsel, wo er allerlei Kunstvolles in funkensprühendem Feuer schmiedete. Sie aber, allein zu Hause, saß auf einem gedrechselten Stuhl gegenüber der Tür und war dabei, ihr Haar, das zu beiden Seiten auf ihre weißen Schultern herabfiel, mit einem goldenen Kamm zu ordnen: Sie wollte sich die langen Locken flechten. Als sie die <beiden> im Vorraum sah, hielt sie inne, rief sie hinein und erhob sich von ihrem Stuhl; sie ließ sie in Sesseln Platz nehmen und setzte sich dann auch selbst, wobei sie mit ihren Händen die ungekämmten Haare hochband. Lächelnd begrüßte sie sie mit ironisch-freundlichen Worten:

»Ihr Lieben, welche Absicht und welches Verlangen führt euch hierher nach so langer Zeit? Warum kommt ihr beiden, die ihr mich doch früher nicht gerade oft besucht habt? Denn ihr seid ja die ersten unter den Göttinnen.«

Ihr antwortete Hera mit folgenden Worten und sagte:

»Du spottest! Uns beiden aber nagt quälende Sorge im Herzen. Denn schon macht der Aisonide im Phasis sein Schiff fest, er und die anderen, die ihm wegen des Vlieses folgen. Da die Sache jetzt nahe bevorsteht, sind wir um sie alle in furchtbarer Sorge, um den Aisoniden aber am meisten. Den würde ich, selbst wenn er zu Schiff in den Hades führe, um dort unten Ixion von seinen ehernen Fesseln zu lösen, erretten, soviel mir nur Kraft in den Gliedern wäre, damit nur Pelias nicht, dem schlimmen Unheil entronnen, frohlockte; denn dieser hat mich in seiner Überheblichkeit beim Opfern nicht mit Ehren bedacht. Im übrigen war Jason mir auch früher schon sehr lieb, seitdem er mir an der Mündung des stark angeschwollenen Anauros begegnete, als ich den rechten Sinn der Menschen auf die Probe stellte; er kam gerade von der Jagd zurück. Mit Schnee waren alle Berge und Höhen weithin bedeckt, von ihnen stürzten reißende Gießbäche mit Getöse herab. In Gestalt einer Greisin erweckte ich sein Mitleid, und er hob mich hoch und trug mich auf seinen Schultern ganz durch das reißende Wasser. Daher wird er von mir beständig in Ehren gehalten. Außerdem würde Pelias nicht seine Schandtat büßen, wenn du nicht <Jason> die Heimkehr ermöglichtest.«

So sprach sie, Kypris aber fehlten die Worte. Voller Ehrfurcht sah sie, daß Hera <gerade> sie anflehte, und sagte schließlich zu ihr mit freundlichen Worten:

»Ehrwürdige Göttin, es soll für dich nichts Verächtlicheres geben als Kypris, wenn ich jemals dein Verlangen mißachte, sei es in Wort oder Tat, sofern diese schwachen Hände etwas vermögen. Und ich will auch keine Gegenleistung verlangen.«

So sprach sie, Hera aber wiederum sagte besänftigend:

»Wir kommen nicht mit dem Verlangen nach Gewalt oder <der Kraft von> Händen, sondern du sollst einfach nur deinem Sohn auftragen, die Tochter des Aietes mit Sehnsucht nach dem Aisoniden zu erfüllen. Denn wenn jene ihm nur wohlwollend rät, wird er das goldene Fell, so glaube ich, leicht erbeuten und <damit> nach Jolkos heimkehren, denn sie ist in Listen bewandert.«

So also sprach sie. Kypris aber gab den beiden zur Antwort:

»Hera, Athene, euch dürfte er wohl weit eher gehorchen als mir. Denn vor euch wird noch ein Funken Scheu in seinem Blick sein, während er sonst keinerlei Scheu kennt. Denn vor mir hat er keine Achtung, sondern streitet ständig in geringschätziger Weise. Ich hatte, seiner Bosheit überdrüssig, sogar gedroht, ihm vor aller Augen seine unheilvollen Pfeile mitsamt dem Bogen wegzunehmen. Daraufhin drohte er mir zornig folgendes an: Wenn ich nicht meine Hände von ihm fernhielte, solange er seine Wut noch unterdrücke, würde ich mir damit später selbst schaden.«

So sprach sie. Da blickten die Göttinnen einander an und lachten; die aber wiederum sagte gekränkt zu ihnen:

»Anderen gereicht mein Schmerz zum Spott, und ich sollte davon nicht allen erzählen: Es ist genug, wenn ich es selbst weiß. Da es euch beiden aber nun einmal am Herzen liegt, will ich den Versuch machen, ihn zu erweichen; dann wird er mir wohl gehorchen.«

So sprach sie. Hera aber faßte sie bei ihrer zarten Hand und gab ihr sanft lächelnd zur Antwort:

»Dann, Kythereia, tu schnell deine Pflicht, so wie du gesagt hast! Und sei nicht böse und streite nicht mehr voll Zorn mit deinem Sohn, er wird später schon damit aufhören.«

So sprach sie und erhob sich von ihrem Sitz. Athene folgte ihr, und beide gingen eilig hinaus. Sie selbst aber ging zu den Schluchten des Olymp, ob sie ihn anträfe. Sie fand ihn abseits im blühenden Garten des Zeus, nicht allein, sondern zusammen mit Ganymedes, den Zeus einst, von seiner Schönheit betört, in den Himmel versetzt hatte, damit er am Herd der Unsterblichen weile. Die beiden ergötzten sich am Spiel mit goldenen Würfeln, wie es Jungen gewöhnlich gern tun. Eros hielt seine linke Hand, schon ganz voll <von Würfeln>, zur Faust geballt krampfhaft im Gewand versteckt. Aufrecht stand er da, und eine liebliche Röte glühte ihm auf beiden Wangen. Der andere aber hockte kniend neben ihm, schweigend, mit niedergeschlagenen Augen. Er hatte <nur noch> zwei Würfel, da er einen um den anderen schon vergeblich geworfen hatte, und grollte dem höhnisch lachenden Eros. Und wahrlich, auch die hatte er bald ebenso wie die vorigen verloren; ratlos ging er mit leeren Händen fort und bemerkte Kypris nicht, die sich nahte. Diese trat ihrem Sohn gegenüber, kniff ihn in die Wange und sprach sogleich zu ihm:

»Warum lachst du so, du unsäglicher Bösewicht? Du hast ihn wohl, unerfahren wie er ist, betrogen und falsch gespielt! Nun sei lieb und tu mir den Gefallen, um den ich dich bitte, dann will ich dir auch das überaus schöne Spielzeug des Zeus schenken, das ihm Adrasteia, seine Amme, verfertigt hat, als er noch in der Idaiischen Höhle kindliche Dinge im Sinn hatte: einen gutrollenden Ball. Nicht einmal aus den Händen des Hephaistos könntest du ein besseres Geschenk als dieses bekommen. Aus Gold sind seine Ringe gefügt, um einen jeden winden sich zweifache runde Knoten; die Fugen aber sind verborgen, eine dunkelblaue Spirale läuft über sie alle hinweg. Wenn du ihn aber mit deinen Händen wirfst, zieht er wie ein Stern leuchtend seine Bahn durch die Luft. Den will ich dir schenken, du aber schieß deinen Pfeil ab und laß die Tochter des Aietes in Liebe zu Jason entbrennen. Daß es mir aber keine Verzögerung gibt! Denn dann würde die Belohnung geringer ausfallen.«

So sprach sie. Dem aber klang ihre Rede verlockend, als er sie hörte. All seine Schätze warf er weg, faßte mit beiden Händen die Göttin mal hier und mal dort am Gewand und hielt sie unablässig fest. Er bettelte, ihm <den Ball> auf der Stelle zu geben. Sie zog ihn zu sich heran, hielt ihn fest, küßte seine Wangen und entgegnete lächelnd mit freundlichen Worten:

»Dafür nun sei Zeuge dein liebes Haupt und auch mein eigenes: Wahrlich, ich werde dir dein Geschenk geben und dich nicht betrügen, wenn du dein Geschoß auf die Tochter des Aietes abgeschossen hast.«

So sprach sie. Der aber sammelte die Würfel auf, zählte sie alle genau und ließ sie in das gebauschte, glänzende Gewand seiner Mutter fallen. Sogleich hängte er sich mit einem goldenen Band den Köcher um, der an einen Baumstumpf gelehnt war, und ergriff den gekrümmten Bogen; er durchschritt den an Früchten überreichen Garten des mächtigen Zeus und trat dann aus den himmlischen Toren des Olymp, von wo es einen Weg vom Himmel hinab zur Erde gibt: Zwei steile Berggipfel, die höchsten der Erde, halten das Himmelsgewölbe hoch, wo die aufgehende Sonne sich mit den ersten Strahlen rötet. Unten erschienen ihm bald die nahrungspendende Erde, die Städte der Menschen und die von Gottheiten bewohnten Flüsse, bald wieder die Berge, ringsum das Meer, als er weit durch die Lüfte dahinflog.

um die Mitte des 3. Jh. v. Chr.

HORAZ

Oden

Buch II 19

Die Mutter, die grausame, der Begierden
heißt mich samt der thebanischen Semele Sohn
und auch die freizügige Lust
den Sinn zurückzulenken zur aufgegebenen Liebe.

Es entflammt mich Glykeras Glanz,
sie strahlt mehr als parischer Marmor rein,
es entflammt mich ihre reizende Frechheit
und ihr Gesicht, allzu verführerisch anzuschauen.

Auf mich hat ganz sich gestürzt Venus,
Cypern hat sie verlassen, nicht läßt sie mich Skythen

und selbst auf gewendetem Pferd noch verwegene
Parther besingen noch sonst, was nicht zur Sache gehört.

Hier sollt ihr mir lebendigen Rasen, hier
Zweige, ihr Sklaven, niederlegen und Weihrauch
mit einer Schale zweijährigen Weines:
nahen wird sie gelinder, ist erst geschlachtet das Opfer.

nach 33 v. Chr.

LUKREZ

Welt aus Atomen

Buch I, Vers 1–57

Mutter der Römer du, du Wonne der Götter und
                                        Menschen,
holde Venus, die unter den gleitenden Zeichen des
                                        Himmels
du das schiffebelebte Meer, die saatentragenden Lande
füllest mit Leben, da durch dich doch alles Belebte
wird empfangen und schaut, erstanden, das Leuchten der
                                        Sonne
– vor dir, Göttin, fliehen die Winde, die Wolken des
                                        Himmels
vor dir und deinem Kommen, dir schickt duftende
                                        Blumen
Künstlerin Erde, dir lacht hell die Fläche des Meeres,
und der Himmel strahlt dir sanft von Licht übergossen.
Kaum ist nämlich der lenzliche Anblick des Tages eröffnet
und, entriegelt, herrscht das trächtige Wehen des Zephyrs,
zeigen die Vögel zuerst in der Luft, dich, Göttin, und deine
Ankunft an, das Herz erschüttert von deinen Gewalten.

Dann durchtobt das Wild und das Vieh die üppigen
                                    Weiden,
schwimmt durch reißenden Strom: von deinem Liebreiz
                                    gefangen
folgt so jedes dir nach voll Begier, wohin du es leitest.
Schließlich durch Meer und Berg und hin durch reißende
                                    Ströme,
durch der Vögel belaubtes Heim und grünende Fluren
schüttest du allen ins Herz die sanft erregende Liebe,
wirkst, daß sie voll Begier nach Arten die Rassen
                                    vermehren –
da du also allein die Natur der Dinge regierest,
ohne dich nichts entspringt in des Lichtes göttliche Reiche,
nichts auch üppig gedeiht, nichts Liebenswertes
                                    hervortritt,
möcht ich, daß du mir seiest Gefährtin beim Schreiben der
                                    Verse,
die ich von der Natur der Dinge zu fügen versuche
unserem Memmiussohn, den du bei jeglicher Lage,
Göttin, mit jeglichem Ruhme geziert, hervorragen ließest.
Um so mehr gib, Göttin, den Worten ewigen Liebreiz,
wirk, daß in dieser Zeit die wilden Werke des Krieges
über die Länder und Meere hin tief entschlummern und
                                    ruhen;
denn du allein vermagst die Menschen mit ruhigem
                                    Frieden
zu erfreuen, da ja die wilden Werke des Kampfes
lenkt der waffenmächtige Mars, der oft sich in deinen
Schoß zurücklehnt, besiegt von ewiger Wunde der Liebe,
und so aufwärtsblickt, den runden Nacken zurückbiegt,
gierige Blicke in Liebe weidet, nach dir, Göttin, lechzend,
und es hängt am Mund dir der Atem des
                                    Rückwärtsgebeugten.
Du, Göttin, ihn, den Ruhenden, sanft umfassend mit
                                    deinem
heiligen Leib, laß aus dem Munde die liebliche Rede
strömen, erbitte, Erlauchte, den Römern heiteren
                                    Frieden!

Denn weder wir können jetzt in solchen Nöten der
                                                    Heimat
dichten mit gleichem Mut noch des Memmius ruhmvoller
                                                    Nachwuchs
bei dieser Lage und Not dem Heile sich aller entziehen.
Alle Natur der Götter muß nämlich für sich alleine
ihres unsterblichen Lebens in tiefstem Frieden genießen,
fern von unseren Dingen getrennt und weitab geschieden;
denn von jeglichem Schmerz befreit, befreit von
                                                    Gefahren,
selber durch eigene Macht vermögend, nicht unser
                                                    bedürftig,
wird von Verdienst sie weder gewonnen, vom Zorne
                                                    berührt nicht.
    Du im übrigen jetzt lenk offenes Ohr und den Geist mir
frei von Sorgen her zu der wahren Lehre der Dinge;
daß du meine Geschenke, in treuem Eifer gerichtet,
nicht, bevor verstanden sie sind, verachtet zurückläßt.
Denn über letzten Grund will dir von Himmel und
                                                    Göttern
ich zu sprechen beginnen, will zeigen der Dinge Atome,
aus denen alles Natur erschafft, vermehret und nähret,
in die zugleich sie Natur dann wieder vernichtet und
                                                    auflöst.

1. Jh. v. Chr.

OVID

Metamorphoses

Liber X 503–552 und 708–739

  At male conceptus sub robore creverat infans
quaerebatque viam, qua se genetrice relicta
exsereret; media gravidus tumet arbore venter,
tendit onus matrem, neque habent sua verba dolores,
nec Lucina potest parientis voce vocari.
nitenti tamen est similis curvataque crebros
dat gemitus arbor lacrimisque cadentibus umet.
constitit ad ramos mitis Lucina dolentes
admovitque manus et verba puerpera dixit.
arbor agit rimas et fissa cortice vivum
reddit onus, vagitque puer; quem mollibus herbis
naides inpositum lacrimis unxere parentis.
laudaret faciem Livor quoque: qualia namque
corpora nudorum tabula pinguntur Amorum,
talis erat, sed, ne faciat discrimina cultus,
aut huic adde leves aut illi deme pharetras.
  Labitur occulte fallitque volatilis aetas,
et nihil est annis velocius: ille sorore
natus avoque suo, qui conditus arbore nuper,
nuper erat genitus, modo formosissimus infans,
iam iuvenis, iam vir, iam se formosior ipso est,
iam placet et Veneri matrisque ulciscitur ignes.
namque pharetratus dum dat puer oscula matri,
inscius exstanti destrinxit harundine pectus:
laesa manu natum dea reppulit; altius actum
vulnus erat specie primoque fefellerat ipsam.
  Capta viri forma non iam Cytherea curat
litora, non alto repetit Paphon aequore cinctam
piscosamque Cnidon gravidamque Amathunta metallis;

Verwandlungen

Buch X, Vers 503–552 und 708–739

Adonis wird von Myrrha, die sich in einen Baum verwandelt hat, geboren.

Doch das in Frevel empfangene Kind war unter der Rinde gewachsen und suchte einen Weg, die Mutter zu verlassen und ans Licht zu treten. Mitten im Baume schwillt der schwangere Leib. Die Last bedrängt die Mutter, doch die Schmerzen finden keine Worte, und die Gebärende kann Lucina nicht anrufen. Doch ist es, als krümme sich der Baum in Geburtswehen; oft ächzt er und wird von fallenden Tränen feucht. Gnadenvoll trat Lucina zu den schmerzgepeinigten Ästen, legte die Hände an das Holz und sprach einen Geburtssegen: Da bekommt der Baum Risse, und durch einen Spalt in der Rinde entläßt er seine lebende Last; es wimmert ein Knabe. Naiaden haben ihn auf weiches Gras gebettet und mit den Tränen der Mutter gesalbt. Sogar der Neid würde seine Schönheit loben: Wie man auf Bildern die nackten Amoretten malt, so sah er aus. Nur müßte man, damit sie sich auch in der Ausstattung nicht unterscheiden, dem einen einen leichten Köcher geben oder ihn dem anderen nehmen.

Unmerklich eilt die flüchtige Zeit dahin, und nichts vergeht schneller als die Jahre. Er, der Sohn seiner Schwester und seines Großvaters, erst vor kurzem unter der Baumrinde verborgen, erst vor kurzem geboren, ist schon bald das schönste Kind, schon Jüngling, schon Mann; schon übertrifft er sich selbst an Schönheit; schon gefällt er sogar Venus und rächt sich an ihr für die Liebesqualen seiner Mutter. Denn während der köcherbewehrte Knabe Mutter Venus küßte, streifte er ihr versehentlich mit einem hervorstehenden Pfeil die Brust. Verwundet, stieß die Göttin den Sohn mit der Hand zurück; die Wunde war

abstinet et caelo: caelo praefertur Adonis.
hunc tenet, huic comes est, adsuetaque semper in umbra
indulgere sibi formamque augere colendo,
per iuga, per silvas dumosaque saxa vagatur
fine genus vestem ritu succincta Dianae
hortaturque canes tutaeque animalia praedae
aut pronos lepores aut celsum in cornua cervum
aut agitat dammas: a fortibus abstinet apris
raptoresque lupos armatosque unguibus ursos
vitat et armenti saturatos caede leones.
te quoque, ut hos timeas, siquid prodesse monendo
posset, Adoni, monet ›fortis‹ que ›fugacibus esto‹
inquit, ›in audaces non est audacia tuta.
parce meo, iuvenis, temerarius esse periclo,
neve feras, quibus arma dedit natura, lacesse,
stet mihi ne magno tua gloria. non movet aetas
nec facies nec, quae Venerem movere, leones
saetigerosque sues oculosque animosque ferarum.
fulmen habent acres et aduncis dentibus apri,
inpetus est fulvis et vasta leonibus ira,
invisumque mihi genus est.‹

Illa quidem monuit iunctisque per aëra cygnis
carpit iter, sed stat monitis contraria virtus.
forte suem latebris vestigia certa secuti
excivere canes, silvisque exire parantem
fixerat obliquo iuvenis Cinyreius ictu;
protinus excussit pando venabula rostro
sanguine tincta suo trepidumque et tuta petentem

tiefer, als es den Anschein hatte – zuerst hatte sich auch Venus darüber getäuscht.

Gebannt von der Schönheit des Mannes, kümmert sie sich nicht mehr um die Küsten von Cythera, vernachlässigt das meerumschlossene Paphos, das fischreiche Cnidos und Amathus mit seinen reichen Erzgruben; ja, auch vom Himmel hält sie sich fern: Sogar dem Himmel zieht sie Adonis vor. Ihn hält sie im Arm, ihn begleitet sie; und sonst gewohnt, sich im Schatten zu erholen und ihre Schönheit zu pflegen, schweift sie in Berg und Wald zwischen Felsen umher, auf denen Gestrüpp wächst. Das Kleid hat sie nach Dianas Art bis zum Knie hochgeschürzt. Sie treibt Hunde an und jagt Tiere, die man ohne Gefahr fangen kann: vorgeneigt flüchtende Hasen, einen Hirsch mit hohem Geweih oder Damwild; fern hält sie sich von den tapferen Keilern, meidet räuberische Wölfe, krallenbewehrte Bären und Löwen, die sich an Rinderblut sättigen. Auch dich, Adonis, ermahnt sie, diese zu fürchten – wenn ihre Ermahnungen nur etwas fruchteten! –, und spricht: »Sei tapfer gegen flüchtiges Wild; gegen Mutige Mut zu beweisen ist gefährlich. Sei, junger Mann, nicht tollkühn auf meine Kosten, reize keine wilden Tiere, denen die Natur Waffen verliehen hat, damit mich dein Ruhm nicht teuer zu stehen komme. Deine Jugend, dein Aussehen, und was sonst Venus gerührt hat, rührt nicht Löwen oder borstige Schweine, nicht das Auge und Herz wilder Tiere. Der Blitz wohnt in hitzigen Ebern mit ihren krummen Hauern; schnell im Zupacken und maßlos in der Wut sind gelbbraune Löwen – und ihre Gattung ist mir verhaßt.«

Zwar hat sie ihn gewarnt und enteilt auf ihrem Schwanengespann durch die Lüfte; doch ihren Warnungen widersteht seine Tapferkeit. Zufällig scheuchten die Hunde, die einer sicheren Spur nachgegangen waren, einen Eber aus seinem Versteck auf. Während dieser sich anschickte, das Gehölz zu verlassen, hatte Cinyras' Sohn ihn mit einem Speerwurf von der Seite getroffen; doch im Nu hat

trux aper insequitur totosque sub inguine dentes
abdidit et fulva moribundum stravit harena.
vecta levi curru medias Cytherea per auras
Cypron olorinis nondum pervenerat alis:
agnovit longe gemitum morientis et albas
flexit aves illuc, utque aethere vidit ab alto
exanimem inque suo iactantem sanguine corpus,
desiluit pariterque sinum pariterque capillos
rupit et indignis percussit pectora palmis
questaque cum fatis ›at non tamen omnia vestri
iuris erunt‹ dixit; ›luctus monimenta manebunt
semper, Adoni, mei, repetitaque mortis imago
annua plangoris peraget simulamina nostri.
at cruor in florem mutabitur. an tibi quondam
femineos artus in olentes vertere mentas,
Persephone, licuit, nobis Cinyreius heros
invidiae mutatus erit?‹ sic fata cruorem
nectare odorato sparsit, qui tactus ab illo
intumuit sic, ut fulvo perlucida caeno
surgere bulla solet, nec plena longior hora
facta mora est, cum flos de sanguine concolor ortus,
qualem, quae lento celant sub cortice granum,
punica ferre solent, brevis est tamen usus in illo;
namque male haerentem et nimia levitate caducum
excutiunt idem, qui praestant nomina, venti.‹

zu Beginn des 1. Jh. n. Chr.

der trotzige Eber mit seinem schaufelförmigen Rüssel den Jagdspieß hinweggestoßen, den sein Blut färbte; dann verfolgt er Adonis, der sich angstvoll in Sicherheit bringen will, stößt ihm die Hauer tief in die Weichen, und schon hat er den Sterbenden im rötlichen Sande niedergestreckt. Cytherea, die in ihrem leichten Wagen auf Schwanenflügeln geradewegs durch die Lüfte flog, war noch nicht in Cypern angekommen, da erkannte sie von fern das Stöhnen des Sterbenden und lenkte ihre weißen Vögel dorthin zurück. Sobald sie vom hohen Himmel sah, wie er entseelt dalag und sich in seinem Blute wälzte, sprang sie hinab, zerriß ihr Gewand, raufte sich das Haar, schlug sich mit den Händen, die es nicht verdienten, an die Brust, haderte mit den Schicksalsmächten und sprach: »Dennoch wird euch nicht alles anheimfallen: Das Andenken meiner Trauer wird ewig währen, Adonis; und die festliche Begehung deines Todes wird alljährlich ein Abbild meiner Klage um dich sein. Dein Blut aber wird zur Blume werden. Es stand einst dir, Persephone, frei, die Glieder einer Frau in duftende Minze zu verwandeln – sollte dann etwa mir die Verwandlung des Adonis mißgönnt sein?« Nach solchen Worten besprengte sie das Blut mit duftendem Nektar; davon berührt, quoll es auf, wie sich im braunen Schlamm eine durchsichtige Luftblase erhebt. Und es dauerte nicht länger als eine volle Stunde, da war aus dem Blut eine Blume gleicher Farbe entsprossen, rot wie Granatäpfel, die unter zäher Rinde ihre Kerne verstecken. Doch nur kurz kann man den Anblick der Blume genießen; denn sie haftet nur schwach, fällt ab, weil sie allzu leicht ist, und die Winde, die ihr den Namen geben, wehen sie fort.

Historiae

Liber II, 2–3

2 His ac talibus inter spem metumque iactatum spes vicit. fuerunt qui accensum desiderio Berenices reginae vertisse iter crederent; neque abhorrebat a Berenice iuvenilis animus, sed gerendis rebus nullum ex eo impedimentum: laetam voluptatibus adulescentiam egit, suo quam patris imperio moderatior. igitur oram Achaiae et Asiae ac laeva maris praevectus, Rhodum et Cyprum insulas, inde Syriam audentioribus spatiis petebat. atque illum cupido incessit adeundi visendique templum Paphiae Veneris, inclitum per indigenas advenasque. haud fuerit longum initia religionis, templi ritum, formam deae (neque enim alibi sic habetur) paucis disserere.

3 Conditorem templi regem Aëriam vetus memoria, quidam ipsius deae nomen id perhibent. fama recentior tradit a Cinyra sacratum templum deamque ipsam conceptam mari huc adpulsam; sed scientiam artemque haruspicum accitam et Cilicem Tamiram intulisse, atque ita pactum, ut familiae utriusque posteri caerimoniis praesiderent. mox, ne honore nullo regium genus peregrinam stirpem antecelleret, ipsa, quam intulerant, scientia hospites cessere: tantum Cinyrades sacerdos consulitur. hostiae, ut quisque vovit, sed mares deliguntur: certissima fides haedorum fibris. sanguinem arae obfundere vetitum: precibus et igne puro altaria adolentur, nec ullis imbribus quamquam in aperto madescunt. simulacrum deae non effigie humana, continuus orbis latiore initio tenuem in ambitum metae modo exsurgens, et ratio in obscuro.

zwischen 104 und 110 n. Chr.

Historien

Buch II, 2–3

2 Nachdem Titus in derartigen Überlegungen zwischen Furcht und Hoffnung geschwankt hatte, gewann die Hoffnung bei ihm die Oberhand. Mancherseits glaubte man, er sei aus heißer Sehnsucht nach der Königin Berenike umgekehrt; tatsächlich war sein jugendliches Herz ihr gegenüber durchaus nicht gleichgültig, doch ließ er sich dadurch in der Erfüllung seiner Aufgaben keineswegs hindern. In frohem Sinnengenuß brachte er seine Jugendjahre dahin, legte sich dann aber während seiner eigenen Regierungszeit starke Zurückhaltung auf, mehr als unter der Regierungszeit seines Vaters. So segelte er denn an der Küste Achaias, Asiens und den links gelegenen Meeresstrecken vorbei und hielt auf die Inseln Rhodos und Cypern, dann, in gewagterer Fahrt, auf Syrien zu. Da überkam ihn die Lust, den bei Einheimischen und Fremden berühmten Tempel der paphischen Venus zu besuchen und zu besichtigen. Es ist wohl kaum zu weitläufig, wenn ich über den Ursprung des dortigen Kultes, die Tempelgebräuche, das Bild der Göttin (eine solche Darstellung von ihr findet sich nämlich sonst nirgends) kurz berichte.

3 Als Erbauer des Tempels bezeichnet eine alte Überlieferung den König Aërias; einige meinen, dies sei der Name der Göttin selbst. Ein jüngerer Bericht besagt, der Tempel sei von Kinyras geweiht worden und die Göttin selber, eine Tochter des Meeres, hier ans Land gestiegen; die sachkundige Wissenschaft der Opferschauer aber habe man von auswärts hergeholt, und zwar habe sie der Kilikier Tamiras hereingebracht; dabei sei ausgemacht worden, daß die Nachkommen der beiden Familien den Tempeldienst versehen sollten. Damit die königliche Familie dem aus der Fremde gekommenen Geschlecht auf jede Weise an Ehren überlegen sei, traten später die Fremdstämmigen

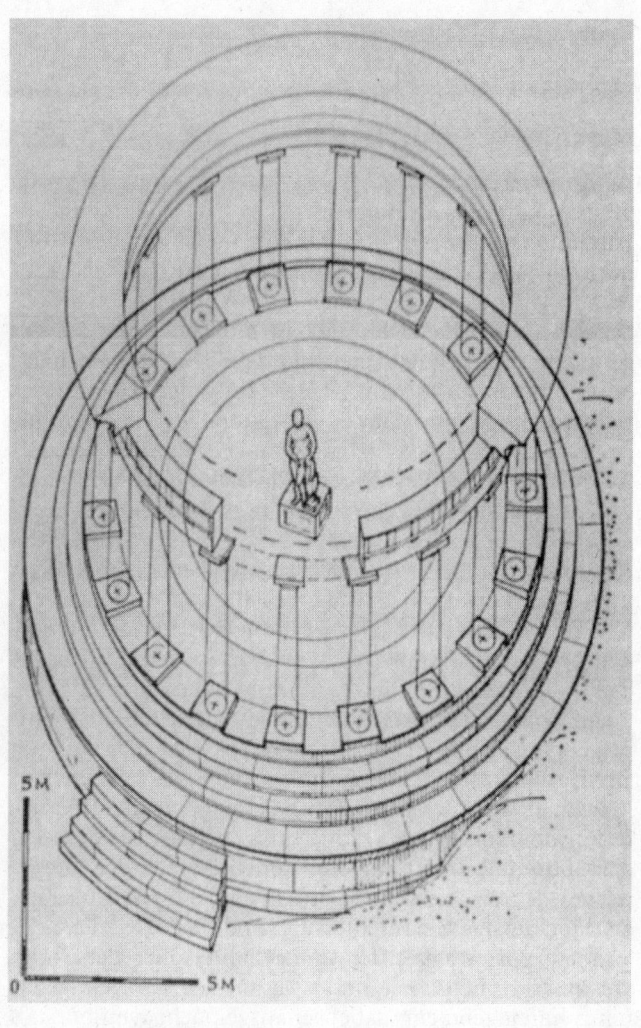

5M

0   5M

Tempel der Aphrodite auf Knidos. Rekonstruktion von Iris Love.

das von ihnen mitgebrachte Wissen ab, so daß man sich jetzt bei Befragungen nur an Priester aus dem Haus des Kinyras wendet. Die Opfertiere nimmt man je nach dem vorangehenden Gelübde, auf jeden Fall nur Männchen. Am meisten verläßt man sich auf die Eingeweide der Böcke. Den Altar mit Blut zu besprengen, ist verboten; unter Gebeten und lauterem Feuer steigt der Opferdampf auf vom Altar, der zwar unter freiem Himmel steht, doch von keinem Regen benetzt wird. Das Bild der Göttin ist nicht von menschlicher Gestalt; ein Rundkörper aus einem Stück, erhebt es sich von breiterer Grundlage aus, um dann wie eine Spitzsäule nach oben an Umfang stark abzunehmen. Ein Grund hiefür ist jedoch nicht bekannt.

ANTIPATROS VON SIDON

Praxiteles' Aphrodite und Eros

Wenn du die Kypris erblickst im felsigen Knidos, so sagst
             du:
 »Ob sie auch Stein ist, sie setzt sicherlich Steine in
             Brand.«
Und bei dem wonnigen Eros in Thespiai sagst du: »Nicht
             Stein nur
 bringt er zum Glühen, er wirft Feuer in kältesten
             Stahl.«
So des Praxiteles Götter; doch stellt' er sie fern
             voneinander,
 denn die doppelte Glut hätte sonst alles verbrannt.

nach 170 v. Chr.

Aphrodite von Knidos. Römische Kopie nach Praxiteles.
4. Jh. v. Chr.

Erotes

11–16

11. Wir hatten beschlossen, in Knidos zu landen, um das Aphroditeheiligtum zu besichtigen, das dank der Meisterschaft des Praxiteles in der Tat als von der Aphrodite begünstigt in allen Liedern gepriesen wird; und es war, als wenn die Göttin selbst die Meereswogen friedlich wie einen glänzenden Spiegel glättete und das Schiff sanft geleitete, so daß unsere Landung ganz leicht vonstatten ging. Die übrigen nun gingen ihren gewohnten Beschäftigungen nach, ich aber schlenderte in der Mitte der beiden erotischen Kampfhähne, einen jeden unterhenkelnd, gemächlich durch die Stadt Knidos, wobei wir unseren Spaß an den höchst lasziven Darstellungen der überall zum Kaufe angebotenen Tongefäße hatten, die mit beredter Sprache daran erinnerten, daß wir uns in der Stadt der Aphrodite befanden. Nach einem kurzen Besuche der Galerie des Sostratos und der sonstigen Sehenswürdigkeiten der Stadt richteten wir unsere Schritte auf den Aphroditetempel, wir beide, ich und Charikles, in freudigster Erwartung, Kallikratidas aber ohne besondere Lust, da ihm ja der Anblick einer weiblichen Göttin bevorstand; er hätte es, glaube ich, lieber gesehen, wenn ihn statt der Knidischen Aphrodite der Eros von Thespiai erwartet hätte.

12. Kaum waren wir in die Nähe des Heiligtums gekommen, als uns aphrodisische Lüfte von dorther entgegenwehten. Der Fußboden der Vorhalle war nämlich nicht etwa wie sonst mit toten, glatten Steinplatten ausgelegt, sondern – wie ganz begreiflich im Aphroditetempel – vollständig mit lebenden Bäumen und Sträuchern bepflanzt, die mit ihrer Blätter- und Blütenpracht sich zu einer üppigen, weithin duftenden Laube zusammenschlossen. Zumal die früchtereiche Myrte prangte dort

im Heiligtume ihrer Herrin in üppiger Fülle, nicht weniger alle anderen Bäume, die sich durch besondere Schönheit auszeichnen. Nirgends sah man durch die Länge der Zeit ausgetrocknete oder verwelkte Zweige, sondern alles prangte in strotzender Fülle mit frischen Trieben. Dabei fehlte es nicht an Bäumen, die zwar keine Früchte tragen, denen aber die Schönheit die Früchte ersetzt, himmelhochragende Zypressen und Platanen und unter ihnen der Baum, der während seines Menschendaseins von Aphrodite nichts wissen wollte, sondern vor ihr geflohen war, der Lorbeer. An allen Bäumen rankte sich in enger Umschlingung liebender Efeu empor. Üppige Rebstöcke trugen schwer an der Last ihrer Trauben. Denn wonniger ist Aphrodite mit Dionysos im Bunde, und beide zusammen spenden köstliche Lust; voneinander getrennt aber erfreuen sie minder. Wo die Bäume dichter standen und reichlicheren Schatten spendeten, waren freundliche Sitze errichtet, an denen man seine Mahlzeiten einnehmen konnte, wovon die Städter selbst freilich nur selten Gebrauch machten; die große Menge aber ließ es sich dort gut gehen und erfreute sich an allerlei Liebesgetändel.

13. Nachdem wir uns nun an dieser Pflanzenpracht sattsam erfreut hatten, betraten wir das Innere des Tempels. In der Mitte erhebt sich das Bild der Göttin – ein prachtvolles Werk aus parischem Marmor – von überragender Hoheit und doch mit leicht geöffneten Lippen milde lächelnd. Ihre ganze Schönheit aber steht hüllenlos ohne die geringste Kleidung ganz nackend da, nur daß sie mit der einen Hand die Scham leise bedeckt. Und so Gewaltiges hat die Geschicklichkeit des Künstlers fertiggebracht, daß der spröde Marmor doch an allen Gliedern elastisch und wie lebend sich darstellt.

Bei diesem Anblick nun rief Charikles begeistert und fast sinnbetört aus: »O der Glücklichste von allen Göttern, der Ares, der um dieser Schönheit willen sich in Fesseln schlagen lassen durfte!« Damit rannte er auf das Götterbild zu und bedeckte es, sich fast den Hals verrenkend, überall, soweit er reichen konnte, mit glühenden Küssen. Kallikratidas aber stand schweigend dabei, da ihm das Benehmen des Charikles ganz unverständlich war. Die Cella des Tempels hat aber auch auf der anderen Seite eine Tür, für die, welche auch die Rückseite des Götterbildes genau zu betrachten wünschen, damit nichts an ihm unbewundert bleibe. Man braucht also nur durch die andere Tür einzutreten, um mit größter Bequemlichkeit auch die Schönheiten der Rückseite zu besichtigen.

14. Wir beschlossen nun, den ganzen Anblick der Göttin zu genießen, und begaben uns daher zu dem hinteren Eingange des Tempels. Nachdem uns eine Aufwärterin, der die Schlüssel des Tempels anvertraut waren, die Türe aufgeschlossen hatte, da überkam uns wie ein Blitz ein ehrfürchtiges Staunen vor der Allgewalt solcher Schönheit. Als nun Kallikratidas, der noch vor kurzem ohne ein Zeichen innerer Anteilnahme vor sich hingeblickt hatte, an der Göttin den Körperteil erblickte, den Leute seiner Art bei den Knaben so lieben, da rief er plötzlich noch viel begeisterter aus als vordem Charikles: »Beim Herakles, welch ein Ebenmaß des Rückens, wie die Hüften zur Umarmung locken, wie würden sich die Hände füllen! Wie köstlich runden sich die Polster der Halbkugeln, weder zu dürftig sich um die Knochen legend, noch auch durch allzu reichliche Üppigkeit verletzend. Wie süß einen die Grübchen auf beiden Hüften anlachen, das kann man schon gar nicht mit Worten beschreiben. In wundervollen Proportionen steigen die köstlich modellierten Beine bis zu den wohlgeformten Füßen herab. So denke ich mir den Ganymedes, wenn er im Himmel dem Zeus den Nektartrank versüßt; aus der Hand der Hebe aber – Gott soll mich bewahren – möchte ich den Becher nicht kredenzt haben.«

So rief Kallikratidas in seiner Begeisterung aus; Charikles aber wäre von dem überwältigenden Anblick beinahe vor Staunen erstarrt, und nur der verlangende, feuchte Blick in seinen Augen bezeugte die ihn beherrschende Leidenschaft.

15. Als wir nun den Höhepunkt des Staunens überschritten hatten, gewahrten wir auf dem einen Schenkel einen Fleck wie einen Makel auf einem Kleide, der sich um so auffälliger darstellte, je mehr der ganze Marmor sonst in strahlendem Weiß leuchtete. Ich glaubte, mit der mir wahrscheinlichen Vermutung, daß es sich um eine schlechte Stelle im Marmor handle, die wahre Erklärung getroffen zu haben. Denn das liegt auch beim Marmor durchaus nicht außerhalb des Bereiches der Möglichkeit, und es kommt oft genug vor, daß ein Marmorblock an der Oberfläche vollendet schön ist, und daß doch bei der Arbeit eine schadhafte Stelle dem Künstler viel Schwierigkeiten bereitet. Da ich nun den garstigen Fleck für eine von Natur vorhandene schlechte Stelle im Marmor hielt, so bewunderte ich den Praxiteles nur um so mehr, weil er es so eingerichtet hatte, daß der häßliche Fleck an eine Stelle des Körpers kam, wo er nicht gar zu sehr ins Auge fallen mußte. Aber die Tempeldienerin, die gerade in der Nähe stand, widersprach dem und gab uns eine ganz neue, schier unglaubliche Erklärung. Sie erzählte uns nämlich, daß ein Jüngling aus bester Familie – sein Geschick hat dann freilich seinen Namen der Vergessenheit überantwortet – oftmals den Tempel besucht und sich zu seinem Unglück in die Göttin verliebt habe; ganze Tage habe er im Tempel zugebracht, so daß man anfangs ihn für übermaßen fromm gehalten habe. Beraubte er sich doch selbst eines guten Teiles seines morgendlichen Schlummers, um mit dem frühesten im Tempel sein zu können, den er erst, wenn das Heiligtum bei Sonnenuntergang geschlossen wurde, und auch nur nach wiederholter Aufforderung durch den Kastellan, verließ; den ganzen geschlagenen Tag saß er vor dem Götterbilde und ward nicht müde, ununterbrochen den Blick seiner Augen darauf zu richten. Leise flüsternde Seufzer entrangen sich seinen Lippen und verstohlenen Gekoses verliebte Klagen.

16. Wenn er aber ein wenig von seiner Leidenschaft sich entwöhnen wollte, suchte er im Symbol des Würfelspiels sein Glück: Nach einem Stoßgebete an die Göttin legte er

auf den Tisch vier Würfel aus den Knöcheln der Libyschen Gazelle; sooft er nun glücklich geworfen hatte, zumal wenn ihm der Wurf gelungen war, den man die Aphrodite nennt, und der darin besteht, daß jeder Würfel eine andere Augenzahl zeigt, so warf er sich der Göttin freudig zu Füßen, in der Hoffnung, an das Ziel seiner Wünsche zu kommen. Wenn er aber, wie das doch vorzukommen pflegt, unglücklich geworfen hatte und die Würfel ihm nichts Gutes verhießen, verwünschte er ganz Knidos und war niedergeschlagen, wie wenn ihm ein nicht gutzumachendes Unheil widerfahren wäre; bald jedoch raffte er die [mutlos weggeworfenen] Würfel wieder an sich und suchte durch einen neuen Wurf das Mißgeschick wieder auszugleichen. Zum Zeichen seiner immer zunehmenden Leidenschaft füllte sich jede Wand mit verliebten Inschriften, und wo nur die Bäume nicht gar zu hart waren, schnitt er in alle Rinden die Worte »Schöne Aphrodite«. Den Praxiteles verehrte er wie den Zeus selbst, und was er an Schmucksachen und Kostbarkeiten zu Hause besaß, das alles legte er als Weihgeschenke der Göttin zu Füßen. Endlich kam er durch die heftigen Reizungen seiner Begierde ganz von Sinnen, und tollkühnes Wagnis tat seiner Leidenschaft Kupplerdienste. Eines Tages nämlich, als sich die Sonne schon zum Untergange neigte, schlüpfte er leise und unbemerkt wieder zur Tür hinein, versteckte sich im Innern und hielt sich mäuschenstill und wagte kaum zu atmen. Die Tempeldiener schlossen in gewohnter Weise die Türen von außen ab, und so war der neue Anchises nun [mit seiner Göttin] eingeschlossen. Doch ist's noch nötig, daß ich euch geschwätzig und bis ins Einzelne berichte, was er in dieser unaussprechlichen Nacht Tolldreistes wagte? Am andern Tage fand man die Spuren hier, die von der liebevollen Umarmung zeugten, und die Göttin trug den Flecken als Mal der ihr widerfahrenen Schmach. Der Jüngling selbst aber verschwand aus den Reihen der Menschen: wie man sich im Volke erzählt, wurde er von den Felsen hinabgestürzt oder im Meere ertränkt.

2. Jh. n. Chr.

Das Gelehrtenmahl

Aphrodite Kallipygos 554 c–f

So sehr waren einst die Menschen den Sinnenfreuden ergeben, daß sie sogar einen Tempel der Aphrodite »mit dem
schönen Popo« weihten. Der Grund dafür war folgender:
Ein Bauer hatte zwei schöne Töchter. Die stritten sich einmal, wer den schöneren Hintern habe, und gingen an die
Landstraße, um den Fall entscheiden zu lassen. Als ein
Jüngling, der einen reichen, alten Vater hatte, vorbeikam,
zeigten sie sich ihm. Er betrachtete sie und entschied für
die ältere. Dabei verliebte er sich in sie, und als er in die
Stadt kam, wurde er bettlägerig. Er gestand seinem jünge-
ren Bruder den Vorgang, der nun seinerseits aufs Land
ging und die Mädchen inspizierte und sich seinerseits verliebte, aber in die jüngere. Ihr Vater bemühte sich, sie zu
einer standesgemäßen Ehe zu überreden, setzte sich aber
nicht durch. So ging er selbst aufs Land, gewann die Zu-
stimmung des Vaters der Mädchen, brachte sie mit und
verheiratete sie mit seinen Söhnen. So wurden sie von
den Mitbürgern die Mädchen mit den schönen Popos genannt, wie Kerkidas von Megalopolis in den »Hinkenden
Jamben« erzählt:

Mit schönen Hintern gab's in Syrakus Schwestern. Die
jungen Frauen, nun im Besitz eines glänzenden Vermö-
gens, stifteten Aphrodite einen Tempel und gaben der
Göttin den Beinamen »mit dem schönen Popo«, wie auch
Archelaos in seinen Jamben berichtet.

Daß man höchst angenehm auch im Wahnsinn leben
kann, davon erzählt Herakleides vom Pontos in seiner
Schrift »Vom Vergnügen« eine amüsante Geschichte:
Thrasyllos, Sohn des Pythodoros aus dem Bezirk Aixone,
wurde einst vom Wahn ergriffen, alle Schiffe, die im
Piräus einliefen, gehörten ihm. Er registrierte sie, sandte

sie aus, gab ihnen das Geleit, und wenn sie zurückkehrten, empfing er sie mit solcher Freude, wie sie jemand empfinden mag, der all diese Güter besitzt. Nach denen, die verlorengingen, fragte er nicht weiter, aber über die, die heil wiederkamen, freute er sich mächtig und benahm sich höchst vergnügt. Sein Bruder Kriton, der aus Sizilien angereist kam, brachte ihn zu einem Arzt, der ihn von seinem Wahn dann kurierte. Aber er erzählte noch oft und gern, wie es ihm gegangen sei, als er von Sinnen war, und meinte, nie in seinem Leben sei er vergnügter gewesen. Nie habe ihn irgendein Kummer geplagt, dafür hätten seine Freuden keine Grenzen gekannt.

Die Hetären von Korinth 573c–574c

In Korinth ist es alter Brauch, wie auch Chamaileon von Herakleia in seinem Buch »Über Pindar« bezeugt, daß, wenn die Stadt in wichtigen Fragen Gebete an Aphrodite richtet, an dem Bittgang möglichst viele Hetären teilnehmen, die zu der Göttin beten und später bei den Opfern dabei sind. Und als der Perser Hellas angriff, zogen, wie Theopompos und auch Timaios im 7. Buch berichten, die Hetären von Korinth in den Tempel der Aphrodite und beteten um die Rettung der Griechen. Daher stifteten die Korinther der Göttin eine noch heute vorhandene Gedenkinschrift, auf der sie die Hetären namentlich verzeichneten, die damals den Bittgang veranstalteten und danach den Opfern beiwohnten. Und Simonides verfaßte aus diesem Anlaß das folgende Epigramm:
Für die Hellenen und für die im Kampfe gewaltigen
Bürger
sind diese Mädchen geweiht, betend zu Kypris zu
flehn.
Denn nicht war es Beschluß Aphrodites, daß persischen
Schützen

Hellas' erhabene Burg   fiele als Beute anheim.

Auch private Bürger geloben, der Göttin Hetären zu stiften, wenn ihr Gebet in Erfüllung geht. Da es diesen Brauch um Aphrodite gab, gelobte Xenophon von Korinth bei seinem Auszug zu den olympischen Wettkämpfen für den Fall des Sieges, der Göttin Hetären zuzuführen. Und so schrieb Pindar für ihn zuerst ein Preislied, das mit den Worten beginnt »Rühmend das dreimalolympiasiegende Haus«, dann den Rundgesang, der bei dem Opfer gesungen wurde, in dem er sich gleich zu Anfang an die Hetären wendet, die in Anwesenheit Xenophons, der der Aphrodite opferte, das Opfer mit vollzogen. Deshalb spricht er:

O Herrin von Kypros, in deinen Hain her
bringt lustspendender Mädchen hundertgliedrige
Schar dir Xenophon, beglückt
ob der Erfüllung seiner Wünsche.

Der Anfang des Liedes lautet:

Gastfreie Mädchen, Dienerinnen
der Vertrautheit im reichen Korinth,
die ihr des lichten Weihrauchs blonde Tränen
opfert, oftmals der Mutter der Eroten,
der himmlischen, zufliegen lasset
euer Gedenken, zu Aphrodite –
euch, meine Kinder, hat sie gewährt
frei von Vorwurf auf lieblichem Lager
zärtlicher Jugend Früchte zu pflücken:
Alles ist gut, was die Notdurft verlangt.

Nach diesem Auftakt fährt Pindar fort:

Doch mich verwundert: was werden des Isthmos
Herrn von mir sagen, der ich diesen Beginn
erfand des honigsinnenden Liedes,
mich verbindend mit jedermanns Mädchen.

Es ist offenkundig, daß er sich Sorgen machte, was die Korinther davon halten würden, daß er sich so an die Hetären wandte. Er hatte aber doch wohl ein gutes Gewissen, daher dichtet er gleich weiter:

Wir haben gelehrt, Gold zu erproben an reinem
                                        Prüfstein.

Daß die Hetären dort auch ein eigenes Aphroditefest feierten, bezeugt Alexis in der »Liebenden«:

Es war Hetären-Aphroditefest,
getrennt von dem, das freie Frauen feiern.
An diesen Tagen sollen die Hetären,
so will's die Sitte, sich vergnügen und
in unserm Kreise sich mit uns betrinken.

um 195 n. Chr.

Vénus Callipyge – Conte tiré d'Athénée

Du temps des Grecs deux sœurs disaient avoir
Aussi beau cul que fille de leur sorte;
La question ne fut que de savoir
Quelle des deux dessus l'autre l'emporte:
Pour en juger un expert étant pris,
A la moins jeune il accorde le prix,
Puis l'épousant lui fait don de son âme;
A son exemple un sien frère est épris
De la cadette, et la prend pour sa femme;
Tant fut entre eux, à la fin, procédé,
Que par les sœurs un temple fut fondé
Dessous le nom de Vénus belle-fesse;
Je ne sais pas à quelle intention;
Mais c'eût été le temple de la Grèce
Pour qui j'eusse eu plus de dévotion.

postum 1817 erschienen

Venus Kallipygos – Nach Athenäus

Zwei Schwestern rühmten sich zur Griechenzeit,
von allen Jungfraun sei ihr Ärschlein wohl
der schönsten eines; blieb die Frage nur,
wer selber von den zwein den Sieg verdiene.
Ein Sachverständ'ger sollte Richter sein.
Der Älteren gewährte er den Preis,
und ihr vermählte seine Seele sich.
Sein Bruder tat gleich ihm, und er verliebte
sich in die Jüng're, nahm sie sich zum Weib.
Ein Tempel ward gestiftet von den Schwestern,
der, weithin sichtbar, diese Inschrift trug:
»Der Venus mit den schönen Hinterbäckchen«.
Ich weiß nicht, was dabei die Absicht war,
jedoch von allen Tempeln Griechenlands
hätt ich gewiß am höchsten ihn verehrt.

LUKIAN

Göttergespräche

Das Urteil des Paris

JUPITER: Merkur, nimm diesen Apfel da und begib dich damit nach Phrygien zu dem Sohne des Priamus, der die Kühe auf dem Ida weidet, und sage ihm von meinetwegen, weil er selbst schön sei und sich auf Liebessachen besonders gut verstehe, so befehle ich ihm, den Ausspruch zu tun, welche unter diesen Göttinnen die schönste sei; und die Siegerin in diesem Streite soll den Apfel aus seiner Hand empfangen! – *Zu den drei Göttinnen:* Es ist nun Zeit, daß ihr euch zu euerm Richter verfüget; ich für meine Person mag mit der Entscheidung nichts zu tun haben, da ihr mir gleich lieb seid und ich euch, wenn es nur anginge, recht gern alle drei siegen sähe. Aber auch außerdem ist es eine Unmöglichkeit, e i n e r den Preis der Schönheit zu geben, ohne sich bei den übrigen äußerst verhaßt zu machen. Aus allen diesen Ursachen tauge ich ganz und gar nicht dazu, euer Richter zu sein. Dieser phrygische Jüngling hingegen, zu welchem ihr gehen werdet, ist von königlichem Blute und ein Verwandter des Ganymedes hier, übrigens ein ungekünstelter Sohn der Natur und den niemand eines solchen Schauspiels unwürdig halten kann.

VENUS: Ich, für meinen Teil, würde mich dem Augenschein getrost unterwerfen, wenn du uns auch den tadelsüchtigen Momus selbst zum Richter setztest. Denn was wollte er an mir zu tadeln finden? Aber diese beiden müssen sich den Menschen auch gefallen lassen.

JUNO: Auch wir fürchten uns nicht, Aphrodite, wenn gleich dein Mars selbst den Ausspruch tun müßte; wer also dieser Paris auch sein mag, wir haben nichts gegen ihn einzuwenden.

JUPITER *zu Minerven:* Ist dies deine Meinung auch, meine Tochter? was sagst du? du wendest dich und wirst rot? Das ist so was Eigenes bei euch Jungfrauen, über dergleichen Dinge rot zu werden; aber du gibst doch dein Ja durch einen Wink zu verstehen. Geht also; aber daß ihr mir ja nicht über euern Richter ungehalten werdet oder dem armen Jungen was zuleide tut! Denn am Ende ist es doch nicht wohl möglich, daß alle gleich schön sein könnten.

MERKUR: Wir gehen also nun geraden Weges nach Phrygien; ich zeige euch den Weg, und ihr folget mir ganz gemächlich. Habt nur guten Mut! Ich kenne den Paris, es ist ein schöner junger Bursche und eine verliebte Seele obendrein; er schickt sich unvergleichlich zum Richter in solchen Sachen. Er wird ganz gewiß keinen falschen Ausspruch tun.

VENUS: Desto besser für mich, wenn unser Richter so gerecht ist als du sagst. – Ist er noch unverheuratet, oder hat er schon eine Frau?

MERKUR: So ganz unverheuratet ist er wohl nicht, Aphrodite.

VENUS: Was willst du damit sagen?

MERKUR: Soviel ich weiß, hat er eine idäische Dirne bei sich, ein tüchtiges Mädel, wiewohl etwas plump, und – wie sie auf solchen Bergen zu wachsen pflegen. Er scheint eben nicht sehr stark an ihr zu hangen. Aber weswegen tust du diese Frage an mich?

VENUS: Ich fragte nur so, um was zu reden.

PALLAS *zu Merkur:* Das ist wohl nicht in deiner Instruktion, du da, daß du dich mit ihr in ein besonderes Gespräch einlassen sollst?

MERKUR: Es hat gar nichts zu bedeuten, Minerva, und ist nichts gegen euch; sie fragte mich bloß, ob Paris noch ledig sei.

PALLAS: Was geht denn das s i e an?

MERKUR: Das weiß ich nicht. Sie sagt, sie habe ohne alle Absicht gefragt, bloß weil es ihr so in den Sinn gekommen sei.

PALLAS: Und ist er denn ledig?

MERKUR: Ich glaube nicht.

PALLAS: Aber hat er kriegerische Neigungen? Ist er ruhmbegierig oder nichts als ein gewöhnlicher Kühhirt?

MERKUR: So genau kann ich das nicht sagen: aber da er noch jung ist, so läßt sich vermuten, daß er nicht ohne solche Leidenschaften sein wird und daß es ihn wohl nicht verdrießen sollte, ein großer Kriegsheld zu sein.

VENUS *zu Merkur:* Du siehst, ich beschreie dich nicht darüber, daß du mit ihr besonders sprichst: so was überläßt Aphrodite gewissen Personen, die immer einen Vorwand finden, ihre üble Laune auszulassen.

MERKUR: Sie fragte mich beinahe das nämliche. Du hast also keine Ursache, es übelzunehmen oder zu denken, daß etwas zu deinem Nachteil vorgefallen sei; ich habe ihr ebenso unschuldig geantwortet als dir. Aber während wir so schwatzen, haben wir schon ein tüchtiges Stück Weges vorwärts gemacht und die Sterne weit hinter uns zurückgelassen. Was hier vor uns liegt, ist Phrygien; denn ich erkenne bereits den Ida und den ganzen Gargarus, und wo mir recht ist, sehe ich auch unsern Richter Paris in eigener Person.

JUNO: Wo dann? Ich seh ihn noch nicht.

MERKUR: Schaue dorthin, Juno, linker Hand; nicht auf die Spitze des Berges, auf die Seite, wo du die Höhle und die Herde siehst.

JUNO: Ich sehe aber keine Herde.

MERKUR: Wie? Du siehst die kleinen Kühe nicht, nur so groß – *er mißt ihre scheinbare Kleinheit an seinem Finger* –, die dort mitten aus den Felsen hervorkommen; und einen, mit einem krummen Stecken in der Hand, der von der Anhöhe herabläuft und sie zurücktreibt, damit sich die Herde nicht zu sehr zerstreue?

JUNO: Nun seh ich ihn, wenn es d e r ist.

MERKUR: Er ist's. Weil wir also der Erde so nahe sind, wollen wir uns, wenn es euch gefällig ist, vollends herunterlassen und zu Fuße gehen, damit wir ihn nicht erschrecken, wenn wir so auf einmal aus der Höhe vor ihm herabfielen.

JUNO: Du hast recht, machen wir's so! – Nun da wir auf festem Boden sind, wirst du, Aphrodite, uns wohl am besten den Weg zeigen können; denn du mußt in dieser Gegend überall Bescheid wissen, da du, wie es heißt, öfters hier beim Anchises zum Besuche gewesen bist.

VENUS: Du betrügst dich, Juno, wenn du dir einbildest, daß mich dergleichen Spottreden mächtig verdrießen werden.

MERKUR: Folget nur mir: ich bin in den Zeiten, da Jupiter seine Neigung auf Ganymeden warf, mit dem Ida sehr bekannt worden; ich mußte oft genug herabsteigen, um nach dem Knaben zu sehen; und als er sich in den Adler verwandelte, flog ich neben ihm her und half ihm seinen Liebling tragen. Wenn ich mich recht erinnere, entführte er ihn von diesem nämlichen Felsen, wo er eben unter seinen Schafen saß und auf der Rohrpfeife blies. Auf einmal flog Jupiter auf ihn zu, schlug so sanft als möglich die Klauen um ihn herum, biß mit dem Schnabel in seinen Turban und hob den Knaben in die Höhe, der mit schreckenvollem Erstaunen, den Nacken zurückgebogen, zu seinem Räuber emporsah; indessen ich die Rohrpfeife aufhob, die er vor Schrecken hatte fallen lassen. – Aber nun sind wir unserm Schiedsmanne so nahe, daß wir ihn anreden wollen – Guten Tag, Kühhirt!

PARIS: Dir auch soviel, junger Mann! Was bringt dich zu uns hieher? Und was für Frauensleute hast du da bei dir? Sie sehen mir nicht so aus, als ob sie in diesem Gebürge zu Hause wären; dazu sind sie zu hübsch!

MERKUR: Es sind freilich keine gemeine Frauensleute, mein guter Paris. Du siehest hier die Juno, die Pallas und die Venus vor dir und in mir den Merkur, vom Jupiter abgeschickt. Was zitterst du so und erblassest? Fürchte dich nicht, es soll dir kein Leid widerfahren! Er befiehlt dir nur, über ihre Schönheit den Ausspruch zu tun. Denn da du selbst so schön seist, sagt er, und für einen Kenner in Liebessachen passierest, so überlasse er dir den Ausspruch. Was der Preis dieses Kampfes ist, wirst du auf diesem Apfel lesen.

PARIS: Nur her, laß doch sehen, was er sagt. *Er lieset:* Die Schönste soll ihn haben! – Aber, gnädiger Herr Merkurius, wie sollte ein bloßer Sterblicher und ein Bauer obendrein, wie ich, Richter in einer solchen Sache sein können? Das geht über den Verstand eines Kühhirten: solche Dinge gehören für die hübschen Herren aus der Stadt. Ja, wenn die Frage von drei Ziegen oder jungen Kühen wäre, da wollte ich nach der Kunst entscheiden, welche die schönste sei! Aber mit diesen Frauen hier ist es ganz ein anders; die sind alle gleich schön, und ich weiß nicht, wie's einer machen soll, um die Augen von der einen auf die andere zu kehren. Man muß sie recht mit Gewalt abreißen, sie wollen nicht fort, was sie zuerst ansehen, daran bleiben sie kleben, und das deucht ihnen das schönste: wenden sie sich auf eine andere, so geht es ebenso; das nächste ist da so gut, daß man daran genug hat und nichts Besseres verlangt. Ich weiß nicht, wie ich es sagen soll, aber mir ist, ich sei von ihrer Schönheit über und über umflossen und umfangen, und es schmerzt mich ordentlich, daß ich nicht wie Argus lauter Auge bin und sie nicht aus meinem ganzen Leibe anschauen kann. Ich glaube also, ich werde mein Richteramt am besten verwalten, wenn ich den Apfel allen dreien gebe. Zudem muß es sich just treffen, daß die eine Jupiters Schwester und Gemahlin und die beiden andern seine Töchter sind; wie sollte das die Wahl nicht noch schwerer machen?

MERKUR: Ich weiß nicht; aber das weiß ich, daß du dich dem Befehl Jupiters nicht entziehen kannst.

PARIS: So bitt ich nur um das einzige, Merkur, bringe sie dazu, daß die beiden, die dabei zu kurz kommen, nicht böse auf mich werden, sondern glauben, die Schuld liege bloß an meinen Augen.

MERKUR: Das versprechen sie dir; mache also nur, daß du zum Urteil schreitest.

PARIS: Ich will mein Bestes tun, weil es doch nun einmal sein muß. Aber vorher möcht ich doch wissen, ob es wohl genug ist, sie zu sehen, wie sie da sind, oder ob sie sich nicht ausziehen sollten, damit die Untersuchung desto gründlicher ausfallen könnte?

MERKUR: Das kommt bloß auf den Richter an; du hast zu befehlen, wie du es haben willst.

PARIS: Wie ich's haben will? Wenn das ist, so will ich sie nackend sehen.

MERKUR: Die Damen werden sich also gefallen lassen, die Kleider abzulegen: ich will indes anderswohin sehen.

VENUS: Recht schön, Paris! – Ich bin gleich die erste, die sich ohne Bedenken entkleidet, damit du sehest, daß ich nicht bloß »weiße Ellenbogen« habe oder mir auf ein »paar große Augen« viel einbilde, sondern daß ich überall gleich schön bin.

PALLAS: Vor allem andern, o Paris, laß sie ihren Gürtel ablegen, denn sie ist eine Zauberin und könnte dir leicht mit Hülfe desselben ein Blendwerk vor die Augen machen; auch hätte sie sich nicht so mächtig verschönern und so viel Weiß und Rot auflegen sollen, daß sie einer wirklichen Kurtisane gleichsieht, sondern ihre Schönheit ungekünstelt und natürlich lassen sollen wie sie ist.

PARIS: Sie haben recht, was den Gürtel betrifft; also weg damit!

VENUS: Und warum legst denn du, Minerva, nicht auch deine Sturmhaube ab und zeigst dich mit bloßem Kopfe, sondern schüttelst den Federbusch so, als ob du den Richter schrecken wolltest? Fürchtest du etwa, deine wasserblauen Augen möchten ohne das Furchtbare, das sie von deinem Helm entlehnen, keine sonderliche Wirkung tun?

PALLAS *den Helm ablegend:* Da siehst du mich ohne diesen Helm!

VENUS *den Gürtel ablegend:* Da siehst du mich ohne den Gürtel.

JUNO: Nun, so zaudern wir nicht länger! *Sie entkleiden sich.*

PARIS: O wundertätiger Jupiter, welch ein Anblick! welche Schönheit! welche Wollust! Was das eine Jungfrau ist! – Was die für einen Glanz von sich wirft! Welche Majestät! Wie königlich, wie ganz Jupiters würdig! – Und diese da, wie holdselig sie einen ansieht! Wie reizend und anlockend sie lächelt! Nein! das ist mehr, als ich auf einmal ertragen kann! – Ich will nun, wenn es euch gefällig ist, jede besonders in Augenschein nehmen: denn so schwanke ich immer hin und her, und sehe so viel Schönes auf einmal, daß ich keinen Augenblick bei einem Gegenstand verweilen kann und selbst kaum weiß, was ich sehe oder wohin ich sehen soll.

VENUS: Wie dir's beliebt.

PARIS: So entfernt euch, ihr beide, und du, Juno, bleibe hier.

JUNO: Ich bleibe; und wenn du mich nun genau besehen hast, so überlege dann auch, ob dir das Geschenk ansteht, das ich dir für deine Stimme zugedacht habe. Wenn du den Ausspruch tust, daß ich die Schönste sei, sollst du gebietender Herr über ganz Asien werden.

PARIS: Mit Geschenken ist bei mir nichts auszurichten. Du kannst dich wieder entfernen; ich werde tun, was mir gut dünken wird. – Komm nun du herbei, Pallas!

PALLAS: Hier bin ich; und wenn du mich für die Schönste erklärst, so sollst du in keinem Streit jemals überwunden werden, sondern immer das Feld behalten; denn ich will einen großen Kriegsmann und siegreichen Helden aus dir machen.

PARIS: Mir ist mit Krieg und Streit ganz und gar nicht gedient, Pallas; in Phrygien und Lydien ist's überall Friede, und meines Vaters Reich hat keinen Krieg zu befürchten. Aber sei dem ungeachtet ohne Sorge; es soll dir nicht zu kurz geschehen, wiewohl ich mich

114

nicht durch Geschenke bestechen lasse. Du kannst dich nun wieder anziehen und deinen Helm aufsetzen; ich habe dich hinlänglich betrachtet. Es ist Zeit, daß Venus sich stelle.

VENUS: Hier siehest du mich so nahe, als du verlangen kannst; beschaue mich Stück vor Stück und übergehe nichts, sondern verweile auf jeder einzelnen Schönheit besonders. – Wenn du aber willst, schöner Hirt, so höre, was ich dir sagen will. Du bist jung und schön, wie man schwerlich in ganz Phrygien noch einen finden wird; ich preise dich glücklich deswegen, aber ich kann es nicht gutheißen, daß du diesen Felsen nicht schon lange mit der Stadt vertauschet hast, sondern deine Schönheit lieber in einer Einöde verderben lässest, wo sie dir ganz unnütz ist: Denn was kann es deinen Rindern helfen, daß du schön bist? Billig solltest du schon lange vermählt sein; ich meine nicht mit einer Bauern-dirne, wie die Weiber auf dem Ida sind, sondern mit ir-gendeiner schönen Griechin von Argos oder Korinth oder Sparta, wie Helena zum Exempel, die jung und schön ist und mir in keinem Stücke nachsteht, und was das Beste ist, sehr leicht Feuer fängt. Denn du kannst versichert sein, wenn sie dich nur sieht, so wird sie sich in deine Arme werfen und alles im Stiche lassen, um dir zu folgen und mit dir zu leben. – Doch, es ist nicht mög-lich, daß du nicht schon etwas von ihr gehört haben solltest.

PARIS: Kein Wort, Aphrodite; aber ich will dir mit Ver-gnügen zuhören, wenn du mir mehr von ihr sagen willst.

VENUS: Sie ist eine Tochter der schönen Leda, auf wel-che Jupiter in Gestalt eines Schwans herabflog.

PARIS: Wie sieht sie denn aus?

VENUS: So weiß, wie man erwarten kann, da sie einen Schwan zum Vater hat; zart wie eine Person, die aus ei-nem Ei hervorgekrochen, so wohlgewachsen, stark und gewandt wie eine Person, die in allen gymnastischen Spielen geübt ist; kurz, der Ruf ihrer Schönheit ist so groß und die Mannspersonen sind so erpicht auf sie, daß schon ein Krieg um ihretwillen entstanden ist, als sie vom Theseus entführt wurde, da sie beinahe noch ein Kind war. Seitdem sie aber in ihrer vollen Blüte steht, haben sich alle Fürsten der Griechen um sie beworben. Nun ist sie zwar dem Pelopiden Menelaus zuerkannt worden: wenn du aber Lust hättest, so wollte ich dir zu dieser Heurat verhelfen.

PARIS: Wie? zur Heurat mit einer Person, die schon vermählt ist?

VENUS: Was für ein Neuling du noch bist, und wie dorfmäßig du noch denkst! Ich muß am besten wissen, wie solche Dinge anzugreifen sind.

PARIS: Wie denn? das möchte ich wohl auch wissen.

VENUS: Du machst eine Reise unter dem Vorwande, Griechenland zu sehen; und wenn du nach Sparta kommst, wird Helena dich zu sehen bekommen; daß sie sich in dich verliebe und dir folge, wird dann mein Werk sein.

PARIS: Aber ebendas kommt mir unglaublich vor, daß sie ihren Gemahl sollte verlassen wollen, um mit einem Fremden und Barbaren zu Schiffe zu gehen.

VENUS: Darüber mache du dir gar keinen Kummer. Ich habe zwei Söhne von sonderbarer Schönheit, den Cupido und den Amor, die ich dir zu Führern auf dieser Reise zugeben will. Amor, soll sich ihrer ganz bemeistern und sie zum Lieben zwingen; Himerus hingegen soll sich um dich ergießen und dich so reizend und liebenswürdig machen, als er selbst ist. Auch ich selbst will mit den Grazien bei der Hand sein, und so werden unsrer so viele ja wohl mit ihr fertig werden.

PARIS: Was die Sache für einen Ausgang nehmen wird, Göttin, weiß ich nicht; aber das fühle ich, daß ich Helenen schon liebe; ich weiß nicht, wie es zugeht, aber mir ist, ich sehe sie vor mir und schiffe geraden Weges nach Griechenland und sei zu Sparta angelangt und komme schon mit meiner schönen Beute wieder; und nun ärgert mich's, daß ich das alles nicht schon wirklich tue.

VENUS: Hüte dich, Paris, dich eher in diese Liebe einzulassen, bis du mir, der Stifterin und Brautführerin bei dieser Verbindung, deinen Dank durch einen Ausspruch zu meinem Vorteil gezeigt hast. Um eure Vermählung zustande zu bringen, muß ich erst den Preis in diesem Streit erhalten haben, um zugleich deine Hochzeit und meinen Sieg zu feiern; kurz, es steht bloß bei dir, dein Glück in der Liebe und die schönste Frau in Griechenland mit diesem Apfel zu erkaufen.

PARIS: Ich fürchte nur, wenn ich den Spruch erst getan habe, wirst du dich nicht mehr um mich bekümmern.

VENUS: Willst du, daß ich dir's zuschwören soll?

PARIS: Das nicht, ich will zufrieden sein, wenn du mir's nur noch einmal versprichst.

VENUS: Ich verspreche dir also, daß ich dir Helenen zur Frau geben will und daß sie dir nach Troja folgen soll; ich will selbst dabei sein und alles für dich zustande bringen.

PARIS: Und du versprichst mir auch, den Amor, den Himeros und die Grazien mitzunehmen?

VENUS: Sei ruhig, und den Pothos und Hymenäus noch dazu.

PARIS: Dafür ist nicht mehr als billig, daß ich dir den Apfel gebe: nimm ihn also auf diese Bedingungen!

um 160 n. Chr.

Traumkunst

[…] Aphrodite Pandemos (die Gewöhnliche) ist Gauklern, Schankwirten, Waagemeistern, Bühnenkünstlern, Theaterleuten, Schauspielern und Hetären von guter Vorbedeutung; ehrbaren Hausfrauen verkündet sie Schande und Schaden und hindert Leute, die heiraten wollen, da die Frau es mit allen treiben wird. Die Aphrodite Urania (Himmlische), die ich im vorigen Abschnitt absichtlich übergangen habe, damit der Gedankengang nicht zerrissen wird, bedeutet das Gegenteil der Aphrodite Pandemos. Sie ist besonders günstig für Heirat, gemeinschaftliche Unternehmungen und Kindersegen; denn sie ist die Vermittlerin von Verbindungen und Nachkommenschaft. Ferner ist sie den Bauern glückbringend; denn man hält sie für die Natur und Mutter des Weltalls. Vorteilhaft ist sie auch für Weissager; denn sie gilt als Erfinderin der Weissagung und Prophezeiung.

Aphrodite Pelagia (vom Meere) bringt erfahrungsgemäß Reedern, Steuerleuten und allen Seeleuten Segen, weiterhin allen, die verreisen wollen, weil das Meer immer in Bewegung ist. Dagegen zwingt sie Leute, die immer an derselben Stelle bleiben und nicht fortwollen, wegzugehen.

Aphrodite Anadyomene (die aus dem Meer Auftauchende) zu sehen, kündet Seefahrern großen Sturm und Schiffbruch an; trotzdem rettet sie aus Gefahr und bringt Unternehmen zu Ende, die man schon aufgegeben hat. Immer gilt sie als glückbringend, wenn sie vom Gürtel an nach unten verhüllt ist, weil sie die Brüste, die kräftigste Nahrung enthalten, dann nackt zur Schau stellt. Die ganz Nackte ist nur Hetären günstig und prophezeit ihnen reiche Einnahmen; in jeder anderen Hinsicht weissagt sie Schande. […]

Ein Mann, der zwei unverheiratete Töchter hatte, träumte, die eine habe auf dem Kopfe eine goldene Aphrodite angebunden, der anderen aber wäre ein Weinstock emporgewachsen. Von denen heiratete die eine, die andere starb; denn die Aphrodite war das Sinnbild der Ehe und der Kindererzeugung gemäß dem Homervers:

»Ordne du lieber hinfort anmutige Werke der
Hochzeit« (Ilias 5, 429),

und das kostbare Material bedeutete die Freuden der Ehe, denn auch sonst entspricht das Gold der Aphrodite. Die Bänder aber zeigten die Unlösbarkeit der Ehe; der Weinstock aber war ein Zeichen des Todes, der die andere ereilen sollte, weil er aus der Erde hervorsprießt – in Erde lösen sich auch die Toten auf – und weil der Weinstock zur Zeit der vollen Reife seiner Frucht beraubt wird. [...]

2. Jh. n. Chr.

De statua Veneris

In gremio Veneris quoddam genus herba virescit.
Sensit dura silex, quo foco exaestuet ignis.

De templo Veneris, quod ad muros [extruendos dirutum est]

Caeduntur rastris veteris miracula templi
   Inque usum belli tecta sacrata ruunt.
Nam qua delectis volvuntur saxa catervis,
   Hac sunt murorum mox relocanda minis.
Pilati Mavors conpendia cepit Amoris:
   Per muros quaerit iam sua templa Venus!

Statue der Venus

Im Schoß der Venus sprießt
ein grünes Kraut hervor,
woraus du deutlich siehst:
der harte Stein sogar
ist sich darüber klar,
wo Feuer flammt empor!

Der Venustempel stürzt

Der alte Tempel, einst so wunderbar,
wird mit der Hacke jetzt zerschlagen,
und wo ein heiliges Gebäude war,
für rauhe Kriege abgetragen.

Wo man die Marmorsteine mit Gewalt
herunterwälzt in hellen Haufen,
da stehen trotzig-dicke Mauern bald,
und Krieger werden blutig raufen.

Die Liebe schwand, es triumphiert der Krieg.
Gewinn hat Mars davongetragen,
und Venus, ohne den gewohnten Sieg,
kann an der Mauer nur noch klagen!

Die Nachtfeier der Venus

Wer niemals liebte, liebe morgen,
auch morgen liebe, wer schon liebt!
    Frühling wieder, Frühlingslieder:
    Frühling unsre Welt gebar,
    Frühling, und die Liebe regt sich,
    Frühling heckt im Vogelnest.
    Und des Waldes Laubdach bräutlich
    sich dem Regen schon erschließt.
    Morgen wird der Liebe Herrin
    in der Bäume Schattenhain
    aus den frischen Myrtenzweigen
    ihre grünen Lauben baun.
    Morgen wird Dione hoch vom
    Thron verkünden ihr Gesetz.
Wer niemals liebte, liebe morgen,
auch morgen liebe, wer schon liebt!
    Ehdem ließ das Meer des Himmels
    Kind aus seinem Wogenschaum
    mitten zwischen blauen Scharen,
    mitten zwischen Wellenrossen,
    ließ Dione steigen aus der
    Tiefe seiner Wasserflut.
Wer niemals liebte, liebe morgen,
auch morgen liebe, wer schon liebt!
    Sie ists, die mit Blumenknospen
    schmückt das farbenbunte Jahr,
    sie ists, die der Knoten Schwellen
    in des Westwinds lauem Wehn
    in des Triebes Hüllen nötigt,
    sie ists, die des hellen Taus,
    den der Hauch der Nacht gespendet,
    frische Feuchte ausgestreut.
    Große Tränenperlen zittern
    unter ihrer eignen Last:

halten sich nur in der Schwebe
durch die Kraft der runden Form.
Siehe, minder schamhaft öffnen
bunte Blumen ihren Kelch:
jene Feuchte, die den Sternen
in der lauen Nacht entsank,
morgen keusche Herzen aus der
nassen Blütenhülle löst.
Ja, die Göttin hieß, daß jede
Rose morgen sich vermählt.
Sie, aus Cypris Blut gewoben
und aus Amors Liebeskuß,
aus Juwelen und aus Flammen,
aus der Sonne hellem Glanz,
morgen soll die zarte Röte,
die der Knospe Hülle barg,
einem Gatten anvermählt, sie
ganz enthüllen ohne Scheu.
Wer niemals liebte, liebe morgen,
auch morgen liebe, wer schon liebt!
Alle Nymphen hieß die Göttin
ziehen in den Myrtenhain,
Amor soll die Mädchen führen,
keine doch verlaß sich drauf,
daß von seinem Tun er ruhe,
wenn er seine Pfeile trägt.
Kommt nur, Nymphen, Amor rastet,
hat die Waffen abgelegt!
Hat Befehl, jetzt waffenlos, und
hat Befehl, jetzt nackt zu gehn,
soll mit Bogen nicht, noch Pfeilen,
nicht mit seiner Fackel drohn.
Trotzdem hütet euch, ihr Nymphen,
denn Cupido ist auch schön.
Amor ist vollauf gerüstet,
auch wenn nackt der Bursche geht.
Wer niemals liebte, liebe morgen,

auch morgen liebe, wer schon liebt!
        Dir an Zucht und Sitte ähnlich,
        Venus Jungfraun zu dir schickt,
        und um eines wir dich bitten:
        fern bleib, keusche Delia,
        daß den Hain kein Blut entweihe
        des von dir erlegten Wilds,
        daß sie grüne Lauben baue
        über dieser Blütenau.
        Gern hätt sie dich eingeladen,
        wäre deine Strenge nicht,
        gern hieß sie dich hier willkommen,
        stünd es deiner Keuschheit an.
        Jubelchöre sähst du dorten
        drei geweihte Nächte lang,
        fest umschlungen Paar um Paar in
        deinem Haine sich ergehn
        mitten zwischen Blütenkelchen,
        mitten zwischen Myrtenlauben.
        Ceres fehlt nicht, Bacchus fehlt nicht,
        noch auch fehlt der Dichtkunst Gott.
        Feierlich mit Liederklängen
        wird die ganze Nacht durchwacht:
        herrschen soll im Hain Dione,
        ferne bleibe Delia!
Wer niemals liebte, liebe morgen,
auch morgen liebe, wer schon liebt!
        Stellen hieß die Göttin ihren
        Thron auf Hyblas Blütenau;
        selber wird sie Recht hier sprechen,
        von den Grazien umringt.
        Hybla, schmücke dich mit Blumen,
        wie ein ganzes Jahr sie beut,
        Hybla, trag ein Kleid von Blüten,
        wie des Ätna Hänge weit!
        Kommt, ihr Töchter aus den Bergen
        und ihr Töchter aus dem Tal,

die ihr auf den Fluren, in den
Wäldern und an Quellen wohnt!
Alle hieß des Flügelamor
Mutter niedersitzen jetzt,
und sie hieß die Mädchen, diesem
nackten Burschen nicht zu traun.
Wer niemals liebte, liebe morgen,
auch morgen liebe, wer schon liebt!
Morgen jährt der Tag sich wieder,
da sich Äther einst vermählt;
daß aus Frühlingswolken Leben
väterlich er schüf dem Jahr,
sank der Gatte als ein Regen
in der fruchtbarn Gattin Schoß,
bis aus ihrem Mutterleibe
jegliches Geschöpf erwuchs.
Und in jede Ader, jeden
Geist, mit ihres Odems Hauch
dringt sie ein, die Schaffende, aus
tief geheimer Lebenskraft.
Und den Himmel und die Erde
und das unterworfne Meer
schon seit Ewigkeiten mit des
Samens Fruchtbarkeit sie tränkt,
und des Werdens Weg und Weise
sie die Welt begreifen ließ.
Wer niemals liebte, liebe morgen,
auch morgen liebe, wer schon liebt!
Sie wars, die nach Latium einstens
Trojas Enkel heimgeholt,
sie wars, die Laurentiums Tochter
ihrem Sohn zum Manne gab,
aus dem Tempel einst die keusche
Jungfrau zugeführt dem Mars.
Sie hat die Sabinerinnen
einst den Männern Roms vermählt,
schuf die Ramnen und Quiriten

und in spätren Zeiten die
Mutter auch des Romulus und
Caesars Adoptivsohn auch.
Wer niemals liebte, liebe morgen,
auch morgen liebe, wer schon liebt!
Und die Au befruchtet Wollust,
und die Au spürt Venus' Werk;
Amor selbst, der Sohn Diones,
heißt es, sei ein Kind der Au.
Als die Mutter ihn empfangen,
kreißte ringsum alle Flur,
Venus zog ihn mit der Blumen
süßen Blütenküssen auf.
Wer niemals liebte, liebe morgen,
auch morgen liebe, wer schon liebt!
Sehet zwischen Ginsterbüschen
Stiere lagern starken Leibs,
alle sorglos im Vertrauen
auf der Gattenliebe Bund.
Und im Schatten, stets zu zweien,
seht der Schafe Herde dort,
und die Göttin auch die Vöglein
alle laut zu singen hieß:
selbst die Teiche hallen wider
von der Schwäne rauhem Ruf,
während Tereus' Freundin flötet
in der Pappeln Schattenhain,
ja, der Liebe Sehnsucht, scheint es,
klingt aus ihrem Liedermund,
nein, sie klagt nicht über ihres
Schwestermannes Grausamkeit.
Sie kann singen, ich muß schweigen;
wann wird Frühling auch für mich?
Wann ergreif ich meine Leier,
daß ich wieder singen kann?
Ich vergaß der Muse schweigend,
Phoebus achtet meiner nicht.

So auch ging Amyklas durch sein
   Schweigen selber einst zugrund!
Wer niemals liebte, liebe morgen,
auch morgen liebe, wer schon liebt!

Die Anthologia Latina entstand im 6. Jh.

Abgang –

»Die Göttin schlummert ein,
des Singens müd.«

Der gute Ruf einer Frau, nicht
ihre Schönheit soll überall
bekannt sein.

»Holde Venus, was ist denn dies für eine bildliche Darstellung,
  was bedeutet jene Schildkröte, auf der du, Göttliche, mit zar-
  tem Fuße stehst?«
»Phidias gestaltete mich so und forderte dazu auf, daß das weibliche Geschlecht von unserem Bilde her beurteilt werde,
und da es sich für Mädchen schickt, zu Hause zu bleiben und
  schweigsam zu sein, stellte er unter meine Füße solche Zeichen.«

Emblematum liber

MVLIERIS FAMAM NON
formam uulgatam esse
oportere.

Alma Venus quæ nam hæc facies quid denotat illa,
   Testudo molli quam pede diua premis?
Me sic effunxit phidias, exumq; referri,
   Fœmineum nostra iussit ab effigie,
Quodq; manere domi & tacitas decet esse puellas,
   Supposuit pedibus talia signa meis.

Tannhäuser

Nun wil ichs aber heben an
von dem Danheuser zu singen
und was er hat Wunders getan
mit seiner Fraw Venußinnen.

Danheuser was ein Ritter gut,
wann er wolt Wunder schawen,
er wolt in Fraw Venus Berg
zu andern schönen Frawen.

»Herr Danheuser, ir seid mir lieb,
daran solt ir mir gedenken:
ir habt mir einen Aid geschworen,
ir wölt von mir nit wenken.«

»Fraw Venus, das enhab ich nit,
ich wil das widersprechen,
wann red't das iemand mer dan ir,
Got helf mirs an im rechen.«

»Herr Danheuser, wie red't ir nun,
ir solt bei mir beleiben,
ich wil euch mein Gespilen geben
zu einem steten Weibe.«

»Und nem ich nun ein ander Weib,
ich hab in meinem Sinne,
so müst ich in der Helle Glut
auch ewiklich verbrinnen.«

»Ir sagt mir vil von der Helle Glut
und habt es nie entpfunden:

gedenkt an meinen roten Mund,
der lachet zu allen Stunden.«

»Was hilfet mich ewer roter Mund,
er ist mir gar unmere;
nun gebt mir Urlaub, Frewlein zart,
durch aller Frawen Ere.«

»Herr Danheuser, wölt ir Urlaub han,
in wil euch keinen geben;
nun beleibent, edler Danheuser,
und fristet ewer Leben.«

»Mein Leben das ist worden krank,
ich mag nit lenger bleiben,
nun gebt mir Urlaub, Frewlein zart,
von ewrem stolzen Leibe.«

»Herr Danheuser, nit redet also,
ir tut euch nit wol besinnen,
so geen wir in ein Kemerlein
und spilen der edlen Minnen.«

»Gebrauch ich nun ein fremdes Weib,
ich hab in meinem Sinne:
Fraw Venus, edle Frawe zart,
ir seid ein Teufelinne.«

»Herr Danheuser, was red't ir nun,
daß ir mich günnet schelten;
nun solt ihr lenger hierinne sein,
ir müstent sein dick entgelten.«

»Fraw Venus, und das wil ich nit,
ich mag nit lenger bleiben;
Maria, Mutter, reine Maid,
nun hilf mir von den Weiben!«

»Herr Danheuser, ir solt Urlaub han,
mein Lob das solt ir preisen,
wo ir do in dem Land umbfart;
nembt Urlaub von dem Greisen.«

Do schied er wider aus dem Berg
in Jamer und in Rewen:
»Ich wil gen Rom wol in die Stat
auf eines Babstes Trawen.

Nun far ich frölich auf die Ban,
Got müß sein immer walten,
zu einem Babst, der heist Urban,
ob er mich möcht behalten.«

»Ach Babst, lieber Herre mein,
ich klag euch meine Sunde,
die ich mein Tag begangen hab,
als ich euchs wil verkünden.

Ich bin gewesen auch ein Jar
bei Venus einer Frawen,
so wölt ich Beicht und Buß entpfahen,
ob ich möcht Got anschawen.«

Der Babst het ein Steblein in der Hand,
das was sich also dürre:
»Als wenig es begrünen mag,
kumpst du zu Gottes Hulde!«

»Nun solt ich leben nur ein Jar,
ein Jar auf diser Erden,
so wölt ich Beicht und Buß entpfahen
und Gottes Trost erwerben.«

Do zog er wider aus der Stat
in Jammer und in Leiden:

»Maria, Mutter, reine Maid,
muß ich nun von dir scheiden?«

Er zog do wider in den Berg
und ewiklich on Ende:
»Ich wil zu Venus, meiner Frawen zart,
wo mich Got wil hin senden.«

»Seid Got wilkumen, Danheuser,
ich hab ewer lang entporen,
seid wilkumen, mein lieber Herr,
zu einem Bulen auserkoren.«

Das weret bis an den dritten Tag,
der Stab hub an zu grünen,
der Babst schicket aus in alle Land,
wo der Danheuser wer hin kumen.

Do was er wider in den Berg
und het sein Lieb erkoren,
des must der vierte Babst Urban
auch ewiklich sein verloren.

nach einer Druckfassung aus dem Jahr 1515

*Die Sage kam gegen Ende des 13. Jh. durch Spielleute von Italien
nach Deutschland.*

Lucas Cranach d. Ä.: Venus in einer Landschaft. 1529.

HANS SACHS

Die gefengnus der göttin Veneris mit dem gott Marte

Homerus, der poet,
Von der lieb schreiben thet,
Wie Venus, die göttin,
In Zippern ein köngin,
Vulcano ward vertrewet,
Das sie doch bald gerewet;
Wann er war schwartz und hincket.
Darumb sie Marti wincket,
Der sie hertzlieb gewonne;
Doch verrieth sie die sonne,
Die alle ding gemeine
Durchblickt mit irem scheine.
Vulcanus das ehbrechen
Sich rüstet hart zu rechen,
Schmidet ein gülden gitter,
Durchsichtig, rein und schitter,
Klein, subtil, wie spinnweben,
Das an sein betstatt neben
Künstlich ward angehangen,
Die zwey darmit zu fangen.
Vulcanus sich bereite,
Nam für ein reiß gar weite,
Mars bey Veneri blibe
Heimlich in süsser liebe,
Im bet entschlieffen wider:
Da fiel das gitter nider,
Verstrickt sie an dem ende,
Das weder füß noch hende
Ir keines mocht gerüren.
Die sonn wart das außspüren,
Bracht Vulcano die mehre,
Wie Mars gefangen were.

Vulcanus ruffet laut:
Komt her, ir götter, schaut
Den ehbruch meiner frawen!
Sie kamen all zu schawen,
Funden in lieb verstricket.
Vulcanus ernstlich blicket,
Sprach: Wie sol ich ansehen,
Mein gmahel-beth zu schmehen?
Nun las ich sie, zu schand
Gantzem zipprischem land,
Also gefangen bleiben,
Beide vor mann und weiben,
Daß sie daran gedencken,
Ir ehlich trew nit krencken.
Die götter zu den sachen
Fiengen all an zu lachen.
Allein Neptunus bate
Sie ledig; darauff drate
Vulcanus sie auffschlosse,
Macht sie ledig und lose.

Der beschluß.

Hiepey lehrt der poete,
Kein lieb heimlich bestete,
Die sich lang bergen mage,
Sie kümt zu-letzt an tage
Mit iren wort und thaten,
Die sonn thut sie verrathen.
Als-denn man in nach-stellet,
Biß sie wurden gefellet
In das heimliche gitter,
In schanden herb und bitter.
Als denn wirdt zeiget ane,
Beide frawen und manne,
Ir heimlich bulereye
Mit schanden mancherleye.
Derhalb so scheuch hürische lieb,

Und in den ehstand dich begib,
Da ehlich lieb auff-wachs
Und trew, das wündscht Hans Sachs.

1538

Der triumphwagen Veneris, der göttin der lieb, mit all irer eigenschafft

Die vorred in triumphwagen.

Du guter leser, schaw und merck!
Wiltu verstehn das volgend werck,
Darinn ist klerlich abgemalt
Fraw Veneris triumph und gwalt,
Schaw die vier ersten weiber an,
Mit seitenspil in süssem thon,
Bedeut, das sich die fraw Venus
Teglich selb offenbaren muß,
Wie sie gewaltig triumphirt.
Die zehen fräwlein wolgezirt,
So die grün lorber-krentzlein tragen
Vor den pferden am triumph-wagen,
Deutn zehen laster weit bekannt,
Dardurch Venus zwingt leut und land.
Wagen und pferd bedeutn das leben,
Darinn Venus allzeit thut schweben.
Die zehen weib, hinter ir gebunden,
Gefangen und gantz uberwunden,
Zehen tugend bedeuten thund,
Die durch unkeusch lieb gehnd zu grund,
Wo Venus mit gewalt regirt,
Und also sighafft triumphirt.

Die vier hoffirenden frawen.   Liebe-dienst, die erste.

In rennen, stechen, kempffen und ringen
Spürt man Venerem in allen dingen.

Hoffirn, die andere.

Durch singen, pfeiffen, nachts hoffirn
Thut Venus auch vil leut vexirn.

Hoffart, die dritte.

In schmuck und kleidung mancher gestalt
Spürt man auch fraw Venerem gar bald.

Höfflich geber, die vierdte.

Durch seufftzen, sehnen und argwan
Man Venerem auch erkennen kan.

Die zehen frawen mit den lorber-kräntzen.
Schmeichlerey, die erste.

Durch schmeichel-wort, freundlichem schreiben
Hab ich gesiget mann und weiben.

Reitzung, die andere.

Durch hendlein drucken, augenblicken
Thu ich manniches hertz verstricken.

Arglistigkeit, die dritte.

Durch triegerey, renck und arglist
Venus offt triumphiren ist.

Fürwitz, die vierdte.

Durch täntz und schertz brinnt Veneris fewer,
Wann fürwitz macht die junckfraw thewer.

Notzwang, die fünffte.

Durch untrew, gwaltigen notzwang
Hab ich Veneri gedienet lang.

140

Böse gspilschafft, die sechste.

Bey verkerten wirdt man verkert,
Deß hab ich Veneris reich gemehrt.

Müssiggang, die sibende.

Durch müssiggang, faulkeit und schlaffen
Thu ich Veneri vil diener schaffen.

Geitz, die achte.

Durch verheissung, kauffen und schencken
Thu ich weibliche ehr offt krencken.

Unmessigkeit, die neundte.

Durch uberfluß in speis und tranck
Mach ich Veneri freyen zugangk.

Höfflichkeit, die zehende.

Durch höfflichkeit, schmücken und ziren
Mach ich fraw Venerem triumphiren.

*Nun folgen die acht pferd am wagen, anzeigen acht eigenschafft
der lieb.   Wanckelmütigkeit, das erste pferd.*

Wanckel, umbschweiffend, kindische sinn
Sind all fraw Veneris dienerin.

Leichtfertigkeit, das ander pferd.

Leichtfertig, nachlessig on scham
Sind Veneris diener allesam.

Schwermütigkeit, das dritte pferd.

Schwermütig, langweilig, verdrossen
Sind all, so Venus hat geschossen.

Trawrigkeit, das vierdte pferd.

Trawrig, seufftzend, bleicher gstalt
Sind Veneris diener jung und alt.

Mühseligkeit, das fünffte pferd.

In unrhu und engstlichen sachen
Müssen stet Veneris diener wachen.

Künheit, das sechste pferd.

Venus gibt thörichte künheit,
Bringt ir vil in geferlichkeit.

Ungwis wollust, das sibende pferd.

Ungwisse freud fraw Venus geit,
Sind stet vermischt mit hertzenleid.

Die vier leiden, das achte pferd.

Klaffer, argwon, sehnen und meiden,
Das sind fraw Veneris diener leiden.

Die vier räder am triumphwagen.   Das erste rad.

Argwon, eyffer, neid und haß
Laufft mit Venus on unterlaß.

Das ander wagenrad.

Zanck, tratz, hader offt hin und wider
Geust Venus in all ire glider.

Das dritte wagenrad.

Venus unorndlich leben thut,
Bringt endlich mangel und armut.

Das vierdte wagenrad.

Schand, ehbruch, meineyd, diebstal, mord
Bringt Venus endlich an dem ort.

Venus, die königin auff dem triumphwagen, spricht:

Ich bin Venus, die königin,
Fleischlicher liebe ein göttin,
Ich bezwing all sitliche tugend,
Frawen und mann, in alter und jugend;
Burg, stätt, märckt, dörffer, leut und land

142

Durch die zehn weibsbild uberwand,
Die mir mein gwaltig königreich
Noch helffen mehren tegeleich,
Und mir helffen mein volck regirn,
Und frölich mit mir triumphirn.

mit dem handbogen auff dem triumphwagen spricht:

Wen ich berür mit meinem pfeil,
Der wirdt gar schwerlich darvon heil,
Biß er kümt in verderblichn schaden,
Darmit er schwer wirdt uberladen,
Wie man denn das vor augen sicht,
Wie fraw Veneris hoffgsind gschicht.

Hernach folgen die zehen gefangen tugend in gestalt der zehen tugend.   Gerechtigkeit, die erste, klagt:

Gewalt mein volck wider recht schwecht,
Derhalb leidt not weiblich geschlecht.

Messigkeit, die ander gefangen.

Unmessigkeit in speiß und tranck
Bracht mein volck an fraw Veneris stranck.

Weißheit, die dritte.

Thorheit mein volck thet uberwinden,
Macht mein diener zu jungen kinden.

Warheit, die vierdte.

Die schmeichlerey mein volck betrog.
Und in fraw Veneris netz sie zog.

Fürsichtigkeit, die fünffte.

Fürwitz die hat mein volck verfürt
Und all mein diener carcerirt.

Emsigkeit, die sechste.

Mein fraw verfürt fraw Müssiggang,
Deß verlur ich grossen anhang.

Demut, die sibende.

Hoffart mein volck hat uberwunden,
Mit unehrlicher lieb gebunden.

Scham, die achte.

Unzucht mein volck gar uberwandt,
Die leiden nun der gfencknus band.

Keuschheit, die neundte.

Böß gsellschafft mein jungfrawn verfürn thet,
Derhalb Venus die oberhand het.

Fraw Ehr, die zehende.

Geitz mein volck betrog durch vil schencken,
Deß thund mein diener von mir wencken.

*Die gemein klag der zehen tugenden, so fraw Venus in irem tri-
umph gefencklich füret.*

Ach, weh uns zehen edlen diren!
Sol Venus mit uns triumphiren
Mit vil frawen und mit vil mann!
Die uns vor waren unterthan,
Die hat sie bracht in solche not,
Ihn niemand helffen kan, denn gott,
Auß diser gferlichen gefencknus,
Darinn sie all ligen in zwencknus,
In schmertzen, kummer, sünd und schand,
In unehrlicher liebe band,
Allda Venus mit den gefangen
Thut in irem triumph her-prangen.

Der beschluß.

Auß dem gedicht wirdt klar erkennt
Fraw Venus wütend regiment,
Darinn sie gar niemand verschonet,
Wie sie auch endlich bößlich lonet:
Sie schwecht all tugend, sinn und mut,
Verzert gesundheit, ehr und gut,

144

Leib und leben, geist und die seel,
Fürt sie auch in abgrund der hell.
Nun seit wir aber alle pur
Darzu sind geneigt von natur,
Der halb ist der aller-best rath,
Weil die natur ir wirckung hat,
Der nem ein gmahel zu der eh,
Halt die hertzlieb und keine mehr,
Darmit er entpflieh auß dem sumpff,
Daß in nicht fraw Venus triumph
Auch für in schand alls ungemachs,
Das wündscht zu Nürenberg Hans Sachs.

1568

EBERHARD WERNER HAPPEL

Größte Denkwürdigkeiten der Welt oder Sogenannte Relationes Curiosae

Die verwechselte Liebe

Ich meine hier nicht einen Menschen, der seine Erkorne mit Willen verwechselt, sondern aus folgender sehr nachdenklichen Geschichte wird man ersehen, wie heftig sich der Teufel bemühe, Zank unter Eheleuten anzurichten, sie zu betrüben und auf allerhand Weise zu vexieren.

Bellovacensis lib. 26. Hist. führt diese Geschichte nachfolgenden Einhalts ein: Unter der Regierung Kaiser Heinrichs des Dritten lebte zu Rom ein reicher adeliger Jüngling, der neulich geheuratet und seine Hochzeitgäste mit einer herrlichen Mahlzeit traktiert hatte. Nach dem Essen stehen sie von der Tafel auf, spazieren hinaus, um den Ballen zu schlagen. Der Bräutigam, so das Spiel angefangen, fodert den Ballen, und damit ihm der Trauring nicht entfalle, gehet er hin und steckt ihn einem unfern darbei von Erz gegossenem Venusbilde auf den Finger. Die andern aber hielten auf ihn, davon er dergestalt ermüdete, daß er ablassen mußte und hinging, seinen Ring von besagtem heidnischen Bilde wieder abzuziehen.

Aber was geschieht? Er wird gewahr, daß selbiger Finger des Bildes gekrümmet, ja gar bis an die flache Hand zusammengebeuget und er weder den Finger gerademachen, noch sonst den Ring wieder davon bringen könne, kehrt derwegen unverrichteter Sachen wiederum zu seinen Spielgenossen, sagt ihnen davon jedoch nicht das geringste Wort.

Aber um die Nachtzeit verfügte er sich in Begleitung seines Dieners wieder nach dem Bilde und findet zwar den Finger nunmehro gerade und ausgestreckt wie zu allererst, jedoch ohne den Ring, kehret also mit Verschweigung des Verlusts wieder heim zu seiner Liebsten.

Als sie sich nun beiderseits zur Ruhe begeben und er seiner Braut die Schuldigkeit will erstatten, fühlet er, daß ihn etwas abhalte und gleichsam, weiß nicht, was vor ein dick-neblichter Körper zwischen seinen und der Liebsten Leib gar verhinderlich im Wege liege, welches zwar anzurühren und zu betasten, aber nicht zu sehen war. Bald darauf hörete er gleichfalls eine Stimme, die Einspruch tut und sagt: »Schlaf bei mir, deren du dich heut hast verlobet. Ich bin Venus, welcher du den Ring an den Finger gestecket, den ich dir nicht wiedergebe.«

Solcher Abenteuer erschrickt er gar heftig, so daß er vor Bestürzung kein Wort reden noch seiner Braut entdecken kunnte, sondern die ganze Nacht schlaflos liegend und stillschweigend bei sich bedachte, was doch dies vor ein seltsamer Handel wäre.

Es blieb auch hiebei nicht, sondern sooft er Beiwohnung suchte, widerfuhr ihm dergleichen, ohnangesehen er sonst ein gesunder, starker und so zum Krieg als andern Sachen geschickter und beherzter Jüngling war.

Endlich bewegt ihn die Liebste mit kläglicher Bitte, diesen Handel den Eltern zu eröffnen, welche es ferner einem Schwarzkünstler, Palumbus genannt, anvertrauen. Dieser, welcher die Zauberer einzutreiben und zu vexieren wußte, ließ sich mit vielen Versprechungen bewegen und gab dem Bräutigam einen gestelleten Brief mit folgender Nachricht:

Gehe zu der und der Stunde in der Nacht an einen Ort, da vier Wege zusammenstoßen, und gib in der Stille genaue Achtung. Daselbst werden allerlei Gestalten von Männern und Weibern, jung und alt, hohes und niedriges Standes vorüberreiten, etliche zu Pferde, etliche zu Fuß, etliche fröhlich, etliche traurig. Was du allda hören wirst, das behalte bei dir. Diesem Haufen wird folgen einer, der von langer Statur und leibiger Gestalt ist und auf einem Wagen sitzt, dem solltu diesen Brief reichen, alsdann wird deinen Begehren stracks gewillfahret werden.

Der Edelmann kommt dem nach und verrichtet alles, was ihm befohlen. Allda hat er unter andern ein Weibsbild im Hurenschmuck auf einem Esel einherreiten gesehen. Das Haar hing ihr über die Achseln herunter und war oben mit einem güldenen Netz eingefaßt. In der Hand trug sie eine güldene Spießrute und regierete damit das Maultier. Im übrigen war ihre Kleidung so zart und durchsichtig, daß man schier den bloßen Leib sahe, und ließ sie allerhand geile und unzüchtige Gebärden an ihr blicken.

Zuletzt kommt hinter diesem Haufen ein großer Herr, der den Jüngling gar scharf und erschrecklich anschauet. Dieser saß auf einem prächtigen Wagen, mit trefflichen Edelgesteinen gezieret, und fragte den Jüngling, wo er hinaus wolle und warum er allda stehe? Er antwortete aber nichts, sondern überreichete ihm den Brief mit ausgestreckter Hand.

Der Satan dörfte das bekannte Siegel nicht verschmähen, sondern mußte es annehmen, erbrach und las das Schreiben, hub darauf beide Hände gen Himmel und rief: »Allmächtiger Gott! Wie lange wirstu dann der Schalkheit des Palumbi noch zusehen und sie erleiden.« Dies gesagt, schickte er seiner beiherlaufenden Trabanten etliche hin, den Ring der Venus abzunehmen, welche sich zwar eine ziemliche Weile hart weigerte, jedoch gleichwohl ihn endlich wieder von sich gab.

Also ward der Jüngling seines Verlangens gewähret und genoß dasjenige, wornach er so lange getrachtet. Palumbus aber, wie er des Satans Geschrei zu Gott gehöret, hat gleichfalls daraus verstanden, daß seine Stunde zu sterben dadurch angedeutet, und ist, nachdem er öffentlich für allen Römern viel Bubenstücke und Missetaten bekannt, jämmer- und grausamlich in Stücken zerrissen.

So gearbeitet, so gelohnet. Wer dem Teufel dienet, dem wird billig des Teufels Dank. Es scheinet, der arglistige Feind habe dieses Spiel nur derowegen angestellet, daß Palumbus vor seiner Höllenfahrt noch eine Seele, nämlich des verheurateten Jüngling, in Todsünde stürzen sollen. Dann dieser hat, wie ich besorge, an der Arznei mehr verloren als gewonnen und hätte lieber sollen sich ewig enthalten, als darum bei des Satans geheimen Rat, ja bei dem Teufel selbst, bittlich anhalten.

Daß auch bei dergleichen Händeln die Phantasie oder allzu strenge Einbildung gar viel würken könne, wird kein Verständiger leugnen, doch bedünket mich, diejenigen tun der Sache zu viel oder zu wenig, das ist, sie verfehlen des rechten Grundes, welche der Einbildung in solchem Fall alles zuschreiben wollen, und gleichwohl findet man viel kluge Leute, welche die Heftigkeit der Impression bei diesem oder jenem als die prinzipaleste Urheberin solcher Schwachheit ausgeben.

zwischen 1683 und 1691

Der Venus Klag um Adonis Grab

Adonis grab ist hier; mehr sagt die liebe nicht /
    Und Venus seel entschläft bey diesem leichen-steine.
    Ach hochgeliebter leib! ach werthste todten-beine!
Ach himmlischer Adon! mein mattes hertze bricht
    In lieb und thränen aus: die thränen sollen zeugen /
    Daß meine liebe wird zu keinen zeiten schweigen.
Wo ist Adonis sarg? wo ist Adonis grab?
    Daß Venus nicht zugleich sich auf die baare leget /
    Wie wenn ein rauher wind die blumen niederschläget /
Schlägt tulp und nelck entzwey / und bricht die blumen
                                       ab.
    So war mein lebens-geist von hertz und seel entrissen /
    Als meinen lieben schatz ein wildes schwein gebissen.
Ach ewiger verlust! unwiderruflich fall!
    Ich habe deinen schoos dem himmel vorgezogen /
    Holdseeliger Adon! nun seel und geist verflogen /
So stirbt die Venus auch. Ich hörte fast den schall
    Und wie du mich zuletzt / mein tausend-lieb /
                                 gesegnet /
    Als dir diß ungeheur im finstern wald begegnet.
Ich ging und suchte drauf mein leben in dem häyn /
    Und fand da meinen tod / Adonis sternen-glieder
    Sind durch des wildes biß besprützet hin und wieder
Vom schaum des rothen bluts. Ich bracht ihm
                         himmel-wein
    Und edlen perlen tranck / hertzstärckende muscaten /
    In hoffnung meinem sohn und besten schatz zu rathen;
Vergebens! ob ich schon den weichen mund geküst /
    Und tausend mahl geschryn: erwache meine seele!
    So regte sich kein glied / ja was ich nicht verheele /
Ich habe selbst zuletzt krafft / seel und geist vermist.
    Ich werd auch nimmer schön / mein' anmuth ist
                         gestorben /

Und mit Adonis pracht der Venus glantz verdorben.
    Bedenck ich jene lust und gegenwärtig leid /
        Ja wenn der himmel gleich in lauter rosen lebte /
        Wenn höchst' ergötzlichkeit um meine scheitel
                                    schwebte /
    So blieb ich unbewegt / biß daß die süsse zeit
        Mich gab Adonis gunst / den ich verschwendrisch
                                    küste /
        Sein alabaster arm umschränckte meine brüste;
    So hat niemand geliebt / und niemand weiß es so /
        Die seelen nur allein beschlossen was geschehen /
        Der monde hat uns offt gantz holdreich zugesehen /
    Er ward an meiner brust / und ich an seiner froh;
        Sein mund hieß mein rubin / ich schenckt ihm
                                    himmels-flüsse
    Und selbte macht ich noch mit liebes-zucker süsse.
    Nun seh ich nichts als noth / und dein verblichner leib /
        Mein einzig liebes kind / entseelt mein kranckes hertze:
        Doch daß ein denckmal sey / wie hoch ich dich
                                    beschmertze /
    So bau ich hier dein grab / das keine zeit zerreib' /
        Und in vergessenheit die lange nächte stürtze /
        Mit thränen salb ich dich statt weit-geholter würtze.
    Hier ist Adonis grab und auch mein heiligthum.
        Ein mensch mag bahr und gruft mit göldnen ampeln
                                    zieren /
    Ich göttin will um dich die stern als fackeln führen.
    Und wie die leichen sonst schmückt eine schöne blum /
        So soll das schöne blut in anämonen sincken /
        Und bey dem rosen-lentz in purpur-kleidern blincken.
    Was mehr? den leichgesang / das bittre todten-lied
        Stimmt Venus ewig an / der himmel hilfft mir klagen /
        Die lüfte seuftzen mit / der westenwind soll sagen /
    Wie tief ich traurig sey: Ich bin nicht groß bemüht /
        Um das beliebte grab viel säulen aufzuführen /
        Die liebe soll es mehr mit ihren wundern zieren.
    Daß Artemisja dort des ehmanns asche tranck /
        Ist viel und liebens werth. Ich opffre meine seele /

Die zwar nicht sichtbar ist / der lieben grabes-höle;
Und saget nun iemand / daß Venus bleich und kranck /
Der wisse / da Adon mein trost und lieb erblichen /
Daß ich zugleich mit ihm bin aus der welt gewichen.
Die überschrifft wird sonst dem marmel einverleibt;
Ich wil sie ins gemüth der späten nachwelt graben /
Dran soll der buler volck den schönsten spiegel haben /
Wo nicht der grosse schmertz die lieb ins elend treibt:
Hier ruht der schönheit schatz und Venus holde
zierden /
Tritt nicht zu nah hinzu! der stein macht die begierden.

1697

FRIEDRICH SCHILLER

Der Venuswagen

Klingklang! Klingklang! kommt von allen Winden,
Kommt und wimmelt schaarenweis.
Klingklang! Klingklang! was ich will verkünden,
Höret Kinder Prometheus!

Welkes Alter – Rosenfrische Jugend,
Warme Jungen mit dem muntern Blut,
Spröde Damen mit der kalten Tugend,
Blonde Schönen mit dem leichten Mut!

Filosofen – Könige – Matronen,
Deren Ernst Kupidos Pfeile stumpfft
Deren Tugend wankt auf schwanken Tronen,
Die ihr (nur nicht über e u c h) triumpfft.

151

Kommt auch ihr, ihr sehr verdächt'gen Weisen,
  Deren Seufzer durch die Tempel schwärmt,
Stolz prunkieret, und vielleicht den leisen
  Donner des Gewißens überlermt,

Die ihr in das Eis der Bonzenträne
  Eures Herzens geile Flammen mummt,
Farisäer mit der Janus Miene!
  Trettet näher – und verstummt.

Die ihr an des Lebens Blumenschwelle
  In der Unschuld weißem Kleide spielt,
Noch nicht wilder Leidenschaften Bälle,
  Unbeflekten Herzens feiner fühlt.

Die ihr schon gereift zu ihren Gifften,
  Im herkulschen Scheidweg stuzend steht,
Hier die Göttin in den Ambradüfften,
  Dort die ernste Tugend seht,

Die ihr schon vom Taumelkelch berauschet
  In die Arme des Verderbens springt,
Kommt zurüke Jünglinge und lauschet
  Was der Weißheit ernste Leyer singt.

Euch zulezt noch, Opfer des Gelustes,
  Ewig nimmer eingeholt vom Lied,
Haltet still, ihr Söne des Verlustes!
  Zeuget wider die Verklagte mit.

Klingklang! Klingklang! schimpflich hergetragen
  Von des Pöbels lermendem Hußah!
Angejochet an den Hurenwagen
  Bring ich sie die Mäze Zypria.

Manch Histörchen hat sie aufgespulet
  Seit die Welt um ihre Spindel treibt,

Hat sie nicht der Jahrzal nachgebulet,
    Die sich vom verbotnen Baume schreibt?

Hum! Biß hieher dachtest du's zu sparen?
    Mamsell! Gott genade dich!
Wiß! so sauber wirst du hier nicht fahren
    Als im Arm von deinem Ludewig.

Noch so schelmisch mag dein Auge blinzen,
    Noch so lächeln dein verhexter Mund,
Diesen Richter kannst du nicht scharwänzen
    Mit gestolner Mienen Gaukelbund.

Ja so heule – Mäze, kein Erbarmen!
    Streift ihr kek das seidne Hemdchen auf.
Auf den Rücken mit den runden Armen!
    Frisch! und patschpatsch! mit der Geißel drauf.

Höret an das Protokoll voll Schanden,
    Wie's die Garstge beim Verhöre glatt
Weggelogen oder gleich gestanden
    Auf den Zuspruch dieser Geißel hat.

Volkbeherrscher! Götter unterm Monde,
    Machtumpanzert zu der Menschen Heyl,
Hielt die Bulin mit dem Honigmunde
    Eingemauert im Serail.

O da lernen Götter – menschlich fühlen,
    Laßen sich fast sehr herab zum – Vieh
Mögt ihr nur in Nasos Chronik wülen
    Schnakisch stehts zu lesen hie.

Wollt ihr Herren nicht skandalisieren,
    Werft getrost den Purpur in den Koth,
Wandelt wie Fürst Jupiter auf vieren,
    So erspart ihr ein verschämtes Roth.

Nebenbei hat diese Viehmaskirung
   Manchem Zevs zum Wunder angepaßt,
Heil dabei der weisen Volkregierung
   Wenn der Herrscher auf der Waide graßt!

Dem Erbarmen dorren ihre Herzen
   (O auf Erden das Elisium)
Durch die Nerfen bohren Höllenschmerzen
   Kehren sie zu wilden Tigern um.

Loose Buben mäkeln mit dem Fürstensiegel,
   Kreaturen vom gekrönten Thier,
Leihen dienstbar seiner Wollust Flügel,
   Und ermauscheln Kron und Reich dafür.

Ja die Hure (laßts ins Ohr euch flistern)
   Bleibt auch selbst im Kabinet nicht stumm.
In dem Uhrwerk der Regierung nistern
   Oefters Venusfinger um.

Blinden Fürsten dienet sie zum Stocke,
   Blöden Fürsten ist sie Bibelbuch.
Kam nicht auch aus einem Weiberroke
   Einst zu Delfos Götterspruch?

Mordet! Raubet! Lästert, ja verübet
   Was nur greulich sich verüben läßt –
Wenn ihr Lady Pythia betrübet,
   O so haltet eure Köpfe fest!

Ha! wie manchen warf sie von der Höhe!
   Von dem Rumf wie manchen Biderkopf!
Und wie manchen hub die geile Fee,
   Fragt warum? – Um einen diken Zopf.

Deßen Siegesgeiz die Erde schrumfte,
   Deßen tolle Diademenwut

Gegen Mond und Sirius triumfte,
　Hoch gehoben von der Sklaven Blut.

Dem am Markstein dieser Welt entsunken
　Jene seltne Träne war,
Vom Saturnus noch nicht aufgetrunken
　Nie vergoßen seit die Nacht gebar.

Jenen Jüngling, der mit Riesenspanne
　Die bekannte Welt umgriff,
Hielte sie zu Babylon im Banne
　Und das – Weltpopanz entschlief.

Manchen hat ins Elend sie gestrudelt,
　Eingetrillert mit Sirenensang,
Dem im Herzen warme Kraft gesprudelt,
　Und des Ruhms Posaune göttlich klang.

An des Lebens Vesten lekt die Schlange
　Geiffert Gifft ins hüpfende Geblüt
Knochen dräuen aus der gelben Wange
　Die nun aller Purpur flieht.

Hol und hager, wandelnde Gerippe
　Keuchen sie in des Kozytus Boot.
Gebt den Armen Stundenglas und Hippe
　Huh! – und vor euch steht der Tod.

Jünglinge, o schwöret ein Gelübde,
　Grabet es mit goldnen Ziffern ein:
Fliehet vor der rosigten Charybde
　Und ihr werdet Helden sein.

Tugend stirbet in der Frynen Schoose
　Mit der Keuschheit fliegt der Geist davon,
Wie der Balsam aus zerknikter Rose,
　Wie aus rißnen Saiten Silberton.

Venus Finger bricht des Geistes Stärke,
   Spielet gottlos, rükt und rükt
An des Herzens feinem Räderwerke
   Bis der Seiger des Gewißens – lügt.

Eitel ringt, und wenn es Schöpfung sprühte,
   Eitel ringt das göttlichste Genie
Martert sich an schlappen Saiten müde,
   Wohlklang fließt aus toden Trümmern nie. –

Manchen Greisen an der Krüke wankend,
   Schon hinunter mit erstarrtem Fuß
In den Abgrund des Afernus schwankend,
   Nekte sie mit tödlich süßem Gruß.

Quälte noch die abgestumpfften Nerfen
   Zum erstorbnen Schwung der Wollust auf,
Drängte ihn, die träge Kraft zu schärfen,
   Frisch zu spornen zäher Säfte Lauf.

Seine Augen sprühn erborgte Stralen,
   Tödlich munter springt das schwere Blut,
Und die aufgejagten Muskeln pralen
   Mit des Herzens lezlichem Tribut.

Neuverjüngt beginnt er aufzuwarmen,
   All sein Wesen zukt in E i n e m Sinn,
Aber husch! entspringt sie seinen Armen
   Spottet ob dem matten Kämpfer hin.

Was für Unfug in geweihten Zellen
   Hat die Hexe nicht schon angericht?
Laßt des Doms Gewölbe Rede stellen,
   Das den leisen Seufzer lauter spricht.

Manche Träne – aus Pandoras Büchse –
   Sieht man dort am Rosenkranze glühn.

Manchen Seufzer vor dem Cruzifixe
  Wie die Taube vor dem Stößer fliehn.

Durch des Schleyers vorgeschobne Riegel
  Mahlt die Welt sich schöner wie ihr wißt,
Fantasie leiht ihren Taschenspiegel,
  Wenn das Kind das Paternoster küßt.

Siebenmal des Tages muß der gute
  Michael dem starken Moloch stehn,
Beide pralen mit gleich edlem Blute,
  Jeder, wißt ihr, heißt den andern gehn.

Puh! da splittert Molochs schwächres Eisen!
  (Armes Kind! wie bleich wirst du!)
In der Angst (wer kann es Vorsaz heißen?)
  Wirfft sie ihm die Zitternadel zu.

Junge Wittwen – vierzigjähr'ge Zofen
  Feuriger Komplexion,
Die schon lange auf – Erlösung hoffen,
  Allzufrüh der schönen Welt entflohn.

Braune Damen – rabenschwarzen Haares
  Schwergeplagt mit einem siechen Mann.
Faßen oft – die Hörner des Altares,
  Weil der Mensch nicht helffen kann.

Fromme Wut begünstigt heiße Triebe
  Gibt dem Blute freien Schwung und Lauf –
Ach zu offt nur drükt der Gottesliebe
  Afrodite ihren Stempel auf.

Nimfomanisch schwärmet ihr Gebete
  (Fragt Herrn Doktor Zimmermann)
Ihren Himmel – sagt! was gilt die Wette? –
  Mahlt zum küßen euch ein Titian! –

Selbst im Rathaus hat sie's angesponnen,
   Blauen Dunst Asträen vorgemacht,
Die geschwornen Richter halb gewonnen,
   Ihres Ernstes Falten weggelacht.

Inquisitin ließ das Halstuch fallen,
   Jeder meinte, sei von ohngefehr!
Potz! da liegts wie Alpen schwer auf allen,
   Närrisch spukts um unsern Amtmann her.

Sprechet selbst – was war dem Mann zu rathen?
   Diß verändert doch den Statum sehr. –
»Inquisitin muß man morgen laden,
   Heute geb ich g ü t l i c h e s Verhör.«

Und – wär nicht Frau Amtmännin gekommen
   (Unserm Amtmann krachts im sechsten Sinn)
Wär der Balg ins Trokne fortgeschwommen,
   Dank seys der Frau Amtmännin!

Auch den Klerus (denkt doch nur die Loose)
   Selbst den Klerus hat sie kalumnirt.
Aber gelt! – mit einem derben Stoße
   Hat man dir dein Lügenmaul pitschirt.

Damen die den Bettelsak nun tragen
   Ungeschikt zu weiterem Gewinnst,
Matte Ritter, die Schamade schlagen
   Invaliden in dem langen Dienst,

Sezt sie, (wies auch große Herren wißen)
   Mit beschnittner Pension zur Ruh,
Oder schikt wol gar die Lekerbißen
   Ihrer Feindinn – Weißheit zu.

(Weine Weißheit über die Rekrouten,
   Die dir Venus Afrodite schikt,

Sie verhüllen unter frommen Kutten
  Nur den Mangel der sie heimlich drükt.

Würde Amors Talisman sie rühren,
  Nur ein Hauch von Zypern um sie wehn? –
O sie würden hurtig desertieren
  Und zur alten Fahne übergehn.) –

Sehet und der Lüstlingin genüget
  Auch nicht an des Torus geiler Brunst,
Selbst die Schranken des Geschlechts besieget
  Unnatürlich ihre Schlangenkunst.

Denket – doch ob dieser Schandenliste
  Reißt die Saite, und die Zunge stokt;
Fort mit ihr aufs schimpfliche Gerüste,
  Wo das Aas den fernen Adler lokt.

Dorten soll mit Feuergriffel schreiben
  Auf ihr Bulinangesicht das Wort:
Tod: der Henker – so gebrandmarkt treiben
  Durch die Welt die Erzbetrügrin fort.

So gebot der weise Venusrichter.
  Wie der weise Venusrichter hieß?
Wo er wohnte? Wünscht ihr von dem Dichter
  Zu vernehmen – so vernehmet diß:

Wo noch kein Europerseegel braußte,
  Kein Kolumb noch steuerte, noch kein
Kortez siegte, kein Pizarro haußte,
  Wohnt auf einem Eiland – Er allein.

Dichter forschten lange nach dem Namen –
  Vorgebürg des Wunsches nannten sie's,
Die Gedanken, die bis dahin schwammen,
  Nanntens – das verlorne Paradieß.

Als vom ersten Weibe sich betrügen
    Ließ der Männer erster, kam ein Waßerstoß,
Riß, wenn Sagen Helikons nicht lügen,
    Von vier Welten diese Insel los.

Einsam schwimmt sie im Atlantschen Meere,
    Manches Schiff begrüßte schon das Land,
Aber ach – die scheiternde Galeere
    Ließ den Schiffer tod am Strand.

um 1778/79

ANNETTE VON DROSTE-HÜLSHOFF

Der Venuswagen

Ein Rosenblatt vom Busenstrauß,
Fällt vor der Gräfin Schuh,
Da lacht sie in die Nacht hinaus:
»Glück zu! mein Blatt, Glück zu!
Das laß dich nicht verdrießen,
Du Blume Liebeslust,
Du liegst zu meinen Füßen,
Du liegst an meiner Brust.«

Sie spricht so wild, sie lacht voll Hohn,
Und doch so matt und weich,
Der Gatte schläft wohl lange schon!
Das Schloß steht öd und bleich,
Der Buhle ist gegangen,
Die Wang' ist ihr so heiß,
Was will sie noch verlangen?
Ach! was sie selbst nicht weiß!

»In goldnem Käfig fing es sich,
Das muntre Vögelein,
Jetzt stellt man Rosennetz' um mich,
Ich trete kühn hinein,
Den Gatten muß ich hassen,
O Buhle! lieb' ich dich?
Ich mag es nimmer fassen,
Es ist so schauerlich.«

Die Bäume schütteln still das Haupt,
Es regt sich das Gesträuch,
Ein Blütenschwarm, dem Beet geraubt,
Erfüllt die Lüfte gleich,
Sich in der Locken Prangen
Ein Venuswagen fängt,
»Ach, armer Schelm, gefangen!
Schau, wie's in Schlingen hängt.«

Mit ihren Fingern, goldberingt,
Löst sie das Taubenpaar,
Da schwirrt es, wie die Mücke singt,
Vernehmlich durch ihr Haar,
»Ich könnte dich verraten« –
Mein Gott! wer ist, der spricht? –
Da weht es, wie durch Saaten,
»Allein ich tu es nicht.«

Ihr schaudert, und die Blume sinkt;
»Tritt ungestraft hervor!«
So ruft sie keck, ihr Auge blinkt,
Da zittert's hell empor,
»O Herrin! wende! wende!
Die Todesnacht ist heiß!
So dunkel ist das Ende –
Mein Jesu!« ächzt es leis!

Die Gräfin regt den schönen Mund,
Doch keine Lache schallt,

Sie wandelt um des Gartens Rund
Und durch des Parkes Wald,
Sie will das Haupt erheben,
– Die Stirn ist ihr so naß –
Sie steht und will nicht leben
– Allein sie ist so blaß –.

Da zieht es, wie ein Feuerstrahl,
Durch die Gemächer dort.
»Was will das Licht in meinem Saal?«
Die Dame schreitet fort,
Da schlüpft's mit scheuem Tritte
Durchs blühende Revier,
Die Gräfin kennt die Schritte,
»Lenore! ich bin hier!«

»Mein Gott! wie habt ihr lang verweilt«,
Ruft die, vor Angst noch bleich,
»Da nahen Tritte! eilt! o eilt!
So eben sucht man Euch.«
»Was hat man denn zu fragen?
Was gibt's zu Nacht für Not?«
»O Herrin! laßt Euch sagen:
Der alte Veit ist tot!

Oft lag er still, im Todeskampf,
Oft sprach er gar nicht mehr,
Dann rief er, wie aus innerm Krampf,
So tief und hohl und schwer:
›Ich muß die Gräfin sprechen!
O ruft sie! weckt sie auf!
Eh kann mein Herz nicht brechen,
Mein Jesu!‹ ächzt' er auf.

Man zauderte, man stand und stand,
Da griff, in Wahnes Hauch,
Des Alten dürre Knochenhand
Nach einem Blütenstrauch,

Den jüngst der Sturm gebrochen,
Und sprach, in irren Wehn:
›Du hast noch nie gesprochen
Und kannst mich doch verstehn.‹

Er sah ihn, mit dem tiefen Blick,
So lang und schaurig an,
Er sprach so leis in sich zurück,
Dann lag er still und sann,
Er drückt' ihn an die Wange:
›Maria! Königin!
Mein Gott! wie lange! lange!‹ –
Sein Leben war dahin.

Was wollte doch der alte Mann?
Ihr habt ihm nie vertraut!« –
Die Gräfin blickt sie eisig an,
Die Zofe schweigt, ihr graut.
»Ich will den Alten sehen,
Lenore! folge mir!«
Und durch das Dunkel gehen
Die beiden für und für.

Wie eine graue Aloe,
Gebrochen von der Zeit,
Die starren Augen in die Höh',
Das war der alte Veit.
An seinen Wangen fliehen
Die Blütentauben hin,
Und blaue Wäglein ziehen
Auf weißem Grunde hin.

Wer hat gestört den Blumenzug?
Ein Taubenpaar entführt?
Dort, wo die Blüte, wie im Flug,
Den toten Mund berührt?
Und hätt'st du nicht geschwiegen,
Vor sieben Monden, scheu,

Du hättest mögen siegen,
Nun aber ist's vorbei.

Die Herrin schaut wohl unverwandt,
Doch spricht sie gar kein Wort,
Sie nimmt den Zweig aus seiner Hand,
Sie schreitet langsam fort.
»Ihr Zofen! löst den Schleier!
Das Haupt ist mir so schwer!«
Sie tändelt mit der Leier, –
Allein sie singt nicht mehr.

Willst du die Herrin sehn? o schau!
Sie liegt so schön und bleich,
In ihrer weißen Hand den blau
Geheimnisvollen Zweig.
Die Tauben schweigen stille,
Der Gatte kniet und weint,
Und durch der Schleier Hülle
Die Morgenröte scheint.

1818/1820

Die Götter Griechenlands

[...] Auch dich erkenn ich, auch dich, Aphrodite,
Einst die goldene! jetzt die silberne!
Zwar schmückt dich noch immer des Gürtels Liebreiz,
Doch graut mir heimlich vor deiner Schönheit,
Und wollt mich beglücken dein gütiger Leib,
Wie andere Helden, ich stürbe vor Angst –

164

Als Leichengöttin erscheinst du mir,
Venus Libitina!
Nicht mehr mit Liebe blickt nach dir,
Dort, der schreckliche Ares.
Es schaut so traurig Phöbos Apollo,
Der Jüngling. Es schweigt seine Leir,
Die so freudig erklungen beim Göttermahl.
Noch trauriger schaut Hephaistos,
Und wahrlich, der Hinkende! nimmermehr
Fällt er Heben ins Amt,
Und schenkt geschäftig, in der Versammlung,
Den lieblichen Nektar – Und längst ist erloschen
Das unauslöschliche Göttergelächter. […]

1826

FRIEDRICH SCHILLER

Nänie*

Auch das Schöne muß sterben! Das Menschen und Götter
        bezwinget,
 Nicht die eherne Brust rührt es des stygischen Zeus.
Einmal nur erweichte die Liebe den Schattenbeherrscher,
 Und an der Schwelle noch, streng, rief er zurück sein
        Geschenk.
Nicht stillt Afrodite dem schönen Knaben die Wunde,
 Die in den zierlichen Leib grausam der Eber geritzt.
Nicht errettet den göttlichen Held die unsterbliche Mutter,

---

* »naenia« oder »nenia«: das in Rom bei einem Leichenzug zur
Flöte gesungene Klagelied [d. Hrsg.]

Wann er, am skäischen Thor fallend, sein Schicksal
erfüllt.
Aber sie steigt aus dem Meer mit allen Töchtern des
Nereus,
Und die Klage hebt an um den verherrlichten Sohn.
Siehe! Da weinen die Götter, es weinen die Göttinnen alle,
Daß das Schöne vergeht, daß das Vollkommene stirbt.
Auch ein Klaglied zu seyn im Munde der Geliebten ist
herrlich,
Denn das Gemeine geht klanglos zum Orkus hinab.

1800

JOSEPH VON EICHENDORFF

Venus-Lied

Aus der Novelle »Das Marmorbild«

Von kühnen Wunderbildern
Ein großer Trümmerhauf,
In reizendem Verwildern
Ein blühender Garten drauf.

Versunknes Reich zu Füßen,
Vom Himmel fern und nah
Aus anderm Reich ein Grüßen –
Das ist Italia!

Wenn Frühlingslüfte wehen
Hold überm grünen Plan,
Ein leises Auferstehen
Hebt in den Tälern an.

Da will sich's unten rühren
Im stillen Göttergrab,
Der Mensch kann's schaudernd spüren
Tief in die Brust hinab.

Verwirrend in den Bäumen
Gehn Stimmen hin und her,
Ein sehnsuchtsvolles Träumen
Weht übers blaue Meer.

Und unterm duft'gen Schleier,
Sooft der Lenz erwacht,
Webt in geheimer Feier
Die alte Zaubermacht.

Frau Venus hört das Locken,
Der Vögel heitern Chor,
Und richtet froh erschrocken
Aus Blumen sich empor.

Sie sucht die alten Stellen,
Das luft'ge Säulenhaus,
Schaut lächelnd in die Wellen
Der Frühlingsluft hinaus.

Doch öd sind nun die Stellen,
Stumm liegt ihr Säulenhaus,
Gras wächst da auf den Schwellen,
Der Wind zieht ein und aus.

Wo sind nun die Gespielen?
Diana schläft im Wald,
Neptunus ruht im kühlen
Meerschloß, das einsam hallt.

Zuweilen nur Sirenen
Noch tauchen aus dem Grund
Und tun in irren Tönen
Die tiefe Wehmut kund. –

Sie selbst muß sinnend stehen
So bleich im Frühlingsschein,
Die Augen untergehen,
Der schöne Leib wird Stein.

Denn über Land und Wogen
Erscheint, so still und mild,
Hoch auf dem Regenbogen
Ein ander Frauenbild.

Ein Kindlein in den Armen
Die Wunderbare hält,
Und himmlisches Erbarmen
Durchdringt die ganze Welt.

Da in den lichten Räumen
Erwacht das Menschenkind,
Und schüttelt böses Träumen
Von seinem Haupt geschwind.

Und, wie die Lerche singend,
Aus schwülen Zaubers Kluft
Erhebt die Seele ringend
Sich in die Morgenluft.

1818

PROSPER MÉRIMÉE

Die Venus von Ille

[...] Es war heller Tag, als ich die Augen aufschlug. Auf der einen Seite meines Bettes stand, im Schlafrock, Monsieur de Peyrehorade; auf der anderen ein offenbar von seiner Frau entsandter Diener, eine Tasse Schokolade in der Hand.

»Aufstehen, lieber Pariser!« rief mein Gastgeber. »Da sehe man diese Faulpelze aus der Hauptstadt! Um acht Uhr noch in den Federn zu liegen! Ich bin seit sechs Uhr auf den Beinen, und dreimal habe ich mich auf den Fußspitzen an Ihre Kammertür geschlichen, ohne das geringste Lebenszeichen zu erhaschen! Es ist auch für die Gesundheit sehr unzuträglich, so lange der Bettruhe zu pflegen! ... Und meine Venus haben Sie noch gar nicht zu Gesicht bekommen! Rasch, trinken Sie Ihre Schokolade: erstklassige, aus Spanien eingeschmuggelte Ware, wie man sie in ganz Paris nicht findet! Sammeln Sie ein bißchen Kraft, mein Freund; denn wenn Sie erst vor der Venus stehen, werden Sie für keinerlei irdische Nahrung mehr Sinn haben!«

In fünf Minuten war ich fertig, das heißt: halb rasiert, alles falsch zugeknöpft und von der Schokolade, die ich kochend heiß hinuntergießen mußte, an Hals und Zunge arg verbrannt. Ich stürzte mit meinem Gastgeber in den Garten – und fand mich vor einem wahrhaft anbetungswürdigen Werk der Antike.

Es handelte sich wirklich um eine Venus, eine Statue von vollendeter Schönheit. Der Oberkörper war nackt, die rechte Hand in der Höhe des Busens nach innen gewandt, der Daumen und die beiden ersten Finger ausgestreckt, die beiden anderen leicht gekrümmt. Die andere Hand, an der Hüfte, hielt das den Unterkörper bedeckende Gewand. Die ganze Haltung erinnerte an die Statue des Morraspielers, an jenes Werk, das man – ich weiß nicht recht, warum – mit dem Namen des Drusus Nero Germanicus zu benennen pflegt. Hatte etwa auch die Venus als Morraspielerin dargestellt werden sollen?

Wie dem auch sei: etwas Vollkommeneres als diese aus der Erde auferstandene Göttin hätte keine noch so hochfliegende Phantasie sich ausdenken können. Nichts, was lieblicher und zugleich verführerischer wäre als ihre Konturen; nichts Eleganteres und zugleich Edleres als der Faltenwurf ihrer Gewandung! Ich hatte mich auf ein Produkt der spätrömischen – der »byzantinischen« – Kaiserzeit gefaßt gemacht; doch was ich erblickte, das war ein Meisterwerk aus der Blütezeit antiker Plastik. Am meisten frappierte mich die wunderbare Natürlichkeit der Formen, die von einem lebenden Wesen hätten abgenommen sein können, falls die Natur einem Künstler jemals so vollkommene Modelle darböte.

Das Haar, wellig aus der Stirn gestrichen, schien ehemals vergoldet gewesen zu sein. Der Kopf – von jener für die griechische Plastik so bezeichnenden relativen Kleinheit – war leicht nach vorne gebeugt. Der Gesichtsausdruck aber stand in einem krassen Gegensatz zu allem, was mir bisher von der Kunst des klassischen Altertums bekannt geworden war. Eine Welt der Empfindung trennte dies seltsame, tief befremdende Antlitz von der stillen Größe und edlen Herbe, von der erhabenen Klarheit, die von jeher als charakteristisches Kennzeichen antiken Geistes gegolten hat. Des aller Tradition so trotzig widerstrebenden Bildners Absicht schien es gewesen zu sein, seinem Geschöpf einen Ausdruck von Arglist zu geben, der bis zur Bösartigkeit gesteigert sein sollte. Alle Gesichtszüge dieser Venus befanden sich in einer verdächtigen Spannung: die Augen ein wenig schief gestellt, der Mund etwas verzogen, die Nasenflügel leicht gebläht. Geringschätzung, Spottlust und Grausamkeit sprachen aus dem rätselhaft-vieldeutigen Antlitz. Und je mehr man das Wunderwerk betrachtete, um so beklemmender ward die Frage, mit welchen Mitteln der Künstler eine so abgründige Verschmelzung von Schönheit und Gefühllosigkeit habe zustande bringen können.

»Falls jemals ein Modell zu dieser Statue existiert hat«, sagte ich zu Monsieur de Peyrehorade, »– aber ich bezweifle, daß die Natur je eine solche Frau habe hervorbringen können –, so müssen ihre Liebhaber wahrhaftig nicht zu beneiden gewesen sein! Gewiß hat sie eine böse Freude empfunden an hoffnungslosen Leidenschaften, an der Verzweiflung und den Katastrophen ihrer Anbeter! Zerreißende Wildheit lauert hier in einem Gesicht, wie ich es schöner und herrlicher nie gesehen habe!«

»Auf Beute geht sie aus, Frau Venus wunderhold!«

zitierte, von dem Grad meiner Begeisterung befriedigt, in alexandrinischem Versmaß Monsieur de Peyrehorade.

Der Ausdruck teuflischer Ironie wurde vielleicht noch verstärkt durch den Gegensatz der glänzenden Silberaugen zu der schwarzgrünen Patina, die die Jahrhunderte dem Standbild verliehen hatten. Diese Augen erzeugten eine geradezu beängstigende Illusion von Wirklichkeit, von lebendigster Gegenwart. Ich mußte an meinen Führer denken, der die Empfindung gehabt hatte, daß diesem faszinierenden Blick niemand standhalten könne. Damit hatte er sicherlich recht, und ich vermochte mich einer Regung des Unwillens über mein Erschauern vor einem metallenen Bilde nicht zu erwehren.

»Nun, mein verehrter Kollege und Altertumsenthusiast«, sagte mein Gastgeber zu mir, »nachdem Sie so ästhetisch-pathetisch den Sinnen Genüge getan haben, wollen wir, wenn es Ihnen recht ist, zu unseren wissenschaftlichen Problemen übergehen. Was dünkt Ihnen von dieser Inschrift hier, der Sie noch keinerlei Beachtung geschenkt zu haben scheinen?«

Er wies auf den Sockel der Statue, und ich las dort die Worte:

CAVE AMANTEM

*»Quid dicis, doctissime?«** fragte er mich, schmunzelnd und händereibend. »Laßt doch sehen, ob wir einer und der-

---

* Was sagst du, hochgelehrter Mann? [d. Übers.]

selben Meinung sind über die Bedeutung dieses *cave amantem*!«

»Nun«, erwiderte ich, »es sind zwei Bedeutungen
denkbar. Zunächst kann man (indem man das Wort als an
die Göttin selbst gerichtet auffaßt) übersetzen: ›Hüte dich
vor dem, der dich liebt, mißtraue deinen Liebhabern und
Anbetern!‹ Aber ich bin mir nicht klar darüber, ob das *cave
amantem*, in diesem Sinne genommen, gutes Latein wäre.
Ein Blick auf die diabolische Miene der Dame führt vielmehr zu der Vermutung, daß der Künstler den Beschauer
des Werkes vor der verhängnisvollen Wirkung dieser
Schönheit habe warnen wollen. Und somit würde ich
übersetzen: ›Hüte dich, o Betrachter, wenn sie, diese Venus, dich liebt!‹«

»Hm«, meinte Monsieur de Peyrehorade, »diese Inter-
pretation ließe sich denken; sie ist sprachlich annehmbar.
Aber, mit Verlaub, lieber Freund, ich ziehe doch die erste
Übersetzung vor – der ich eine mythologische Erläuterung
beizufügen gedenke. Erinnern Sie sich, wer Aphroditens
Geliebter war?«

»Sie hatte deren mehrere.«

»Ja, aber der erste war Hephaistos, der Gott des Feuers
und der Metalle. Somit nehme ich an, daß die Inschrift be-
sagen will: ›Hab acht, Aphrodite! Trotz all deiner Schönheit, trotz deinem hochmütigen Gehaben wirst du einen
häßlichen Hinkefuß, einen humpelnden Schmiedemei-
ster zum Gatten bekommen!‹ … Eine drastische Lektion
für kokette Damen!«

Ich mußte lächeln über das An-den-Haaren-Herbeige-
zogene dieser Auslegung.

»Die lateinische Sprache«, sagte ich (denn ich mochte
dem liebenswürdigen Manne nicht ausdrücklich widersprechen), »birgt in ihrer Knappheit eine Menge von Fall-
stricken!«

Um nun die Statue mehr in ihrer Gesamtwirkung betrachten zu können, trat ich ein paar Schritte von ihr
zurück.

»Einen Augenblick, Collega!« rief, mich am Arme festhaltend, Monsieur de Peyrehorade. »Sie haben noch nicht alles gesehen: es ist noch eine zweite Inschrift da! Steigen Sie, bitte, auf den Sockel, und prüfen Sie den rechten Arm der Göttin!«

Und er half mir beim Hinaufklimmen auf das Postament.

Ohne viel Umstände klammerte ich mich, oben angelangt, an den Hals der Venus, mit der ich allmählich in ein vertrauteres Verhältnis zu geraten schien. Ihr Gesicht, aus solcher Nähe betrachtet, erwies sich als noch schöner und noch bösartiger. Dann entdeckte ich die – in schräger Antiqua in den Arm eingeritzte – Inschrift; und mit Hilfe meiner scharfen Brille gelang es mir, den Text zu entziffern, dessen einzelne Wörter, während ich sie buchstabierend aussprach, von Monsieur de Peyrehorade zustimmend nachgesprochen wurden. Ich las also:

VENERI TURBUL…
EUTYCHES MYRON
IMPERIO FECIT

Nach dem Worte *Turbul* schienen einige Buchstaben sich abgeschliffen zu haben; aber die vorhandenen waren deutlich lesbar.

»Nun, was mag das bedeuten?« fragte mein Gastgeber mit einer gewissen gutmütigen Schadenfreude; denn er vermutete gleich, daß ich mit diesem abgebrochenen Wort nicht so ohne weiteres fertig werden würde.

»Nur über ein einziges Wort bin ich mir noch im unklaren«, antwortete ich. »Alles übrige ist leicht zu verstehen: *Eutyches Myron hat der Venus, auf ihr Geheiß, diese Opfergabe dargebracht.*«

»Ausgezeichnet! … Aber was machen Sie mit dem *Turbul…?«*

»Dieses verstümmelte Wort setzt mich allerdings in Verlegenheit. Vergebens suche ich nach einem allgemein gebräuchlichen Beiwort der Venus, das uns aushelfen könnte. Doch was meinen Sie zu der Ergänzung: ›*turbu-*

lentae‹? Venus, die Turbulente, die Verwirrende, Beunruhigende?! … Sie sehen, daß ich mit meiner Deutung noch ganz unter dem Eindruck der boshaften Miene stehe, die das Bildwerk so irritierend zur Schau trägt! … ›*Turbulenta*‹ scheint mir ein durchaus geeignetes Epitheton für eine Göttin von solcher Veranlagung zu sein.«

(Diesen Erklärungsversuch, der mich selbst im Grunde nur wenig befriedigte, brachte ich in ziemlich kleinlautem Tone vor.)

»Venus die Turbulente?! Venus, die Ausgelassene, die Lärmende?! Aber, lieber Herr, Sie scheinen meine der besten Gesellschaft entstammende Göttin für einen Lockvogel der Hafenspelunke zu halten! … Doch wenn Sie mir, bis zum Erscheinen meiner Denkschrift, unverbrüchliche Verschwiegenheit zu geloben bereit sind, will ich Ihnen meine Interpretation verraten – eine Deutung, auf die ich stolz sein zu dürfen glaube, und die mir armem Provinzgelehrten vielleicht einen flüchtigen Ruhmesstrahl seitens der Pariser Akademie eintragen wird!«

Von der Höhe des Piedestals, auf dem ich immer noch stand, leistete ich den feierlichen Schwur, daß ich niemals so verrucht sein würde, einen uneigennützigen Altertumsforscher seines geistigen Eigentums zu berauben.

»*Turbul…*«, sagte Monsieur de Peyrehorade, näher an mich herantretend und die Stimme so sehr dämpfend, daß kein noch so heimtückischer Lauscher, der sich etwa in der Nähe befunden hätte, eine Silbe vernommen haben würde, »ist zu ergänzen in: *Turbulnerae*.«

»Ich begreife nicht recht.«

»Geben Sie genau acht! … Eine Meile von hier entfernt, am Fuße des Gebirges liegt ein Dorf namens Boulternère. Dieser Name ist eine Korrumpierung des lateinischen Wortes *Turbulnera*. Derartige Silbenvertauschungen kommen ja häufig vor. Boulternère war – wie ich schon immer vermutet habe, aber erst jetzt beweisen kann – eine römische Stadt, und die Spezialgottheit dieser Ansiedelung ist eben meine Venus gewesen! Aber die Phonetik dieses Ortsnamens beweist etwas noch viel Seltsameres: nämlich, daß Boulternère, bevor es eine römische Stadt wurde, eine phönizische Kolonie gewesen sein muß!«

Er hielt inne, um Atem zu schöpfen und sich an meiner Überraschung zu weiden. Nur mit Mühe konnte ich das Lachen verbeißen.

»In der Tat«, fuhr er fort, »*Turbulnera* ist reines Phönizisch. *Tur* und *Sur* ist dasselbe, nicht wahr? *Sur* ist die phönizische Bezeichnung von *Tyr* – ein Wort, an dessen Bedeutung ich Sie nicht zu erinnern brauche. *Bul* ist dasselbe wie *Baal*. – *Bâl, Bel, Bul* – das sind nur Nuancen der Aussprache. – Was die Endsilben: *nera* betrifft, so machen sie mir allerdings einiges Kopfzerbrechen. Wahrscheinlich stammen sie von dem griechischen νηρός: feucht, sumpfig. Es würde sich also um ein aus verschiedenen Sprachen zusammengesetztes Gebilde handeln. Zur Veranschaulichung dieses νηρός werde ich Ihnen an Ort und Stelle, das heißt in Boulternère selbst, zeigen, wie dort die kristallene Klarheit der von den Bergen herabrieselnden Bäche sich in faulige Sümpfe verwandelt. – Denkbar wäre allerdings auch, daß die Endung *nera* erst in viel späterer Zeit angefügt worden wäre, und zwar zu Ehren der Nera Pivesuvia, der Frau des Tetricus, die der Stadt Turbul vielleicht irgendwelche Schenkungen hat zukommen lassen. Doch im Hinblick auf das reale Vorhandensein jener Morastgegend ziehe ich die Ableitung von νηρός vor.«

Und mit selbstzufriedener Miene vergönnte er sich eine Prise Tabak.

»Doch kommen wir auf die Inschrift selbst zurück! Ich übersetze also: *Der Venus von Turbulnera stiftet, auf Geheiß, Myron sein Werk: diese Statue.*«

Ich enthielt mich jeder etymologischen Kritik, wollte aber auch meinerseits einen kleinen Beweis von Scharfsinn geben und sagte:

»Mit Verlaub, lieber Freund! … Festzustehen scheint allerdings, daß Myron irgend etwas gestiftet hat; aber nichts beweist, daß das gestiftete Objekt eben diese Statue gewesen sei!«

»Was?!« rief Monsieur de Peyrehorade voller Entrüstung. »War Myron nicht ein berühmter griechischer Bildhauer? Sein eminentes Talent muß sich in der Familie weitervererbt haben, und einer seiner Nachkommen muß der Schöpfer dieser Statue gewesen sein! Das ist doch klar wie das Licht des Tages!«

»Aber«, gab ich zur Antwort, »ich bemerke hier am Arme der Statue eine kleine Vertiefung, die zum Befestigen irgendeines Gegenstandes gedient haben mag, etwa eines Armbandes, das dieser Myron der zürnenden Venus als Sühneopfer dargebracht hat. Myron war in ein schönes junges Mädchen unglücklich verliebt. Venus war ihm feindlich gesinnt: er besänftigte sie, indem er ihr ein goldenes Armband um das Handgelenk schmiegte. Bedenken Sie, daß das in der Inschrift vorkommende Wort *fecit* sehr häufig im Sinne von *consecravit* gebraucht wird. Die beiden Ausdrücke, in diesem Zusammenhang, können geradezu als Synonyma bezeichnet werden. Was ist natürlicher, als daß einem Liebenden nachts im Traume die Göttin der Liebe, die Venus, erscheint und daß er, träumend, von ihr das Gebot zu erhalten glaubt, ihrem Standbild ein goldenes Armband darzubringen? Myron brachte es ihr dar, dieses Armband ... In späterer Zeit sind dann Barbaren oder schändliche, heiligtum-entweihende Räuber gekommen ...«

»Oh, man sieht, daß Sie Romane geschrieben haben, Monsieur!« rief mein Gastgeber, mir die Hand reichend zum Hinuntersteigen vom Postament. »Nein, es handelt sich ohne jeden Zweifel um ein Werk aus Myrons Schule! Stil und Technik weisen unbestreitbar darauf hin!«

Da ich es mir längst zum Gesetz gemacht hatte, auch den absurdesten Theorien der Altertumsphantasten nicht zu widersprechen, so nickte ich zustimmend und sprach nur den farblosen Satz aus:

»Es ist wirklich ein herrliches Stück!«

»Oh«, rief plötzlich Monsieur de Peyrehorade, »ich entdecke da noch einen weiteren Vandalenstreich! Es muß jemand einen Stein gegen die Göttin geschleudert haben!«

Er hatte, etwas oberhalb des Busens der Venus, eine Art Einbuchtung oder Beule bemerkt. Und ich meinerseits gewahrte eine ähnliche Spur an den Fingern der rechten Hand, die, wie ich vermutete, von der Flugbahn des Steines gestreift sein mochten, falls nicht etwa ein Teilchen des Wurfgeschosses beim Anprallen abgesplittert und gegen die Hand geflogen war. Ich erzählte meinem Gastgeber nun von der nächtlichen Schandtat, deren Zeuge ich gewesen, und von der Bestrafung, die ihr so unmittelbar gefolgt war. Er brach in Lachen aus, verglich den frevelhaften Lehrbuben mit dem Diomedes, der ebenfalls in der Dunkelheit die Göttin Venus verwundet hatte, und wünschte ihm, daß er, wie jener griechische Heros, alle seine Gefährten in weiße Vögel verwandelt sehen möge.

Die Mittagsglocke unterbrach das klassische Gespräch. [...]

1837

HEINRICH HEINE

Der Tannhäuser

Eine Legende

I.

Ihr guten Christen laßt Euch nicht
Von Satans List umgarnen!
Ich sing' Euch das Tannhäuserlied,
Um Eure Seelen zu warnen.

Der edle Tannhäuser, ein Ritter gut,
Wollt' Lieb' und Lust gewinnen,
Da zog er in den Venusberg,
Blieb sieben Jahre drinnen.

»Frau Venus, meine schöne Frau,
Leb wohl, mein holdes Leben!
Ich will nicht länger bleiben bey dir,
Du sollst mir Urlaub geben.«

»Tannhäuser, edler Ritter mein,
Hast heut mich nicht geküsset;
Küss' mich geschwind, und sage mir:
Was du bey mir vermisset?

Habe ich nicht den süßesten Wein
Tagtäglich dir kredenzet?
Und hab' ich nicht mit Rosen dir
Tagtäglich das Haupt bekränzet?«

»Frau Venus, meine schöne Frau,
Von süßem Wein und Küssen
Ist meine Seele worden krank;
Ich schmachte nach Bitternissen.

Wir haben zuviel gescherzt und gelacht,
Ich sehne mich nach Thränen,
Und statt mit Rosen möcht' ich mein Haupt
Mit spitzigen Dornen krönen.«

»Tannhäuser, edler Ritter mein,
Du willst dich mit mir zanken;
Du hast geschworen viel tausendmal,
Niemals von mir zu wanken.

Komm laß uns in die Kammer gehn,
Zu spielen der heimlichen Minne;
Mein schöner liljenweißer Leib
Erheitert deine Sinne.«

»Frau Venus, meine schöne Frau,
Dein Reitz wird ewig blühen;
Wie viele einst für dich geglüht,
So werden noch viele glühen.

Doch denk ich der Götter und Helden die einst
Sich zärtlich daran geweidet,
Dein schöner liljenweißer Leib,
Er wird mir schier verleidet.

Dein schöner liljenweißer Leib
Erfüllt mich fast mit Entsetzen,
Gedenk' ich, wie viele werden sich
Noch späterhin dran ergetzen!«

»Tannhäuser, edler Ritter mein,
Das sollst du mir nicht sagen,
Ich wollte lieber du schlügest mich,
Wie du mich oft geschlagen.

Ich wollte lieber du schlügest mich,
Als daß du Beleidigung sprächest,
Und mir, undankbar kalter Christ,
Den Stolz im Herzen brächest.

Weil ich dich geliebet gar zu sehr,
Hör' ich nun solche Worte –
Leb wohl, ich gebe Urlaub dir,
Ich öffne dir selber die Pforte.«

II.

Zu Rom, zu Rom, in der heiligen Stadt,
Da singt es und klingelt und läutet;
Da zieht einher die Prozession,
Der Pabst in der Mitte schreitet.

Das ist der fromme Pabst Urban,
Er trägt die dreyfache Krone,
Er trägt ein rothes Purpurgewand,
Die Schleppe tragen Barone.

»O heiliger Vater, Pabst Urban,
Ich laß dich nicht von der Stelle,
Du hörest zuvor meine Beichte an,
Du rettest mich von der Hölle!«

Das Volk es weicht im Kreis' zurück,
Es schweigen die geistlichen Lieder:
Wer ist der Pilger bleich und wüst,
Vor dem Pabste kniet er nieder?

»O Heiliger Vater, Pabst Urban,
Du kannst ja binden und lösen,
Errette mich von der Höllenqual
Und von der Macht des Bösen.

Ich bin der edle Tannhäuser genannt,
Wollt Lieb und Lust gewinnen,
Da zog ich in den Venusberg,
Blieb sieben Jahre drinnen.

Frau Venus ist eine schöne Frau,
Liebreitzend und anmuthreiche;
Wie Sonnenschein und Blumenduft
Ist ihre Stimme, die weiche.

Wie der Schmetterling flattert um eine Blum',
Am zarten Kelch zu nippen,
So flattert meine Seele stets
Um ihre Rosenlippen.

Ihr edles Gesicht umringeln wild
Die blühend schwarzen Locken;
Schau'n dich die großen Augen an,
Wird dir der Athem stocken.

Schau'n dich die großen Augen an,
So bist du wie angekettet;
Ich habe nur mit großer Noth
Mich aus dem Berg gerettet.

Ich hab' mich gerettet aus dem Berg,
Doch stets verfolgen die Blicke
Der schönen Frau mich überall,
Sie winken: komm zurücke!

Ein armes Gespenst bin ich am Tag,
Des Nachts mein Leben erwachet,
Dann träum' ich von meiner schönen Frau,
Sie sitzt bey mir und lachet.

Sie lacht so gesund, so glücklich, so toll,
Und mit so weißen Zähnen!
Wenn ich an dieses Lachen denk',
So weine ich plötzliche Thränen.

Ich liebe sie mit Allgewalt,
Nichts kann die Liebe hemmen!
Das ist wie ein wilder Wasserfall,
Du kannst seine Fluthen nicht dämmen;

Er springt von Klippe zu Klippe herab,
Mit lautem Tosen und Schäumen,
Und bräch' er tausendmal den Hals,
Er wird im Laufe nicht säumen.

Wenn ich den ganzen Himmel besäß',
Frau Venus schenkt' ich ihn gerne;
Ich gäb' ihr die Sonne, ich gäb' ihr den Mond,
Ich gäbe ihr sämmtliche Sterne.

Ich liebe sie mit Allgewalt,
Mit Flammen, die mich verzehren, –
Ist das der Hölle Feuer schon,
Die Gluthen, die ewig währen?

O, heiliger Vater, Pabst Urban,
Du kannst ja binden und lösen!
Errette mich von der Höllenqual
Und von der Macht des Bösen.«

Der Pabst hub jammernd die Händ' empor,
Hub jammernd an zu sprechen:
»Tannhäuser, unglückseliger Mann,
Der Zauber ist nicht zu brechen.

Der Teufel, den man Venus nennt,
Er ist der Schlimmste von allen;
Erretten kann ich dich nimmermehr
Aus seinen schönen Krallen.

Mit deiner Seele mußt du jetzt
Des Fleisches Lust bezahlen,
Du bist verworfen, du bist verdammt
Zu ewigen Höllenqualen.«

III.

Der Ritter Tannhäuser er wandelt so rasch,
Die Füße, die wurden ihm wunde.
Er kam zurück in den Venusberg
Wohl um die Mitternachtstunde.

Frau Venus erwachte aus dem Schlaf,
Ist schnell aus dem Bette gesprungen;
Sie hat mit ihrem weißen Arm
Den geliebten Mann umschlungen.

Aus ihrer Nase rann das Blut,
Den Augen die Thränen entflossen;
Sie hat mit Thränen und Blut das Gesicht
Des geliebten Mannes begossen.

Der Ritter legte sich ins Bett,
Er hat kein Wort gesprochen.
Frau Venus in die Küche ging,
Um ihm eine Suppe zu kochen.

Sie gab ihm Suppe, sie gab ihm Brod,
Sie wusch seine wunden Füße,
Sie kämmte ihm das struppige Haar,
Und lachte dabey so süße.

»Tannhäuser, edler Ritter mein,
Bist lange ausgeblieben,
Sag an, in welchen Landen du dich
So lange herumgetrieben?«

»Frau Venus, meine schöne Frau,
Ich hab' in Welschland verweilet;
Ich hatte Geschäfte in Rom, und bin
Schnell wieder hierher geeilet.

Auf sieben Hügeln ist Rom gebaut,
Die Tiber thut dorten fließen;
Auch hab' ich in Rom den Pabst gesehn,
Der Pabst er läßt dich grüßen.

Auf meinem Rückweg sah ich Florenz,
Bin auch durch Mayland gekommen,
Und bin alsdann mit raschem Muth
Die Schweitz hinaufgeklommen.

Und als ich über die Alpen zog
Da fing es an zu schneyen,
Die blauen Seen die lachten mich an,
Die Adler krächzen und schreyen.

Und als ich auf dem Sankt-Gotthardt stand,
Da hört ich Deutschland schnarchen;
Es schlief da unten in sanfter Huth
Von sechs und dreyzig Monarchen.

In Schwaben besah ich die Dichterschul',
Gar liebe Geschöpfchen und Tröpfchen!
Auf kleinen Kackstühlchen saßen sie dort,
Fallhütchen auf den Köpfchen.

Zu Frankfurt kam ich am Schabbes an,
Und aß dort Schalet und Klöse;
Ihr habt die beste Religion,
Auch lieb' ich das Gänsegekröse.

In Dresden sah ich einen Hund,
Der einst gehört zu den Bessern,
Doch fallen ihm jetzt die Zähne aus,
Er kann nur bellen und wässern.

Zu Weimar, dem Musenwittwensitz,
Da hört' ich viel Klagen erheben,
Man weinte und jammerte: Goethe sey todt
Und Eckermann sey noch am Leben!

Zu Potsdam vernahm ich ein lautes Geschrey –
Was giebt es? rief ich verwundert.
»Das ist der Gans in Berlin, der liest
Dort über das letzte Jahrhundert.«

Zu Göttingen blüht die Wissenschaft,
Doch bringt sie keine Früchte.
Ich kam dort durch in stockfinstrer Nacht,
Sah nirgendswo ein Lichte.

Zu Celle im Zuchthaus sah ich nur
Hannoveraner – O Deutsche!
Uns fehlt ein Nazionalzuchthaus
Und eine gemeinsame Peitsche!

Zu Hamburg frug ich: warum so sehr
Die Straßen stinken thäten?
Doch Juden und Christen versicherten mir,
Das käme von den Fleeten.

Zu Hamburg, in der guten Stadt,
Wohnt mancher schlechte Geselle;
Und als ich auf die Börse kam,
Ich glaubte ich wär' noch in Celle.

Zu Hamburg sah ich Altona,
Ist auch eine schöne Gegend;
Ein andermal erzähl' ich dir
Was mir alldort begegent.«

1836

RICHARD WAGNER

Tannhäuser

1. Aufzug, 2. Auftritt

Venus. Tannhäuser.
Tannhäuser zuckt mit dem Haupte empor, als fahre er aus einem
Traume auf. – Venus zieht ihn schmeichelnd zurück. – Tann-
häuser führt die Hand über die Augen, als ob er ein Traumbild
festzuhalten suche.

VENUS: Geliebter, sag, wo weilt dein Sinn?
TANNHÄUSER *schnell:*
　Zu viel! Zu viel!
　Langsamer und leise:
　Oh, daß ich nun erwachte!
VENUS: Sag [Sprich], was kümmert dich?
　[Sag mir, was dich mühet?]
TANNHÄUSER:
　Im Traum war mir's als hörte ich –
　was meinem Ohr so lange fremd!
　als hörte ich der Glocken frohes Geläute! –
　Oh, sag! Wie lange hört' ich's doch nicht mehr?
VENUS:
　Wohin verlierst du dich? Was ficht [faßt] dich an?
TANNHÄUSER: Die Zeit, die hier ich verweil,
　ich kann sie nicht ermessen.
　Tage, Monde – gibt's für mich nicht mehr,
　denn nicht mehr sehe ich die Sonne,
　nicht mehr des Himmels freundliche Gestirne;
　den Halm seh ich nicht mehr, der frisch ergrünend
　den neuen Sommer bringt; die Nachtigall
　hör ich nicht mehr, die mir den Lenz verkünde.
　Hör ich sie nie, seh ich sie niemals mehr?
VENUS *sich im Lager aufrichtend:*
　Ha! Was vernehm ich? Welche tör'ge Klage!
　Bist du so bald der holden Wunder müde,

die meine Liebe dir bereitet? – Oder wie?
Reut es dich so sehr, ein Gott zu sein?
Hast du so bald vergessen, wie du einst
gelitten, während jetzt du dich erfreust? –
Mein Sänger, auf! Ergreife deine Harfe!
Die Liebe feire, die so herrlich du besingst,
daß du der Liebe Göttin selber dir gewannst!
Die Liebe feire, da ihr höchster Preis dir ward!

TANNHÄUSER *zu einem plötzlichen Entschlusse ermannt,*
nimmt die Harfe und stellt sich feierlich vor Venus hin:
Dir töne Lob! Die Wunder sei'n gepriesen,
die deine Macht mir Glücklichem erschuf!
Die Wonnen süß, die deiner Huld entsprießen,
erheb' mein Lied in lautem Jubelruf!
Nach Freude, ach! nach herrlichem Genießen
verlangt' mein Herz, es dürstete mein Sinn:
da, was nur Göttern einstens du erwiesen,
gab deine Gunst mir Sterblichem dahin. –
Doch sterblich, ach! bin ich geblieben,
und übergroß ist mir dein Lieben.
Wenn stets ein Gott genießen kann,
bin ich dem Wechsel untertan;
nicht Lust allein liegt mir am Herzen,
aus Freuden sehn ich mich nach Schmerzen.
Aus deinem Reiche muß ich fliehn –
O Königin, Göttin! Laß mich ziehn!

VENUS *noch auf ihrem Lager:*
Was muß ich hören? Welch ein Sang!
Welch trübem Ton verfällt dein Lied?
Wohin floh die Begeistrung dir,
die Wonnesang dir nur gebot?
Was ist's? Worin war meine Liebe lässig?
Geliebter, wessen klagest du mich an?

TANNHÄUSER *zur Harfe:*
Dank deiner Huld! Gepriesen sei dein Lieben!
Beglückt für immer, wer bei dir geweilt!
Ewig beneidet, wer mit warmen Trieben
in deinen Armen Götterglut geteilt!

Entzückend sind die Wunder deines Reiches,
den Zauber aller Wonnen atm' ich hier;
kein Land der weiten Erde bietet gleiches,
was sie besitzt, scheint leicht entbehrlich dir.
Doch ich aus diesen ros'gen Düften
verlange nach des Waldes Lüften,
nach unsres Himmels klarem Blau,
nach unsrem frischen Grün der Au,
nach unsrer Vöglein liebem Sange,
nach unsrer Glocken trautem Klange.
Aus deinem Reiche muß ich fliehn –
O Königin, Göttin! Laß mich ziehn!

VENUS *leidenschaftlich [von ihrem Lager] aufspringend:*
Treuloser! Weh! Was lässest du mich hören?
Du wagest meine Liebe zu verhöhnen?
Du preisest sie und willst sie dennoch fliehn?
Zum Überdruß ist mir mein Reiz gediehn?

TANNHÄUSER:
Ach [O] schöne Göttin! Wolle mir nicht zürnen!
Dein übergroßer Reiz ist's, den ich [meide] fliehe!

VENUS: Weh dir! Verräter! Heuchler! Undankbarer!
Ich laß dich nicht! Du darfst nicht von mir ziehn!
Ach!

TANNHÄUSER:
Nie war mein Lieben größer, niemals wahrer
als jetzt, da ich für ewig dich muß fliehn!

*Venus hat mit heftiger Gebärde ihr Gesicht, von ihren Händen
bedeckt, abgewandt. Nach einem Schweigen wendet sie es
lächelnd und mit verführerischem Ausdrucke Tannhäuser wieder zu.*

VENUS *mit leiser Stimme beginnend:*
Geliebter, komm! Sieh dort die Grotte,
von ros'gen Düften mild durchwallt!
Entzücken böt' selbst einem Gotte
der süßten Freuden Aufenthalt.
Besänftigt auf dem weichsten Pfühle
flieh' deine Glieder jeder Schmerz,
dein brennend Haupt umwehe Kühle,

wonnige Glut durchschwelle dein Herz.
Aus holder Ferne mahnen süße Klänge,
daß dich mein Arm in trauter Näh' umschlänge:
von meinen Lippen schlürfst du Göttertrank,
aus meinen Augen strahlt dir Liebesdank:
ein Freudenfest soll unsrem Bund entstehen,
der Liebe Feier laß uns froh begehen!
Nicht sollst du ihr ein scheues Opfer weihn, –
nein! – mit der Liebe Göttin schwelge im Verein.

SIRENEN *aus weiter Ferne, unsichtbar:*
    Naht euch dem Strande,
    naht euch dem Lande!

VENUS *Tannhäuser sanft nach sich ziehend:*
    Mein Ritter! Mein Geliebter! Willst du fliehn?

TANNHÄUSER *auf das äußerste hingerissen, greift mit trun-*
kener Gebärde in die Harfe:
    Stets soll nur dir, nur dir mein Lied ertönen!
    Gesungen laut sei nur dein Preis von mir!
    Dein süßer Reiz ist Quelle alles Schönen,
    und jedes holde Wunder stammt von dir.
    Die Glut, die du mir in das Herz gegossen,
    als Flamme lodre hell sie dir allein!
    Ja, gegen alle Welt will unverdrossen
    fortan ich nun dein kühner Streiter sein.
    Er läßt die Harfe entsinken.
    Doch hin muß ich zur Welt der Erden,
    bei dir kann ich nur Sklave werden;
    nach Freiheit doch verlangt es mich, [verlange ich,]
    nach Freiheit, Freiheit dürste ich; [dürstet's mich;]
    zu Kampf und Streite will ich stehn,
    sei's auch um [auf] Tod und Untergehn:
    Drum muß aus deinem Reich ich fliehn –
    O Königin, Göttin! Laß mich ziehn!

VENUS *im heftigsten Zorne:*
    Zieh hin, Wahnsinniger, zieh hin! Geh!
    Verräter, sieh, nicht halt ich dich!
    Flieh! Ich geb dich frei – Zieh hin!
    Was du verlangst, das sei dein Los!

Hin zu den kalten Menschen flieh,
vor deren blödem, trübem Wahn
der Freude Götter wir entflohn
tief in der Erde wärmenden Schoß.
Zieh hin, Betörter! Suche dein Heil,
suche dein Heil – und find es nie!
Bald weicht der Stolz aus deiner Seel',
demütig seh ich dich mir nahn,
zerknirscht, zertreten suchst du mich auf,
flehst um die Zauber meiner Macht!

TANNHÄUSER: Ach, schöne Göttin, lebe wohl!
Nie kehr ich je zu dir zurück!

VENUS: Ha! Kehrtest du mir nie zurück!

Verzweiflungsvoll:
Kehrst du nicht wieder, ha! so sei verflucht
von mir das ganze menschliche Geschlecht!
Nach meinen Wundern dann vergeblich suchet!
Die Welt sei öde, und ihr Held ein Knecht!
Kehr wieder, kehre mir zurück!

TANNHÄUSER: Nie mehr erfreu mich Liebesglück!

VENUS: Kehr wieder, wenn dein Herz dich zieht!

TANNHÄUSER: Für ewig dein Geliebter flieht.

VENUS: Wenn alle Welt dich von sich stößt?

TANNHÄUSER: Vom Bann werd' ich durch Buß' erlöst.

VENUS: Nie wird Vergebung dir zuteil!
Kehr wieder, schließt sich dir das Heil!

TANNHÄUSER: Mein Heil! Mein Heil ruht in Maria!

Venus sinkt mit einem Schrei zusammen und verschwindet. Mit Blitzesschnelle verwandelt sich die Bühne.

Uraufführung der Erstfassung am 19.10.1845 in Dresden

FANNY LEWALD

Italienisches Bilderbuch

[...] Dicht an den Palazzo Vecchio schließen sich die Uffizien, ein großer, von den Mediceern erbauter Palast, in dem sich ein Teil der öffentlichen Büros und Verwaltungen und eines der reichsten Kunstmuseen der Welt befindet, dessen Mittelpunkt, dessen Kronjuwel die Tribuna ist.

Wenn man in das kleine Gemach tritt, das diesen Namen führt, so steht die Mediceische Venus uns gegenüber. Ihr zur Rechten die antike Gruppe der Ringer; der Schleifer kniet, die Sichel wetzend, zu ihrer Linken; der reizende Apollino und der tanzende Faun stehen ihr gegenüber und bilden den kleinen Kreis von Antiken, der Fremde aller Nationen zu sich heranzieht und festhält.

Sehr oft hatte ich Abgüsse der Mediceischen Venus gesehen und mich immer, da sie mich kaltließen, auf das Original vertröstet. Ich hatte mich von ganzer Seele darauf gefreut – nun stand ich davor und ward traurig, denn ich kam mir empfindungslos vor, arm in Herz und Geist, weil ich diesem Ideale der Schönheit gegenüber kein wahres Entzücken, keine rechte Freude fühlte. Es ist ein solches Glück, das Schöne zu erfassen, eine solche Lust, einen neuen, leuchtenden Eindruck zu erhalten, und nun stand ich da – nicht mit Zweifeln an dem Kunstwerke, sondern an mir selbst.

Ich wagte gar nicht zu sagen, daß ich mich getäuscht fühle in meinen Erwartungen, weil alles um mich her in Entzücken zu sein behauptete; ich mochte niemand stören, mochte auch nicht für einfältig gelten, und hoffend, daß mir vielleicht allmählich das Verständnis aufgehen werde, setzte ich mich still auf einen der Sessel und sah abwechselnd die Statuen und die Fremden an, welche sie zu betrachten kamen.

Das habe ich oftmals wiederholt, weil mich bald der Sichelschleifer unwiderstehlich anzog, und dabei hat sich mir die sichere Erfahrung angedrungen, daß vielen Menschen mit der Venus ganz dasselbe begegnet als mir. Mit geflügeltem Schritte, mit lebhaftem Auge und gespannter Erwartung in jedem Zuge, so sah ich gar viele Männer und Frauen vor die Venus treten, und fast immer wurden die Mienen kälter, gleichgültiger, je länger sie davorstanden. Mit den zärtlichsten Blicken ward jedes Glied, jedes Fingerchen gemustert, mit Liebe die Statue von allen Seiten und von allen Standpunkten betrachtet, man war heroisch entschlossen, sie um jeden Preis idealisch schön zu finden – aber nur einigen wenigen Gesichtern habe ich die Freude glauben können und die Lobsprüche, welche die Lippen erteilten. Vielleicht waren dies grade die Auserwählten, die für Kunst allein empfänglichen Seelen.

Indes damit ist es ein eigenes Ding. Ich glaube nicht, daß die Empfindung für Kunst das Privateigentum einiger durch Kunststudien dafür Gebildeten sei. Das wahrhaft Schöne wirkt auf jeden Menschen, dessen Seele nicht ganz untergegangen ist in der Barbarei des gröbsten Sinnenlebens; und ein Kunstwerk, das ganz besonderer Bildung, ganz besonderer Erklärungen und Auffassungen bedarf, um verstanden, genossen zu werden, dem fehlt die Kraft der Überzeugung, der zündende, lebenschaffende Funken, der, von dem Genie dem Kunstwerk eingehaucht, in unzerstörbarer Elektrizität den Gedanken erzeugt in der Seele des spätesten Beschauers.

Die Mediceische Venus hat diese Macht auf mich nicht geübt. Es ist eine schöne, zierliche Gestalt, der Kopf ist anmutig und fein, Schultern, Brust, Rücken, der ganze Körper sehr zart; aber die Schönheit hat etwas Weichliches, Schwächliches. So mag man sich die Tochter eines Hauses denken, in dem durch viele Geschlechter die Schönheit sorglich gepflegt und dadurch verweichlicht ist. Diese Gliederchen sind regelmäßig und fein, aber nur noch einen kleinen Grad weiter in dieser Verfeinerung, und es wird die süßlichste Schwäche. Ich hatte die Mediceische Venus anders erwartet, dies Ideal der meerentstiegenen Göttin der Schönheit und der Liebe. Es ist zuviel Zivilisation in der Mediceischen Venus, der Künstler hat sie in seiner Seele kombiniert. Sie sieht wie ein Produkt der Überlegung aus in ihrer keuschen, demütigen Weiblichkeit, die schön und rührend ist, aber nicht der Venus angemessen, nicht dem vollen, strahlenden Ideale der Schönheit, nicht der Liebesgöttin, welche die Welt beherrscht. Ihr fehlt die Anbetung fordernde Freiheit der Unschuld, die bewußtlos in reiner Schönheit wie eine Blume dem Lichte entgegenblüht.

Als ich einem Bekannten, einem Künstler, meine Anschauung der Venus mitteilte, sagte er: »Oh, es ist doch ein hübsches Körperchen!« und drückte für mein Gefühl mit diesem Lobe grade den Tadel aus, den ich selbst machte. Ich hatte gemeint, das Ideal einer Venus müßte Herz, Geist, Sinne, den ganzen Menschen in Entzücken versetzen, und das kann diese Statue unmöglich. Die Venus ist sehr hübsch; das ist wenig in diesem Falle. [...]

1847

CHARLES BAUDELAIRE

Un Voyage à Cythère

Mon cœur, comme un oiseau, voltigeait tout joyeux
Et planait librement à l'entour des cordages;
Le navire roulait sous un ciel sans nuages,
Comme un ange enivré d'un soleil radieux.

Quelle est cette île triste et noire? – C'est Cythère,
Nous dit-on, un pays fameux dans les chansons,
Eldorado banal de tous les vieux garçons.
Regardez, après tout, c'est une pauvre terre.

– Île des doux secrets et des fêtes du cœur!
De l'antique Vénus le superbe fantôme
Au-dessus de tes mers plane comme un arome,
Et charge les esprits d'amour et de langueur.

Belle île aux myrtes verts, pleine de fleurs écloses,
Vénérée à jamais par toute nation,
Où les soupirs des cœurs en adoration
Roulent comme l'encens sur un jardin de roses

Ou le roucoulement éternel d'un ramier!
– Cythère n'était plus qu'un terrain des plus maigres,
Un désert rocailleux troublé par des cris aigres.
J'entrevoyais pourtant un objet singulier!

Ce n'était pas un temple aux ombres bocagères,
Où la jeune prêtresse, amoureuse des fleurs,
Allait, le corps brûlé de secrètes chaleurs,
Entrebâillant sa robe aux brises passagères;

Die Reise nach Kythera

Mein Herz schwang einem Vogel gleich sich froh hinauf
Und schwebte um das Tauwerk, frei und unbeschwert;
Bei wolkenlosem Himmel nahm das Schiff den Lauf
Gleich einem Engel, den der Sonne Glanz betört.

Wie heißt die düstere Insel? – Sie erzählen,
Daß es Kythera sei, aus Liedern wohlbekannt,
Ein Eldorado, das die Junggesellen wählen.
Sehr her, genau betrachtet, welch ein armes Land!

– Insel der Herzensfeste und der Heimlichkeiten!
Wo stolz der Geist der alten Venus schweift
Über die Meere hin, wie Düfte sich verbreiten,
Daß Liebe und Verlangen die Seelen dort ergreift.

Insel voll grüner Myrten, wo die Blumen blühn,
Der ewig alle Völker Huldigung bezeigen,
Wo auch die Herzensseufzer wie Gebet hinziehn,
Und wie aus Rosengärten Wohlgerüche steigen

Oder wie Taubengurren, das man endlos hört!
– Kythera war nur noch ein karges Land,
Nur steinbesäte Wüste, von schrillem Schrei gestört.
Doch einzigartig war das Ding, das ich dort fand!

Es war kein Tempel in der Bäume schattiger Hut,
Wo eine junge Priesterin nach Blumen ging,
Und, ihren Körper brennend von geheimer Glut,
Mit offenem Gewand des Windes Hauch empfing;

Mais voilà qu'en rasant la côte d'assez près
Pour troubler les oiseaux avec nos voiles blanches.
Nous vîmes que c'était un gibet à trois branches,
Du ciel se détachant en noir, comme un cyprès.

De féroces oiseaux perchés sur leur pâture
Détruisaient avec rage un pendu déjà mûr,
Chacun plantant, comme un outil, son bec impur
Dans tous les coins saignants de cette pourriture;

Les yeux étaient deux trous, et du ventre effondré
Les intestins pesants lui coulaient sur les cuisses,
Et ses bourreaux, gorgés de hideuses délices,
L'avaient à coups de bec absolument châtré.

Sous les pieds, un troupeau de jaloux quadrupèdes,
Le museau relevé, tournoyait et rôdait;
Une plus grande bête au milieu s'agitait
Comme un exécuteur entouré de ses aides.

Habitant de Cythère, enfant d'un ciel si beau,
Silencieusement tu souffrais ces insultes
En expiation de tes infâmes cultes
Et des péchés qui t'ont interdit le tombeau.

Ridicule pendu, tes douleurs sont les miennes!
Je sentis, à l'aspect de tes membres flottants,
Comme un vomissement, remonter vers mes dents
Le long fleuve de fiel des douleurs anciennes;

Devant toi, pauvre diable au souvenir si cher,
J'ai senti tous les becs et toutes les mâchoires
Des corbeaux lancinants et des panthères noires
Qui jadis aimaient tant à triturer ma chair.

Sondern, als nah der Küste Vögel aufgeschreckt
Von unserm weißen Segel, das vorüberstrich,
Sahn wir, es war ein Galgen – drei Arme aufgereckt,
Schwarz vor dem hellen Himmel – der Zypressen glich.

Die wilden Vögel krallten an dem Fraß sich fest,
Zerfetzten gierig den verwesenden Gehenkten,
In alle blutigen Ecken von dem Überrest
Sie ihre eklen Schnäbel wie ein Werkzeug senkten;

Die Augen waren Höhlen, aus dem Bauche trieben
Die Eingeweide vor, die auf die Schenkel flossen;
Die Schergen hatten ihn entmannt mit Schnabelhieben,
Feist von den Scheußlichkeiten, die sie dort genossen.

Zu seinen Füßen strichen neidisch Tiere hin
Und kreisten ihn mit den erhobenen Schnauzen ein;
Ein größeres Tier inmitten dieser Herde schien,
Umgeben von den Knechten, der Henker selbst zu sein.

Einwohner von Kythera, so schönen Himmels Kind,
Du hast in Schweigen diese Kränkungen ertragen,
Die Sühne deiner frevelhaften Bräuche sind
Und deiner Sünden, welche dir ein Grab versagen.

Du lächerlich Gehenkter, die Schmerzen sind mir eigen!
Ich fühle, wenn ich deine Glieder schlottern seh,
In mir wie einen Brechreiz zu den Zähnen steigen,
Wie einen Gallefluß, mein endlos altes Weh;

Vor dir, du armer Teufel, dem mein Gedenken gilt,
Hab ich doch alle Schnabelhiebe jener Raben
Und auch der schwarzen Panther Kiefer schon gefühlt,
Die meinen Leib mit Wollust einst zerrissen haben.

– Le ciel était charmant, la mer était unie;
Pour moi tout était noir et sanglant désormais,
Hélas! et j'avais, comme en un suaire épais,
Le cœur enseveli dans cette allégorie.

Dans ton île, ô Vénus! je n'ai trouvé debout
Qu'un gibet symbolique où pendait mon image …
– Ah! Seigneur! donnez-moi la force et le courage
De contempler mon cœur et mon corps sans dégoût!

1857

– Das Meer war spiegelglatt, der Himmel wunderbar;
Mir schien auf alles Blut und Schwärze ausgegossen,
Denn wie in einem dichten Leichentuche war
Mein Herz in diesem Gleichnis grabestief verschlossen.

Auf deiner Insel, Venus! fand ich aufrecht ragen
Den zeichenhaften Galgen, wo ich mein Bild erschaut …
– Ach! Herr! gib Mut und Kraft, den Anblick zu ertragen
Von Herz und Körper, ohne daß mir graut!

Muropictographische Studien

In einem entlegenen Hofwinkel eines Brauhauses befindet sich eine Zeichnung, welche ebenfalls ein Mitglied des Olymps in der altgermanischen Weise darstellt. Es ist eine weibliche Gestalt, die ein flammendes Herz in der Hand hält. Letzteres erschwerte mir anfangs die Deutung, weil man sonst blos in der Hand Amors ein Herz zu sehen gewohnt war. Die natürliche Folgerung aus der gleichen Beschäftigung mit Amor führte jedoch bald zu dem Schlusse, daß man hier eine V e n u s vor sich hat, die im Begriffe ist, ihr liebeflammendes Herz einem galanten Anbeter zu überbringen. Die Unterschrift »Radi« steht mit dieser augenblicklichen Absicht der Göttin in enger Verbindung, obgleich das Wort durchaus nicht deutscher, sondern ausnahmsweise lateinischer Abstammung ist. Man kann es blos von *radior* ableiten, und soll dann die Bezeichnung »Radi« bestimmt die S t r a h l e n d e bedeuten. Auch aus diesem Wandbilde geht wieder deutlich hervor, daß alle die deutschen Darstellungen aus der Götterlehre die Charaktere nur in einem vorgerückten Alter aufweisen. Von dem großen Schönheitssinne der altgermanischen Völker gibt freilich die uns vorliegende » s t r a h l e n d e   V e n u s « keinen besonderen Begriff. Am Besten ist noch das Liebeschmachtende in der Figur charakterisirt und wollte der alte Maler vielleicht durch die Magerkeit dieser »strahlenden Venus« andeuten, daß die Liebe, und zumal die ohne Erwiederung bleibende Liebe, etwas sehr Zehrendes habe.

nach 1860

Die fromme Helene

Kater Munzel ist auf der Flucht.

Sehr in Ängsten sieht man ihn
Aufwärts sausen am Kamin.

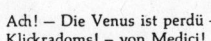

Ach! – Die Venus ist perdü –
Klickradoms! – von Medici!

1872

CHRISTIAN MORGENSTERN

Der Regenbogen

An die grauseidene Wolkenwand
hat ein himmlischer Nimrod,
müde der Jagd,
den glänzenden Bogen gelehnt.
Köstlich schimmern die eingelegten
Perlmutter-Reihen der edlen Waffe,
weitgeründet,
über die staunenden Lande hin.
Sag' mir, Phanta,
wes ist der Bogen?
Ist er Dianas oder Apolls?

»Es ist der Bogen
Venus Uranias!
Ihr Knabe Eros
ist in die Einsamkeit
murrend geflohen,
da ihn die Menschen
im Wahnsinn einst
wie einen Teufel
ausräucherten.
Trauernd irrt seitdem
seine erhabene Mutter
unter den Göttern umher,
in der zarten Hand
den schweren Bogen,
den ihr zu spannen
unmöglich.

Oh fühlst du Götterkräfte,
so spanne du das Erz
und schieße den Pfeil der Schönheit
der Menschheit tief ins Herz!

Daß zehrende Sehnsucht sie peinigt,
vom Alltag wegzutreten
und statt vor toten Götzen
im Tempel der Schönheit zu beten,
daß sie ein neuer Glaube
den Pfad der Größe lenkt,
ein Geschlecht von Sonnensöhnen,
das adelt, wenn es denkt ...«

Ich recke mich auf,
ich fühle mich wachsen,
ich strecke den Arm
nach dem schimmernden Bogen –
aber in weichende Wolken
greift die unheilige Hand.
Der Bogen ist fort,
und aus weichenden Wolken
tönt ein strenges:
»Noch nicht!«

1894/95

JULIUS STETTENHEIM

Anti-Venus

Ich weiß nicht, wie ein Igel 'mal
Geraten war in einen Saal,
In welchem marmorn an der Wand
Die holde Milo-Venus stand.
Der Igel sah mit Kennerblicken
Die Göttin an
Und rief alsdann:

»Wie kann nur alle Welt entzücken
Dies Weib, das, doch zu garstig glatt,
Nicht einen einz'gen Stachel hat?!«

um 1903

GEORG HEYM

Kypris

Kehrt Kypris heim von ihren Wanderungen?
Die Wolken flattern nieder vom Azur,
Die Taubenflügel, die sich aufgeschwungen,
Erzittern in dem Lichte ihrer Spur.

Die Winde, die mit ihren Locken buhlen,
Sie singen laut das Lied von ihrem Ruhm,
Zu dem Gesange der Hierodulen
Naht schön die Göttin ihrem Heiligtum.

Da springen auf die Pforten von dem Laut
Der süßen Stimme, zu der Fürstin Gruß,
Und da sie lächelnd von den Stufen schaut,
Stürzt alles Volk zu ihrem Marmorfuß.

Die Insel segelt heut noch durch das Meer,
Die Schwimmer sehn sie, eh sie untergehn.
Die Wogen über in des Todes Wehn
Hör'n sie das Linoslied von ferne her.

Ein Wall von Leibern hat sich aufgetürmt.
Die Toten schauen klagend in ihr Reich.

Wenn von den Winden grau der Himmel stürmt,
Dann schwemmen an sie, aufgedunsen, bleich.

Der Göttin Locken gleiten durch die Hand
Der Frauen hin zu einer Laute Lied,
Die Himmel brennen von der Blitze Brand,
Die Göttin schlummert ein, des Singens müd.

Januar 1910

KURT TUCHOLSKY

Hinter der Venus von Milo

Hinter der Venus von Milo, im pariser Louvre, steht ein kleines Bänkchen, auf das habe ich mich neulich gesetzt. Von der Venus sah ich nur den dunkeln, unbeleuchteten Rücken. Die Besucher standen in voller Tageshelle.

Es rückten an die Völker der Erde, in schlenderndem Museumsschritt, schon ein wenig müde vom vielen Spazierengehen, und von weitem sah man die Stumpfheit ihrer Gesichter. Wenn sie sich aber der Venus näherten, dann wechselte der Ausdruck.

Die meisten waren etwas befangen und traten mit einem Gesicht näher, das Männer machen, wenn sie einen Frack anhaben und einen etwas zu hohen Kragen. Sie gaben sich innerlich alle einen Bildungsruck und ›nahmen Haltung an‹. Also das ist sie … Selbst die Frauen machten häufig eine halbe Verbeugung – aber nur, wenn sie allein waren –, manche lächelten wie ertappt. Es gab auch Offensivgeister, die traten rasch und resch in den kleinen hohen Raum: »Na sahrn Se ma – sind Sie denn nu wirklich so schön, wie es immer heißt? Das wollen wir gleich ma sehn –!«

Sie traten vor und traten zurück, sie suchten einen ›point de vue‹ und hielten die Hand vor Augen, um das ungehörige Licht abzublenden; sie buchstabierten die kleine Drucktafel, auf der drauf stand, daß dies die Venus von Milo sei, ich sah in weitaufgerissene Nasenlöcher und auf funkelnde Brillengläser. Manche kamen schnell angetrabt, mit etwas in den Augen, das sagte: »Na, da bist du ja!« Und: »Du hängst übrigens bei uns in der guten Stube!« Und: »Wirklich sehr schön!« Für viele hätten blaue und rote Gläser da sein sollen, mit denen man sich das Schauspiel hätte bunter gestalten können.

Männer mit schweren Schritten, steifer Haltung und zu kleinen Hüten rückten an, die mußte ich schon mal gesehen haben; französisch waren nur die Wächter, und das Schrecklichste der Schrecken umringte die stille Statue: die reisende Mittelstands-Amerikanerin. Laut, frech, aufdringlich, taktlos, ein unangenehmer Papagei. Ein englisches Mädchenpensionat saß auf den Bänken, wie die Vögel auf der Stange – sie schnatterten ziemlich laut und zeigten sich Bonbons und Ansichtskarten. Ein grausiges Gestell aus Chicago verhandelte mit einem Aufseher, der gutmütig Auskunft gab in einer Haltung, die verriet: »Ich bin schon achtzehn Jahre in dieser Anstalt, ich wundere mich über gar nichts mehr!« – Und ein Liebespaar auf einer Bank in der Ecke blieb eine halbe Stunde – hier und nur hier fühlte es sich ungestört vom pariser Klatsch …

Und es kam die junge Generation, Sportfiguren und glatte Gesichter. Die sahen ganz anders zur Venus auf. »Ewig«, steht in den Kunstbüchern, »ist der Schönheitswert dieses Körpers …« Ewig? Wirklich: ewig –? Diese jungen Leute, denen das Saxophon schon einiges erzählt hatte, dachten darüber vielleicht anders. Viele schnupften kurz auf, sahen hinauf, wieder hinunter, umstanden den Sockel und gingen wieder fort. Ihre Venus sieht vielleicht anders aus.

So saß ich noch lange, lange Zeit. Und muß sagen:

Ich persönlich möchte ja nicht die Venus sein. Hinterließen Augen Flecken: sie müßte aussehen wie eine Par-

Venus von Milo. 2. Jh. v. Chr.

delhaut. Und wieviel Gleichgültige sehen sie an! Wieviel Konvention ist dabei, Mußbesuch, Pflichtspaziergang im Louvre – (»Und nun noch der Eiffelturm und die Oper – und dann ham was geschafft –!«) Ein Museum ist eine Sache.

Aber vielleicht darf man sich überhaupt nicht hinter die Objekte setzen. Denn was man da so im Laufe der Zeit zu sehen bekommt, läßt einen bald abstumpfen, weil es sich tausendfach wiederholt, weil die Phantasie der Menschen gering ist und ihre Spielarten noch kleiner – und weil Clowns, Richter, Ärzte und manche Damen Bescheid wissen, wie es wiederkommt, alles miteinander.

1926

JULIUS BAUER

Venus

Ein Raketenflug in den Weltraum als Groteske in drei Stationen und vierzehn Gesängen. Es folgen zwei von acht Venus-Gesängen.

Dritte Station: Venus

Siebenter Gesang

Ich habe, der Leser möge sich fassen,
Verkleidet den Jupiterstern verlassen,
Als Dame verkleidet regelrecht,
Das Ewigweibliche stand mir nicht schlecht!

Zeus hatte mir nämlich als sorglicher Wirt
Beim Abschied ein Frauenkostüm spendiert,

Weil laut Gesetz den Venusplaneten
Nur Weibspersonen dürfen betreten.

Nichts fehlte zu meiner Mummerei,
Eine Bubiperücke war auch dabei,
Gesorgt war sogar für Seidenhöschen,
Für Lippenstifte und Puderdöschen.

So kam ich im Fluge erster Güte,
In meiner Weiblichkeit Maienblüte,
Entzückt auf dem Stern meiner Sehnsucht an;
Nehmt alles in allem, ich war ein Mann!

Die Venus als hellster der Sterne prangt,
Doch wenn sie näher zur Erde gelangt,
Dann zeigt sie ihr keck ihre dunkle Seite,
Ich kann mir denken, was das bedeute.

Erscheint sie vor Sonnenaufgang, dann wird
Die Venus als Morgenstern tituliert,
Kein Wunder, daß Wagner tiefdurchdrungen
Sie lieber als Abendstern hat besungen.

Ich landete heil in einem aparten,
Unübersehbaren Märchengarten.
Mit Pflanzen von unerhörten Prächten,
Die einen Linné in Verlegenheit brächten.

Ein Bad zu nehmen, naht Aphrodite,
Das Hemd in der Hand, mit sanftem Schritte,
Gleichwie ihr berühmtes Marmorbild
In nichts als in ihre Würde gehüllt.

Berückend ihr Lächeln und ihre Nobleß!
Das Meisterwerk des Praxiteles,
Das einst in Knidos ward ausgegraben,
Soll so bezaubernd gelächelt haben.

Die Statue ist versunken, vertan,
In München jedoch und im Vatikan
Von ihrer Reize steinernem Leben
Nachschöpfungen eine Vorstellung geben.

Nun stand ich selbst wie versteinert da,
Als dicht vor mir die Göttin ich sah,
Um keinen Verdacht als Mann zu erwecken,
Bemerkte ich: »Bitte, sich nur zu bedecken!«

Sie hüllte sich rasch in ihren Chiton;
»Ich wollte«, sprach sie in freundlichem Ton,
»Soeben nehmen ein Bad mit Wäsche
Und wurde gestört durch eine Depesche,

Gefunkt von Zeus, der seltsamerweis
Dich meiner Gnade empfiehlt so heiß,
Als stündest du seinem Herzen nah,
Daran erkenn ich meinen Papa!«

»Du irrst«, versetzte ich scheinbar beklommen,
»Dein Vater hat sich korrekt benommen.«
Sie sah mich an und rief übertrieben:
»Er hat schon auf schön'res Papier geschrieben!«

»Verzeihe, du Herrliche«, warf ich ein,
»Es kann ja nicht jede die Helena sein;
Zur eifrigen Weltraumreportage
Gehört nicht Schönheit, gehört nur Courage!«

Sie zeigte auf eine Bank von Stein
Und lud mich freundlich zum Sitzen ein,
Indes ihres Hofes liebliche Damen
Meine Maschine in Augenschein nahmen.

Achter Gesang

Die Göttin lächelte spöttisch mir zu
Und sprach: »Also los mit dem Interview!
Ein Weib als Reporter, so was lerne
Erst heute ich kennen auf diesem Sterne.«

Ich fragte, ob die Geschichte mit Paris,
Die auf dem Berge Ida, auch wahr is.
Sie sagte: »Wie kannst du zweifeln daran,
Da ich es doch war, die den Apfel gewann!«

»Und hat sich Tannhäuser dank deinem Walten
Im Venusberg auch richtig verhalten?«
Sie schrie: »Da ist Verleumdung im Werk,
Kenn weder Tannhäuser noch Venusberg!«

»Man sagt, du hättest dem Sänger der Minne
Verludert sieben Jahre die Sinne,
Bis er mit Ekel entfloh dem Graus.«
»Nein«, rief sie erregt, »ich warf ihn hinaus!«

»Und denkst du nicht des Bettes mit Bangen,
Darin du lagst mit Ares gefangen,
Des Ehebruchbettes, das racheerbittert
Dein Mann hat heimlich mit Draht umgittert?«

»Pfui, meine Liebe! Wem glaubst du mehr,
Mir oder dem alten Lügner Homer?
Lass' diesen Tratsch, du Weib aus der Ferne,
Und höre, was vorgeht auf meinem Sterne.

Zu allen Zeiten, frühen und späten,
Wurden versetzt auf den Venusplaneten
Die weltgeschichtlichen Weiblichkeiten,
Die frevelnd die Reinheit der Liebe entweihten:

Die großen Mätressen und Kurtisanen,
Die Könige machten zu Untertanen,
Und Königinnen, die ihre Ehen
Lädierten auf der Menschheit Höhen.

Hier wandeln Weiber, die früh verdarben
Und fürchtig als Frömmlerinnen starben,
Und Dämchen, die bloß im Kleinbetriebe
Oblagen der lukrativen Liebe.

Hier ist's paradiesisch schön, allein
Die Frauen wenden allemal ein:
Ein Paradies, das noch so famos ist,
Sei kein Paradies, wenn es adamlos ist.

Der hellste der Sterne ist maledeit,
Zu wandeln mit Ausschluß der Männlichkeit,
Der Fluch macht oft mich selbst erschauern!«
So schloß sie. Ich heuchelte tiefstes Bedauern.

Und als ich im Sinn meiner Weiblichkeit
Die Lippen mir färbte von Zeit zu Zeit,
Da bat mich die Hehre, mir war zum Schreien,
Ihr meinen Lippenstift freundlich zu leihen!

1931

ÖDÖN VON HORVÁTH

Die marschierende Venus

Die Sonne kommt, wir stehen auf. Wir waschen uns im Bach und kochen Tee. Nach dem Frühstück läßt der Feldwebel die Jungen der Größe nach in zwei Reihen hintereinander antreten. Sie zählen ab, er teilt sie ein, in Züge und Gruppen. »Heut wird noch nicht geschossen«, sagt er, »heut wird erst ein bißchen exerziert!« Er kontrolliert scharf, ob die Reihen schnurgerad stehen. Das eine Auge kneift er zu: »Etwas vor, etwas zurück – besonders der dritte dort hinten, er steht ja einen Kilometer zu weit vorn!« Der dritte ist der Z. Wie schwer sich der einreihen läßt, wunder ich mich, und plötzlich hör ich die Stimme des N. Er fährt den Z an: »Hierher, Idiot!«

»Nanana!« meint der Feldwebel. »Nur nicht grob werden! Das war mal, daß man die Soldaten beschimpft hat, aber heut gibts keine Beleidigungen mehr, merk dir das, ja?!«

Der N schweigt. Er wird rot und trifft mich mit einem flüchtigen Blick. Jetzt könnt er dich aber gleich erwürgen, fühle ich, denn er ist der Blamierte. Es freut mich, aber ich lächle nicht.

»Regiment marsch!« kommandiert der Feldwebel, und dann zieht es davon, das Regiment. Vorne die Großen, hinten die Kleinen. Bald sind sie im Wald verschwunden.

Zwei blieben mit mir im Lager zurück, ein M und ein B. Sie schälen Kartoffeln und kochen die Suppe. Sie schälen mit stummer Begeisterung.

»Herr Lehrer!« ruft plötzlich der M. »Schauens mal, was dort anmarschiert kommt!« Ich schaue hin: in militärischer Ordnung marschieren etwa zwanzig Mädchen auf uns zu, sie tragen schwere Rucksäcke, und als sie näher kommen, hören wir, daß sie singen. Sie singen Soldatenlieder mit zirpendem Sopran. Der B lacht laut. Jetzt erblicken sie unser Zeltlager und halten. Die Führe-

213

rin spricht auf die Mädchen ein und geht dann allein auf uns zu. Es sind zirka zweihundert Meter. Ich geh ihr entgegen.

Wir werden bekannt, sie ist Lehrerin in einer größeren Provinzstadt, und die Mädchen gehen in ihre Klasse. Jetzt wohnen sie in einem Schloß, es sind also dieselben, vor denen mich der Herr Pfarrer warnte.

Ich begleite meine Kollegin zurück, die Mädchen starren mich an, wie Kühe auf der Weide. Nein, der Herr Pfarrer braucht sich keine Sorgen zu machen, denn, alles was recht ist, einladend sehen diese Geschöpfe nicht aus!

Verschwitzt, verschmutzt und ungepflegt, bieten sie dem Betrachter keinen erfreulichen Anblick.

Die Lehrerin scheint meine Gedanken zu erraten, sie ist also wenigstens noch in puncto Gedankenlesen ein Weib, und setzt mir folgendes auseinander: »Wir berücksichtigen weder Flitter noch Tand, wir legen mehr Wert auf das Leistungsprinzip als auf das Darbietungsprinzip.«

Ich will mich mit ihr nicht über den Unwert der verschiedenen Prinzipien auseinandersetzen, sage nur: »Aha!« und denke mir, neben diesen armen Tieren ist ja selbst der N noch ein Mensch.

»Wir sind eben Amazonen«, fährt die Lehrerin fort. Aber die Amazonen sind nur eine Sage, doch ihr seid leider Realität. Lauter mißleitete Töchter der Eva!

Julius Caesar fällt mir ein.

Er kann sich für keine rucksacktragende Venus begeistern. Ich auch nicht. –

Bevor sie weitermarschieren, erzählt mir die Lehrerin noch, die Mädchen würden heute vormittag den verschollenen Flieger suchen. Wieso, ist einer abgestürzt? Nein, das »Verschollenen-Flieger-Suchen« sei nur ein neues wehrsportliches Spiel für die weibliche Jugend. Ein großer weißer Karton wird irgendwo im Unterholz versteckt, die Mädchen schwärmen in Schwarmlinie durch das Unterholz und suchen und suchen den Karton. »Es ist für den Fall eines Krieges gedacht«, fügt sie noch erläuternd hinzu, »damit wir gleich eingesetzt werden können, wenn einer abgestürzt ist. Im Hinterland natürlich, denn Weiber kommen ja leider nicht an die Front.«

Leider!

Dann ziehen sie weiter, in militärischer Ordnung. Ich seh ihnen nach: vom vielen Marschieren wurden die kurzen Beine immer kürzer. Und dicker.

Marschiert nur zu, Mütter der Zukunft!

1937

GOTTFRIED BENN

Roman des Phänotyp

Summarisches Überblicken

Schon summarisches Überblicken, Überblättern schafft manchmal einen leichten Rausch. Venusse, Ariadnen, Galatheen erheben sich von ihren Pfühlen, unter Bögen, sammeln Früchte, verschleiern ihre Trauer, lassen Veilchen fallen, senden einen Traum. Venus mit Mars; Venus mit Amor, hingelagert, ein weißes Kaninchen an der Hüfte, zwei Tauben, eine helle und eine dunkle, zu Füßen vor einer Landschaft, die sich weit verliert. Procris stürzt aus dem Gebüsch, schlägt flach zu Boden, über ihr Cephalos mit einem langen geschlitzten Ohr, der Jäger, er glaubte, das Rauschen von verstecktem Wild zu hören, er ist der Gatte und nun durch den geworfenen Jagdspieß der Mörder, ihre Sandalen sind brezelartig verschnürt und ausgestanzt, an ihnen trauert der dunkle schöne Hund.
So erheben sich die Welten. Andromeden, Atalanten, schlafend oder erwartend, nackt oder unter Fellen, behängt mit Perlen, Blumen und vor Spiegeln. Weiße Üppige mit aufgestützten Schenkeln, oft dicht an ihren Ret-

tern, deren Brünnen glänzen. Aber die meisten sind sehr einsam, sehr in sich verborgen, gehn aus dem blassen gewölbten Fleisch nicht über; sie erwarten, aber sie zögern vor jeder Röte und vor jeder Lust. Sehr Verhaltene: Ceres mit dem Weizenkranz, schweigsam wie die Samenkörner; und bäuerlich eine Herbstin mit Hacke, Trauben, Weinzweigen, keineswegs trunken, sehr gesenkten Blickes, eines Blickes bitter und unerfüllt.

Galatheen landen mit Delphinen, verlassen die große Muschel, teils betreten sie allein das Ufer, teils mit Wasserjungfrauen und Centauren. Und immer wieder die Tauben, auch die Schlangen, auch die Muscheln und dort der Pfau und dort die Barke, an allen Stränden, an allen Hängen – säumen und vergehn.

Das unmittelbare Erleben tritt zurück. Es brennen die Bilder, ihr unerschöpflicher beschirmter Traum. Sie entführen. Der körperliche Blick reicht nur über den Platz bis an die Burgen – aber die Trauer reicht weiter, tief in die Ebene hinein, über die Wälder, die leeren Hügel, in den Abend, das Imaginäre, sie wird nicht mehr heimkehren, dort verweilt sie, sie sucht etwas, doch es ist zerfallen, und dann muß sie Abschied nehmen unter dem Licht zerbrochener Himmel – –, diese aber entführen, führen weit und führen heim.

1949

Claus Grupen: Entdeckung der Venus. 1998.

REINHOLD KOEHLER

Hüfte des ...

Hüfte des Verses
zum Bogen ge-
drängt: aber
im Staub des
Erinnerns zer-
fällt Diana
dieses Geschenk: aber über
                           entfernt
                           flimmernden
                           Schlafbildern
                           der Städte hört
                           das erotische
                           Ohr den vollen
                           Vokal noch
                           des Monds.

Atem des Worts
noch immer
wehend: aber
im Staub des
Erinnerns zer-
fallen Venus
die
Liebesepisteln: nur Oliven der
                           Nacht, an Zweigen
                           erlauchter Hymnen,
                           zieren manchmal
                           den
                           gesprochenen
                           Marmor unsres
                           Gedichts.

zwischen 1954 und 1957

BOTHO STRAUSS

Die Fehler des Kopisten

[...] Die Welt war bis jetzt nur ein lebloser Kloß und harrte des Worldwideweb-Demiurgen. Erst wenn man ihren Leib mit genügend Gefäßbahnen, Informationskanälen durchzieht, wird sie die Augen aufschlagen. Nicht die »Gesellschaft«, nicht Menschen drängt es zur Revolution ihrer Beziehungen, sondern der neueste Stand der Technik, irgendein Spitzenprodukt ihrer selbstbezüglichen Entwicklung, verlangt sie von ihnen. Die Gesellschaft paßt sich nur noch an, verliert und gewinnt dabei, verändert ihr zwischenmenschliches, bald auch ihr elementares Verstehen des Menschen.

Netzüberworfen Aphrodite und der Kriegsgott. Im Vollzug des Ehebruchs, während sie sich lieben, hat der gehörnte Hephaistos, Schmied und Techniker mit dem Hinkefuß, ein Netz über die beiden geworfen. Für immer sind sie in ihrer Umarmung gefangen – und die Götter brechen in ein erbarmungsloses Gelächter aus.

   Das Netz zerreißt nur der Blitz. [...]

1997

jupiter unbewohnt
merkur unbewohnt
saturn unbewohnt
uranus unbewohnt
neptun unbewohnt
venus unbewohnt
pluto unbewohnt
mars unbewohnt
erde ungewohnt

1969

Auferstehung –
»Große Venus, mächtge Göttin!«

Eneasroman

Vers 5595–5627 und 5825–5845

    Dô der hêre Ênêas
in solhen angesten was,
do gesach sîn mûder Vênûs,
daz im der hêre Turnûs
gerne schaden wolde
und in besitzen solde
ûf Montalbâne.
si quam ze Volkâne
ze deme smidegote ir man,
flêgen sie in began
Vênûs diu gotinne,
si bôt ime ir minne
(daz was im grôz miete),
daz her sie beriete
des si in gebâte,
und den rât tâte
und daz niene lieze
daz sie in hieze
dorch kost noch dorch arbeit.
her was der frouwen vil gereit
ir willen ze tûne.
dâ wart ein grôz sûne
gemachet under in zwein,
daz si trûgen enein,
dô her ir wolde volgen.
sie was ime erbolgen
siben jâr dâ bevoren
umb einen wênegen zoren,
den ich û wol sagen kan.
Volcânûs ir man
der weste wol âne spot,

222

Als Herr Eneas
in solcher Gefahr war,
da sah seine Mutter Venus,
daß ihm der starke Turnus
Schaden zufügen wollte
und ihn belagern würde
auf Montalbane.
Sie kam zu Volcanus,
dem Schmiedegott, ihrem Mann,
und trug ihm ihre Bitte vor,
die Göttin Venus.
Sie bot ihm ihre Liebe an –
das war ein großer Lohn für ihn –,
damit er ihr gäbe,
worum sie ihn bat,
die Idee ausführte
und nicht unterließe,
was sie ihm auftragen werde,
weder des Aufwandes noch der Mühe wegen.
Er war gleich bereit, der Dame
zu Willen zu sein.
Da fand eine große Versöhnung
zwischen ihnen statt,
so daß sie einander wieder vertrugen,
als er ihr gehorchen wollte.
Sie war in Zorn geraten über ihn
vor sieben Jahren
aus Anlaß einer kleinen Kränkung,
von der ich euch berichten kann.
Volcanus, ihr Mann,
hatte zuverlässig davon gehört,

daz hêre Mars des wîges got
bî frouwen Vênûse lach.
[...]
   Dô daz gewâfen was gereit,
dâ grôz list und arbeit
zû wâren getân,
dô sandez hêre Volcân
Vênerî der frouwen
und hiez ez sie beschouwen.
und alsez vor si quam,
dô dûhtez sie vil lussam
und alle diez gesâgen.
ze samene sie dô lâgen
zû der nâhisten naht,
alser hete vollebraht
ir gebot und ir bete.
ichn darf û sagen was her tete:
sich geniete gûter minne
der got mit der gotinne.
   Dô daz alsô verre quam,
Vênûs einen boten nam,
den si wole erkande.
daz gewâfen si dô sande
ir sune dâ her was.

Ende des 12. Jh.

daß Herr Mars, der Kriegsgott,
mit Frau Venus schlief.
[...]
    Als die Rüstung fertig war,
an die große Kunst und Mühe
gewendet worden waren,
sandte sie Herr Volcanus
der Frau Venus
und ließ diese sie begutachten.
Und als sie ihr gebracht wurde,
kam sie ihr sehr prächtig vor
und allen, die sie erblickten.
Da lagen sie
in der nächsten Nacht zusammen,
nachdem er
ihren Befehl und ihre Bitte ausgeführt hatte.
Ich muß euch nicht erzählen, was er machte:
Gute Liebe genoß
der Gott mit der Göttin.
    Als das geschehen war,
bestellte Venus einen Boten,
dem sie vertraute.
Sie schickte die Rüstung
ihrem Sohn an seinen Aufenthaltsort.

GUILLAUME DE LORRIS

Der Rosenroman

Vers 3357–3479

Als ich mich der Rose näherte,
fand ich sie ein wenig größer
und sah, daß sie gewachsen war,
seit ich sie nicht mehr aus der Nähe gesehen hatte,
ein wenig verbreiterte sich die Rose
nach oben; und es gefiel mir,
daß sie noch nicht so offen war,
daß das Samenkorn entblößt war;
das war vielmehr noch zwischen
den Rosenblättern eingeschlossen,
die sich aufrecht in die Höhe reckten
und innen den Platz ausfüllten,
und so konnte der Samen nicht zum Vorschein kommen,
da die Rose so voll erblüht war.
Sie war, Gott segne sie,
noch viel schöner entfaltet,
als sie früher gewesen war, und von vollerem Rot.
Ich staunte sehr über das Wunder:
und AMOR bindet mich mehr und mehr,
um so viel, wie sie schöner geworden war,
und jetzt zieht er seine Schlingen zu,
je mehr Gefallen ich an ihrem Anblick habe.
Lange Zeit verweilte ich dort,
denn ich hatte bei dem SCHÖNEN EMPFANG
viel Liebe und Freundschaft gefunden;
und als ich sah, daß er mir weder
seinen Trost noch seinen Dienst verweigert,
habe ich ihn um etwas gebeten,
was man wohl erwähnen muß:
»Herr«, sprach ich, »wisset wohl,
daß ich sehr begierig bin,
einen zarten Kuß von der Rose

zu erhalten, die so süß duftet,
und wenn es Euch nicht mißfallen sollte,
würde ich ihn von Euch als Geschenk erbitten.
Bei Gott, Herr, sagt mir doch,
ob Ihr mir erlaubt, sie zu küssen,
denn es wird nur mit Eurer Erlaubnis geschehen.«
»Freund«, sagte er, »Gott steh mir bei,
würde KEUSCHHEIT mich dafür nicht hassen,
so würde es meinerseits nicht verwehrt,
aber ich wage es um der KEUSCHHEIT willen nicht,
der gegenüber ich mich nicht verfehlen will.
Sie pflegt mir stets zu verbieten,
daß ich die Erlaubnis zu einem Kuß
irgendeinem Liebenden erteile, der mich dazu auffordert,
denn wer bis zu dem Kuß gelangen kann,
der kann kaum dabei verbleiben;
und wisset wohl, wem man den Kuß
erlaubt, der hat von der Beute
schon das Beste und Angenehmste erlangt,
denn er hat das Aufgeld für alles Weitere.«
    Als ich ihn so antworten hörte,
wollte ich ihn nicht länger darum ersuchen,
denn ich fürchtete, ihn zu erzürnen:
Man soll einem Menschen nie gegen
seinen Willen nachstellen und ihn zu sehr bedrängen.
Ihr wißt wohl, daß man mit dem ersten Schlag
keine Eiche fällt
und man keinen Wein aus der Traubenbeere hat,
solange die Presse zugeschraubt ist.
Im Augenblick ließ die Erlaubnis zu dem Kuß,
nach dem ich mich sehnte, noch auf sich warten,
doch VENUS, die beständig Krieg
gegen die KEUSCHHEIT führt, kam mir zu Hilfe:
Sie ist die Mutter von Gott AMOR,
die manchem Liebenden geholfen hat.
Eine brennende Fackel hielt sie
in der rechten Hand, deren Flamme
manche Dame erhitzt hat;

sie war so schön und so wohl geschmückt,
daß sie einer Göttin oder einer Fee glich;
an dem reichen Schmuck, den sie trug,
konnte jeder, der sie sah, sogleich erkennen,
daß sie nicht im Kloster lebt.
Ich will jetzt ihr Kleid
und ihren Schleier nicht beschreiben,
auch ihre vergoldeten Tressen nicht
und ihre Spange und ihren Gürtel,
denn ich würde zu viel Zeit brauchen;
aber Ihr sollt dessen versichert sein,
daß sie sehr schön war
und doch nicht der geringste Stolz in ihr war.
VENUS geht zu dem SCHÖNEN EMPFANG
und begann ihm zu sagen:
»Warum, lieber Herr, verweigert Ihr es
diesem Liebenden,
einen zarten Kuß zu empfangen?
Das sollte ihm nicht verwehrt sein,
denn Ihr wißt wohl und seht,
daß er in Treuen dient und liebt,
auch besitzt er solche Schönheit,
daß er würdig ist, geliebt zu werden.
Seht doch, wie anmutig er ist,
wie schön und wie vornehm,
wie sanft und freimütig er gegen alle Leute ist;
und zudem ist er nicht alt,
sondern ganz jugendlich, und deshalb mehr zu schätzen.
Es gibt keine Frau oder Schloßherrin,
die ich nicht für gering hielte,
wenn sie diesen abweisen würde.
Sein Leib braucht nicht verändert zu werden,
damit Ihr ihm diesen Kuß erlaubt;
bei ihm wird er gut angebracht sein,
denn er hat, wie ich glaube, einen sehr süßen Atem;
auch ist sein Mund nicht häßlich,
sondern scheint mit Absicht dafür geschaffen,
zu erfreuen und zu vergnügen,

228

denn seine Lippen sind leicht gerötet,
die Zähne weiß und so sauber,
daß es da keinen Zahnstein noch Schmutz gibt.
Es ist, wie mir scheint, ganz vernünftig,
ihm einen Kuß zu erlauben.
Gesteht ihn zu, wenn Ihr mir glaubt,
denn je länger Ihr wartet,
das wisset, desto mehr Zeit werdet Ihr verlieren.«
    Der SCHÖNE EMPFANG, der die Hitze
der Fackel fühlte, bewilligte mir,
ohne weiteres Zaudern, einen Kuß zum Geschenk,
so viel vermochte VENUS und ihre Fackel;
da gab es kein längeres Zögern:
Einen süßen und lieblichen Kuß
empfing ich sogleich von der Rose.

zwischen 1230 und 1240

Die Canterbury-Erzählungen

Vers 2209–2270

Des Sonntags nachts, noch ehe der Tag anbrach, hörte Palamon die Lerche singen – obgleich es noch zwei Stunden bis zum Morgen war, sang doch schon die Lerche. Da erhob sich Palamon mit frommem Herzen und frohen Mutes von seinem Lager, um zur segensreichen und huldvollen Citherea zu pilgern – ich meine die hehre und erhabene Venus. Zu ihrer Stunde lenkte er seine Schritte zum Turnierplatz, wo ihr Tempel stand. Dort kniete er nieder, und ehrfürchtigen Blickes und wehen Herzens sprach er also, was ihr nun vernehmen sollt: »Schönste der Schönen, o Venus, du meine Herrin, Tochter Jupiters und Gattin des Vulkan, du Freudenspenderin vom Berge Cithereon, der Liebe halber, die du Adonis entgegenbrachtest, erbarme dich meiner bitterer Schmerzenstränen und nimm mein demutsvolles Flehen in deinem Herzen auf. Aber ach! mir fehlen die Worte, das Ausmaß meiner Höllenqualen zu schildern. Mein Herz kann meinem Leid nicht Ausdruck verleihen; ich bin so verwirrt, daß ich nur sagen kann: ›Hab Erbarmen, schöne Herrin, denn du kennst ja meine Gedanken und siehst, welchen Kummer ich fühle!‹ Bedenke dies alles und habe Mitleid mit meiner Pein, und so will ich gewiß für alle Zeiten und nach besten Kräften dein treuer Diener sein und immer die Keuschheit bekriegen. Dies sei mein Gelöbnis, falls du mir zu Seite stehst. Es liegt mir nichts daran, mit Waffentaten zu prahlen, noch bitte ich um Sieg oder Ruhm im morgigen Streite oder eitles Lob für meine Tüchtigkeit im Kampf, die sich landauf, landab herumspricht. Nein, ich möchte Emelie ganz und gar besitzen und in deinem Dienst sterben. Finde du Mittel und Wege, wie dies geschehen kann. Es kümmert mich nicht, ob es besser ist, wenn ich den Sieg über sie oder sie [den Sieg] über mich davontragen, wenn ich nur meine Dame in den Armen halten darf. Wenngleich auch Mars der Gott des Krieges ist, so ist deine Macht im Himmel droben doch derart groß, daß ich, wenn du nur willens bist, meine Liebste gewinnen kann. Deinen Tempel will ich stets heilighalten, und wo ich auch gehe und stehe, will ich auf deinem Altar Opfer darbringen und das Feuer entzünden. Doch wenn es nicht dein Wille ist, teure Herrin, so bitte ich dich, laß Arcitas Speer morgen mein Herz durchbohren. Bin ich erst tot, ist es mir einerlei, ob Arcita sie zur Frau gewinnt. Dies sei der Sinn und Zweck meiner Gebete: Gib mir meine Geliebte, du segensreiche, verehrte Herrin!« Als Palamon sein Gebet beendet hatte, brachte er frommen Sinnes mit allem Zeremoniell sogleich sein Opfer dar; doch möchte ich jetzt nicht von seinen feierlichen Handlungen berichten. Schließlich aber ging eine Bewegung durch das Bild der Venus; sie gab ihm ein Zeichen, dem er entnahm, daß sein Gebet an diesem Tag erhört worden war. Denn obgleich das Zeichen eine Verzögerung ankündigte, wußte er doch, daß seiner Bitte stattgegeben worden war. Und frohen Herzens kehrte er unverzüglich zurück.

Ende des 14. Jh.

WILLIAM SHAKESPEARE

Venus and Adonis

Versepos

Even as the sun with purple-colour'd face
Had ta'en his last leave of the weeping morn,
Rose-cheek'd Adonis hied him to the chase;
Hunting he lov'd, but love he laugh'd to scorn.
    Sick-thoughted Venus makes amain unto him,
    And like a bold-fac'd suitor 'gins to woo him.

»Thrice fairer than myself«, thus she began,
»The field's chief flower, sweet above compare,
Stain to all nymphs, more lovely than a man,
More white and red than doves or roses are;
    Nature that made thee, with herself at strife,
    Saith that the world hath ending with thy life.

Vouchsafe, thou wonder, to alight thy steed,
And rein his proud head to the saddle-bow;
If thou wilt deign this favour, for thy meed
A thousand honey secrets shalt thou know.
    Here come and sit, where never serpent hisses,
    And being set, I'll smother thee with kisses;

And yet not cloy thy lips with loath'd satiety,
But rather famish them amid their plenty,
Making them red and pale with fresh variety –
Ten kisses short as one, one long as twenty.
    A summer's day will seem an hour but short,
    Being wasted in such time-beguiling sport.«

With this she seizeth on his sweating palm,
The precedent of pith and livelihood,
And, trembling in her passion, calls it balm,
Earth's sovereign salve to do a goddess good.

Venus und Adonis

Aus tränenvollen Morgenwolken lacht
Hervor das Purpurangesicht der Sonne.
Adonis geht ans Weidwerk; denn die Jagd
Ist seine Lust, sein Spott die Liebeswonne.
   Ihm nach eilt Venus, lodernd von Begehren,
   Ihm offen ihre Liebe zu erklären.

»Wie bist du schön! Die schönste Blume kann,
Ich selber kann mich nicht mit dir vergleichen,
Du Neid der Nymphen, Wunderbild von Mann,
Dem rote Rosen, weiße Tauben weichen;
   Dich schaffend schalt ihr eigenes Verschwenden
   Natur und sprach: mit ihm soll alles enden.

Steig ab von deinem Hengst, mein holder Knabe,
Den Zügel binde fest am Satteleisen,
Dann will ich dich, bereit zur Gegengabe,
In süß geheimen Künsten unterweisen.
   Hier setze dich, hier zischen keine Schlangen;
   Mit Küssen decken will ich deine Wangen.

Dein Mund befürchte keinen Überdruß;
Noch Mangel soll er in der Fülle fühlen,
Bald glühn von zwanzig Küsse langem Kuß,
Bald unter Zehntelsküßchen schnell verkühlen;
   Bewirken soll das süße Spiel der Minne,
   Daß stundenschnell der Sommertag verrinne.«

Ergriffen hat sie seine feuchte Hand
Und fühlt in ihr der Mannheit Mark und Kraft.
Ihr Bestes hat die Erde mir gesandt,
So denkt sie und erbebt vor Leidenschaft,

Being so enrag'd, desire doth lend her force
Courageously to pluck him from his horse.

Over one arm the lusty courser's rein,
Under her other was the tender boy,
Who blush'd and pouted in a dull disdain,
With leaden appetite, unapt to toy;
    She red and hot as coals of glowing fire,
    He red for shame, but frosty in desire.

The studded bridle on a ragged bough
Nimbly she fastens – O, how quick is love!
The steed is stalled up, and even now
To tie the rider she begins to prove:
    Backward she push'd him, as she would be thrust,
    And govern'd him in strength, though not in lust.

So soon was she along as he was down,
Each leaning on their elbows and their hips;
Now doth she stroke his cheek, now doth he frown,
And 'gins to chide, but soon she stops his lips,
    And kissing speaks, with lustful language broken:
    »If thou wilt chide, thy lips shall never open.«

He burns with bashful shame; she with her tears
Doth quench the maiden burning of his cheeks;
Then with her windy sighs and golden hairs
To fan and blow them dry again she seeks.
    He saith she is immodest, blames her miss;
    What follows more she murders with a kiss.

Even as an empty eagle, sharp by fast,
Tires with her beak on feathers, flesh, and bone,
Shaking her wings, devouring all in haste,
Till either gorge be stuff'd, or prey be gone;
    Even so she kiss'd his brow, his cheek, his chin,
    And where she ends she doth anew begin.
[...]

1593

234

Und Mut und Stärke leiht ihr die Begier,
Ihn dreist herabzuziehn von seinem Tier.

Den Zügel um den linken Arm geschlungen,
Umfängt sie mit dem rechten ihre Beute,
Den allerliebsten, doch verblüfften Jungen,
Der schüchtern, rot und keuchend rückwärts scheute.
    Von Lust erglüht ihr Antlitz kohlenheiß,
    Seins nur von Scham, sein Herz ist kalt wie Eis.

Den schmucken Zügel hat die flinke Hand
Der Liebe rasch um einen Ast geknüpft,
Das Roß ist fest; nun sorgt sie, gleich gewandt,
Daß ihr der schöne Reiter nicht entschlüpft.
    Sie ließe lieber sich von ihm besiegen
    Und muß ihn selber rückwärts niederbiegen.

Sogleich den Platz an seiner Seite wählt
Im Rasen sie und streichelt seine Wangen;
Er grollt und murrt; doch eh die Lippe schmält,
Hat schon ein Kuß das Wort ihr abgefangen.
    »Den Worten«, stammelt sie, »die mich verdrießen,
    Muß ich sogleich die bösen Lippen schließen.«

Ihm flammt das Antlitz mädchenhaft erschrocken,
Sie netzt es kühl mit Tränen, die nur lächeln,
Um seufzend dann mit ihren goldnen Locken
Dies Naß von seinen Wangen fortzufächeln.
    Er nennt sie dreist, er nennt sie unbescheiden,
    Sie – küßt ihn, um sein Schelten abzuschneiden.

Dem Adler gleicht sie, der nach langem Fasten
Wild flatternd stillt des Hungers scharfe Pein
Und rasch den Raub, den seine Krallen faßten,
Hinunterschlingt mit Federn, Fleisch und Bein.
    Sie küßt den Mund, die Stirn, die Augenlider,
    Und wo sie aufhört, da beginnt sie wieder.
[...]

Auff H. Niclas Wasserfůhrers und Jungfrawen Magdalenen Planckin Hochzeit

Venus / komm vnd frewe dich /
Der so lange Jahre sich
Deiner Kråfften hat erwehret /
Lernet jetzt beståndig seyn /
Willigt deinem Willen ein /
Der jhm seinen vmbgekehret.

Vnd damit er solche Brunst /
Solche deines Fewers Gunst
Lasse desto besser spůren /
Wil er noch bey Winternacht /
Da der Frost sonst fåuler macht /
Seine Braut zu Bette fůhren.

Recht / dann sol der Himmelgurt /
Der den Schnee hat zur Geburt /
So viel thun bey Liebes Sachen /
Daß der Bråutgam / wann sein Liecht
Ihm erlaubt / den Gůrtel nicht
Starck genung sey auffzumachen?

Nein / Ich selber wůndsche mir /
Daß ich stets bey meiner Zier
An dem Fewer môge sitzen /
Schône Venus / da dein Mann
Vns den Leib zugleiche kan
Vnd dein Sohn den Sinn erhitzen.

Wann der Nord streicht vber See /
Vnd die truckne Flut der Schnee
Auff der Aecker Růcken lieget /
Da gibt vns die Notturfft ein /
Wann man nicht halb tod wil seyn /
Daß sich Glied zu Gliede fůget.

Ja der feuchte Wassermann
Regt dich Wasserfůhrern an /

Daß du jhm solst åhnlich werden:
Er begeust die Sternen-Welt /
Du magst deiner Plancken Feld
Auch befeuchten hier auff Erden.
  Netzt den Liebesgarten ein /
Daß jhr stets mőgt Fruchtbar seyn
Last sich ewre Jugend regen /
Ehe durch der Zeit Gewalt /
Die vns schlåffrig macht vnd kalt /
Muth vnd Krafft sich bey euch legen.

Erstdruck 1644

VENUS-GÄRTLEIN

Die gelåhrte Schul-Meisterinn auff der Hohen-Venus-Schulen.

Auff vorige Melodey.

1.

Venus die pfleget die Jungffern zu lehren, edle Geberden, vnnd Zier, jhre Liebhaber vnnd Freyer zu Ehren, freundlich nach Ehren-Gebühr: Alles jhr Tichten vnd Richten nur stehet, Junge-Gesellen, listig zu fållen: Klugheit die find sich hier.

2.

Zierliche Kleider, liebreitzende Sitten, werden von jhnen gehågt: Ihre Gunst můssen die Lieber viel bitten: Werden sie endlich bewågt, Lieber! sie kőnnen mit tausend viel Rånken, Hertzen vnd Sinnen, gåntzlich gewinnen: Keiner jhr Huld verschlågt.

3.

Redet man jhnen ein Wörtlein zu hören, schweigen sie
erstlich wohl fein, gleichsahm durch schweigen sich ernstlich zu wehren: Andere Gedancken doch seyn: Aber so jhnen zu sprechen gelüstet, können sie geben, Zucker vnnd
Leben, Schmertzen vnd Liebes-Pein.

4.

Ihre Lieb-Blicklein die lassen sie schiessen, lächlen vnd
reden darauff: Buhler die müssen es tewer gnug büssen:
diese beschliessen den Kauff, nehmen des Hertzens Be-
wohnung gantz eygen, heylen, versehren, plagen vnd
nehren, lässet man jhren Lauff.

5.

Wollen sich Buhler umb Küßlein bemühen, fähet das
Wehren sich an: Aber wie röhtlich die Lippen auch blühen, müssen sie endlich doch dran: Ihre mit Perlen beta-
wete Rößlein, werden belesen, welche genesen, jedes zu
Liebe-Plahn.

6.

Jungfern die pflegen sich schöne zu schmücken, halten
das Mündlein bedacht, wollen durch schönheit vnnd
Klugheit berücken, welcher zu jhnen sich macht: Manche,
weil jhnen die Brüstlein noch kleine, wenig geschwollen,
nehmen Baumwollen, welche dafür geacht.

7.

Etliche, welchen die Schönheit wil mangeln, schmün-
cken jhr häßlich Gesicht, irgend dieselbe durch Schmün-
cken zu Angeln, aber diß gehet zu nicht: Schönheit, die
welche Naturn verleihen, Reden, Anblicken, Lächeln, Zu-
nicken, bleiben der Huld Gewicht.

8.

Venus weist dieses den klugen Jungfrawen, setzet die
Straffe dabey: Welche nicht lernete, würde wol schawen,

welchen der Schade denn sey: Besser ja wår' es die Buhlen erst fangen, ehe sie plage, ångstig vnd nage, Amor mit Tyranney.

1656

KASPAR STIELER

Die Geharnschte Venus oder Liebes-Lieder im Kriege gedichtet

Erstes Zehen I

Ein jeder / was ihm gefållet.

1.
Wer will / kan ein gekrōntes Buch
    von schwarzen Krieges-zeilen schreiben:
Ich will auff Venus Angesuch
    ihr sůsses Liebes-handwerk treiben:
Ich brenne. Wer nicht brennen kan /
    fang' ein berůhmter Wesen an.

2.
Ich sehe vor mir Blut und Staub /
    und tausent Mann gewaffnet liegen /
ich sehe / wie auff Sieg und Raub
    so viel vergōldte Fahnen fliegen:
doch brenn' ich. Wer nicht brennen kan /
    fang' ein berůhmter Wesen an.

3.
Ich hōre der Trommpeten Schall /
    der Paukken Lerm / den klang der Waffen /

der schrekkenden Kartaunen knall /
　　der Büchsen und Musketen paffen
und brenne. Wer nicht brennen kan /
　　fang' ein berühmter Wesen an.

　　　4.
Ich hätte die Gelegenheit
　　ein neues Ilium zumelden:
Es gibt mir Anlaß mancher Streit
　　so vieler ritterlichen Helden:
Doch brenn' ich. Wer nicht brennen kan /
　　fang' ein berühmter Wesen an.

　　　5.
Ich spür' auch hier Ulyssens Wizz /
　　mich reizen Hektors tapfre Tahten:
Was hilffts? mich läst die Liebes-hizz'
　　auff andre Künste nicht gerahten.
Ich brenne. Wer nicht brennen kan /
　　fang' ein berühmter Wesen an.

　　　6.
Was mein beflammtes Herze hegt /
　　zieht meinen Geist von seiner Erden:
hätt' Amors Gluht mich nicht geregt /
　　wie würd' ich je beschrieen werden?
Nun brenn' ich. Wer nicht brennen kan /
　　fang' ein berühmter Wesen an.

　　　7.
Was mir die Venus predigt ein
　　samt ihrem lieblichem Empusen /
mag meines Nahmens Lorber sein:
　　Sonst brauch' ich keiner andern Musen.
Ich brenne. Wer nicht brennen kan /
　　fang' ein berühmter Wesen an.

8.

Was frag' ich nach der Alten Neid /
  was nach dem stumpfen Tadler-besen!
Es ist genug / wenn nach der Zeit
  mich liebe Jungfern werden lesen.
Ich brenne. Wer nicht brennen kan /
  fang' ein berühmter Wesen an.

9.

Ich weiß / wenn ich verweset bin /
  wird mich das junge Volk betrauren /
und sagen: Ach / daß der ist hin
  den Venus ewig hiesse dauren!
Wer aber nimmer brennen kan /
  wird keine Venus fangen an.

1660

JOHANN CHRISTIAN HALLMANN

Die sinnreiche Liebe oder der glückselige Adonis und die vergnügte Rosibella [...]

VENUS:
  Du Silber-klarer Fluß /
  Des Bosphors Trotz / Europens Palißade /
  Vergönne doch / daß sich ein wenig bade
  Mein Alabaster Fuß
  Jn deiner Schoß und Diamantnen Zimmern /
  Wo Perl' und Gold / und Kaiser-Kronen schimmern!

  Jhr Nymphen bringt Zibeth!
  Bringt Balsam her in güldenen Krystallen!

Legt alsobald umb meine Marmel-Ballen
Was in Canada steht /
Und stimmet an die schönsten Sieges-Lieder
Zu meinem Ruhm / zu Ehren meiner Glieder!

Jn dem die Venus von ihren Nymphen mit allerhand wol-rie-
chenden Spezereyen balsamiret / und hernachmahls mit einem
Gold-gestückten weiß-seidenem Flore bedecket wird / singet jede
Nymphe folgender massen:

DIE I. NYMPHE:
    Göttin! Jhr Haar gläntzt heller als Dian'!

DIE II. NYMPHE:
    Das Sonnen-Rad muß ihren Sonnen dienen!

DIE III. NYMPHE:
    Der Scharlach stirbt vor ihren Mund-Rubinen!

DIE IV. NYMPHE:
    Vor ihrer Brust wird schwartz der schönste Schwan!

DIE V. NYMPHE:
    Jhr Leib ist ein Altar!

DIE VI. NYMPHE:
                    Ein Tempel ihre Höle!

DIE VII. NYMPHE:
    Jhr Fuß ein Paradieß!

DIE VIII. NYMPHE:
                    Ein Engel ihre Seele!

DIE I. NYMPHE:
    Es herrsche und siege stets unsre Dione
    Mit ihrem Cupido dem witzigen Sohne!

ALLE NYMPHEN:
    Es herrsche und siege etc.

1673

242

Scherz-Lied

Als die Venus neulich sasse
  In dem bade nackt und bloß /
  Und Cupido auff dem schooß
Von dem liebes-zucker asse /
Zeigte sie dem kleinen knaben
Alles was die frauen haben.

Marmel-hügel sah er liegen /
  Von begierden auffgebaut;
  Sprach zur mutter überlaut:
Wenn werd ich dergleichen kriegen /
Daß mich auch die schäferinnen /
Und die damen lieb gewinnen?

Venus lacht aus vollem munde
  Über ihren kleinen sohn:
  Denn sie sah und merckte schon /
Daß er was davon verstunde /
Sprach: du hast wohl andre sachen /
Die verliebter können machen.

Unterdessen ließ sie spielen
  Seine hand auff ihrer brust:
  Denn sie merckte / daß er lust
Hatte weiter nachzufühlen /
Biß ihr endlich dieser kleine
Kam an ihre zarte beine.

Als er sich an sie geschmieget /
  Sprach er: Liebes mütterlein /
  Wer hat an das dicke bein
Euch die wunde zugefüget?
Müst ihr weiber denn auff erden
Alle so verwundet werden?

Venus konte nichts mehr sagen /
   Als: du kleiner bösewicht /
   Packe dich / du solst noch nicht
Nach dergleichen sachen fragen.
Wunden / die von liebes-pfeilen
Kommen / die sind nicht zu heilen.

1695

JOHANN WOLFGANG GOETHE

An Venus

Große Venus, mächtge Göttin!
Schöne Venus, hör mein Flehn.
Nie hast du, mich
Über Krügen vor dem Bacchus
Auf der Erden liegen sehn.

Keinen Wein hab ich getruncken
Den mein Mädgen nicht gereicht.
Nie getruncken,
Daß ich nicht voll güt'ger Sorge
Deine Rosen erst gesäugt.

Und dann goß ich auf dis Hertze,
Das schon längst dein Altar ist,
Von dem Becher
Güldne Flammen, und ich glühte,
Und mein Mädgen ward geküßt.

Dir allein empfand dis Hertze
Göttin gib mir einen Lohn.
Aus dem Lethe
Soll ich trincken wenn ich sterbe,
Ach befreye mich davon.

Laß mir Gütige – Dem Minos
Seys an meinem Todt genung –
Mein Gedächtniß!
Denn es ist ein zweytes Glücke
Eines Glücks Erinnerung.

Mai 1768

Venezianische Epigramme

Nr. 93

Ach! mein Hals ist ein Wenig geschwollen so sagte mein
                                                    Liebchen
    Ängstlich – Stille mein Kind still und vernehme mein
                                                    Wort.
Dich hat die Hand der Venus berührt, sie deutet dir leise
    Daß sie das Körperchen bald, ach! unaufhaltsam
                                                    entstellt.
Bald verdirbt sie die schlanke Gestalt die zierlichen
                                                    Brüstchen.
    Alles schwillt nun es paßt nirgend das neuste Gewand
Sei nur ruhig! es zeigt die fallende Blüte dem Gärtner
    Daß die liebliche Frucht schwellend im Herbste gedeiht.

1795

Römische Elegien

Eilfte Elegie

Euch, o Grazien! legt ein Dichter die wenigen Blätter
    Auf den reinen Altar, Knospen der Rose dazu.
Und er tut es getrost. Dahin bestrebt sich der Künstler
    Daß die Werkstatt um ihn immer ein Pantheon sei.
Jupiter senket die göttliche Stirne und Juno erhebt sie,
    Phöbus schreitet hervor, schüttelt das lockige Haupt,
Trocken schauet Minerva herab und Hermes der leichte
    Wendet zur Seite den Blick, schalkhaft und zärtlich
                     zugleich.
Aber nach Bacchus dem weichen, dem holden erhebet
                     Cythere
    Augen voll süßer Begier, selbst in dem Marmor noch
                     feucht.
Sie gedenket seiner Umarmung und scheinet zu fragen:
    Sollte der herrliche Sohn uns an der Seite nicht stehn?

1795

FRIEDRICH SCHILLER

Über Anmuth und Würde

(Beginn der philosophisch-ästhetischen Schrift)

Die griechische Fabel legt der Göttinn der Schönheit einen
Gürtel bey, der die Kraft besitzt, dem, der ihn trägt, A n -
m u t h zu verleyhen, und Liebe zu erwerben. Eben diese
Gottheit wird von den Huldgöttinnen oder den G r a z i e n
begleitet.

    Die Griechen u n t e r s c h i e d e n also die Anmuth und

die Grazien noch von der Schönheit, da sie solche durch
Attribute ausdrückten, die von der Schönheitsgöttinn zu
trennen waren. Alle Anmuth ist schön, denn der Gürtel
des Liebreizes ist ein Eigenthum der Göttinn von
Gnidus; aber nicht alles Schöne ist Anmuth, denn auch
ohne diesen Gürtel bleibt Venus, was sie ist.

Nach eben dieser Allegorie ist es die Schönheitsgöttinn
allein, die den Gürtel des Reizes trägt und verleyht.
Juno, die herrliche Königinn des Himmels, muß jenen
Gürtel erst von der Venus entlehnen, wenn sie den Jupiter auf dem Ida bezaubern will. Hoheit also, selbst wenn
ein gewisser Grad von Schönheit sie schmückt, (den man
der Gattinn Jupiters keineswegs abspricht) ist ohne Anmuth nicht sicher, zu gefallen; denn nicht von ihren eig-
nen Reizen, sondern von dem Gürtel der Venus erwartet
die hohe Götterköniginn den Sieg über Jupiters Herz.

Die Schönheitsgöttinn kann aber doch ihren Gürtel ent-
äussern und seine Kraft auf das Minderschöne übertragen. [...]

1793

WILHELM WAIBLINGER

Venus des Capitols

Götter steigen herab in menschliche Hülle sich bergend,
    Und dem Sterblichen mischt gern sich das Himmlische
bei.
Sinnlicher Fülle hast du, uranische geistige Schönheit,
    All' dein Wesen und Sein, all' dein Geheimnis vertraut.

Weib ist die Göttin, vergängliche Form hat das Ew'ge
                                      gewählet,
  Aber das Sinnliche wirkt auch auf das Sinnliche nur.

Venus von Milo

Menschen steigen zum Himmel: zur schönen olympischen
                                      Blume
  Schließet der irdische Keim drüben im Lichte sich auf.
Geist verschmilzt sich mit Geist, und im freier entfalteten
                                      Leben
  Wird die sterbliche Form schöner und heil'ger
                                      verklärt.
So zum vollendetern Bild durch ein mächtiges Wunder
                                      verwandelt,
  Lenkest den irdischen Sinn du auf das Himmlische hin.

Venus von Medizis

Nie ist die Göttin geworden, von Anfang ist sie,
                                      vollkommen
  Stieg sie der Welt aus des Meers rauschenden Wassern
                                      empor.
In der flücht'gen Natur ist sie die daurende Seele,
  Und im Wechsel der Form ist sie das ew'ge Gesetz,
Unter sichtbar Gemischtem die tief unsichtbare Einheit,
  Unter dem Einzelnen ruht bleibend als Ganzes sie fest.
Und als vollkommne Idee gereifter dauernder Schönheit
  Zeigt sie dem Sinn nicht, dem Geist nur die olympische
                                      Macht.

Venus

Wär' es gewiß, und hättest du nur dem entzückenden Leibe
  Seine Gewänder verliehn, weil dir die Scham es gebot,
Dann verehrt' ich sie fast als Höchstes, doch leider befürcht'
                                                            ich,
  Daß du die Lust nur nach dem, was sie verbergen,
                                                    erzielst.

1826/27

LEOPOLD VON SACHER-MASOCH

Venus im Pelz

Ich hatte liebenswürdige Gesellschaft.

Mir gegenüber an dem massiven Renaissancekamin saß
Venus, aber nicht etwa eine Dame der Halbwelt, die unter
diesem Namen Krieg führte gegen das feindliche Geschlecht, gleich Mademoiselle Cleopatra, sondern die
wahrhafte Liebesgöttin.

Sie saß im Fauteuil und hatte ein prasselndes Feuer an-
gefacht, dessen Widerschein in roten Flammen ihr blei-
ches Antlitz mit den weißen Augen leckte und von Zeit zu
Zeit ihre Füße, wenn sie dieselben zu wärmen suchte.

Ihr Kopf war wunderbar trotz der toten Steinaugen,
aber das war auch alles, was ich von ihr sah. Die Hehre
hatte ihren Marmorleib in einen großen Pelz gewickelt
und sich zitternd wie eine Katze zusammengerollt.

»Ich begreife nicht, gnädige Frau«, rief ich, »es ist doch
wahrhaftig nicht mehr kalt, wir haben seit zwei Wochen
das herrlichste Frühjahr. Sie sind offenbar nervös.«

»Ich danke für euer Frühjahr«, sprach sie mit tiefer steinerner Stimme und nieste gleich darnach himmlisch, und zwar zweimal rasch nacheinander; »da kann ich es wahrhaftig nicht aushalten, und ich fange an zu verstehen –«

»Was, meine Gnädige?«

»Ich fange an das Unglaubliche zu glauben, das Unbegreifliche zu begreifen. Ich verstehe auf einmal die germanische Frauentugend und die deutsche Philosophie, und ich erstaune auch nicht mehr, daß ihr im Norden nicht lieben könnt, ja nicht einmal eine Ahnung davon habt, was Liebe ist.«

»Erlauben Sie, Madame«, erwiderte ich aufbrausend, »ich habe Ihnen wahrhaftig keine Ursache gegeben.«

»Nun, Sie –«, die Göttliche nieste zum dritten Male und zuckte mit unnachahmlicher Grazie die Achseln, »dafür bin ich auch immer gnädig gegen Sie gewesen und besuche Sie sogar von Zeit zu Zeit, obwohl ich mich jedesmal trotz meines vielen Pelzwerks rasch erkälte. Erinnern Sie sich noch, wie wir uns das erste Mal trafen?«

»Wie könnte ich es vergessen«, sagte ich, »Sie hatten damals reiche braune Locken und braune Augen und einen roten Mund, aber ich erkannte Sie doch sogleich an dem Schnitt Ihres Gesichtes und an dieser Marmorblässe – Sie trugen stets eine veilchenblaue Samtjacke mit Fehpelz besetzt.«

»Ja, Sie waren ganz verliebt in diese Toilette, und wie gelehrig Sie waren.«

»Sie haben mich gelehrt, was Liebe ist, Ihr heiterer Gottesdienst ließ mich zwei Jahrtausende vergessen.«

»Und wie beispiellos treu ich Ihnen war!«

»Nun, was die Treue betrifft –«

»Undankbarer!«

»Ich will Ihnen keine Vorwürfe machen. Sie sind zwar ein göttliches Weib, aber doch ein Weib, und in der Liebe grausam wie jedes Weib.«

»Sie nennen grausam«, entgegnete die Liebesgöttin lebhaft, »was eben das Element der Sinnlichkeit, der heiteren Liebe, die Natur des Weibes ist, sich hinzugeben, wo es liebt, und alles zu lieben, was ihm gefällt.«

»Gibt es für den Liebenden etwa eine größere Grausamkeit als die Treulosigkeit der Geliebten?«

»Ach!« – entgegnete sie – »wir sind treu, solange wir lieben, ihr aber verlangt vom Weibe Treue ohne Liebe, und Hingebung ohne Genuß, wer ist da grausam, das Weib oder der Mann? – Ihr nehmt im Norden die Liebe überhaupt zu wichtig und zu ernst. Ihr sprecht von Pflichten, wo nur vom Vergnügen die Rede sein sollte.«

»Ja, Madame, wir haben dafür auch sehr achtbare und tugendhafte Gefühle und dauerhafte Verhältnisse.«

»Und doch diese ewig rege, ewig ungesättigte Sehnsucht nach dem nackten Heidentum«, fiel Madame ein, »aber jene Liebe, welche die höchste Freude, die göttliche Heiterkeit selbst ist, taugt nicht für euch Modernen, euch Kinder der Reflexion. Sie bringt euch Unheil. Sobald ihr natürlich sein wollt, werdet ihr gemein. Euch erscheint die Natur als etwas Feindseliges, ihr habt aus uns lachenden Göttern Griechenlands Dämonen, aus mir eine Teufelin gemacht. Ihr könnt mich nur bannen und verfluchen oder euch selbst in bacchantischem Wahnsinn vor meinem Altar als Opfer schlachten, und hat einmal einer von euch den Mut gehabt, meinen roten Mund zu küssen, so pilgert er dafür barfuß im Büßerhemd nach Rom und erwartet Blüten von dem dürren Stock, während unter meinem Fuße zu jeder Stunde Rosen, Veilchen und Myrten emporschießen, aber euch bekömmt ihr Duft nicht; bleibt nur in eurem nordischen Nebel und christlichem Weihrauch; laßt uns Heiden unter dem Schutt, unter der Lava ruhen, grabt uns nicht aus, für euch wurde Pompeji, für euch wurden unsere Villen, unsere Bäder, unsere Tempel nicht gebaut. Ihr braucht keine Götter! Uns friert in eurer Welt!« […]

1869

AUBREY BEARDSLEY

Die Geschichte von Venus und Tannhäuser

[...] Wer nur die Venus aus dem Louvre oder aus dem British Museum, in Florenz, Neapel oder Rom kennt, kann sich keine entfernte Vorstellung davon machen, wie verführerisch und voll Grazie, von welch schöner Vollendung sie war, als sie sich in diesem köstlichen Boudoir mit Tannhäuser auf rosenübersäte Seide hinbettete.

Die Locken und Wellen ihrer Frisur, die Cosmé mit soviel Mühe und Kunst sorgfältigst geordnet hatte, waren schon zu Ende des Soupers vollkommen zerstört gewesen, und wirre Strähnen ihres schwarzen Haares verirrten sich und fielen gelöst über die sanften, deliziösen, matten, ein wenig angeschwollenen Lider. Ihr zartes Hemd und ihr liebes niedliches Höschen hatten manchen Riß davongetragen und waren ganz feucht, so daß sie durchsichtig fest an ihrer Haut anklebten. Ihr ganzer Körper vibrierte nervös und schmachtete verliebt nach Umarmung. Die fest geschlossenen Schenkel waren vielversprechende Bewahrer eines köstlichen Kleinods, und die herrlichen »Tétons du derrière« waren von solcher Rundung und Festigkeit wie die Backen einer Jungfrau; sie verkündeten Wonnen, abgrundtief wie die Mysterien der Rue Vendôme. Wie die wundervollen Locken eines Cherubshauptes kräuselte sich reich das flammende Vlies.

Tannhäuser, vor Erregung bleich und stumm, ließ seine mit Edelsteinen geschmückte Hand leidenschaftlich über die göttlichen Glieder gehen, und Hemd und Strümpfe niederreißend, stürzte er, da er sich von seiner eigenen geringen Bekleidung befreit hatte, mit einem mächtigen Atemzug auf die prächtige Dame.

Es ist mir bekannt, daß die Mehrzahl aller Romanschriftsteller Helden schildern, die ihren Damen mindestens zwanzigmal in einer Nacht ihre Kraft beweisen. Aber Tannhäuser war nicht mit solcher Fähigkeit eines Gargantua begabt, und es erlöste ihn förmlich, als nach einer Stunde etwa Priapusa, Doricourt und einige andere betrunken ins Gemach einbrachen und Venus nun für sich in Anspruch nahmen. Eine lärmende Schar, die kaum auf ihren Beinen stehen konnte, erfüllte bald den ganzen Pavillon. Es waren einige von den Schauspielern dabei. Desfesses, der mit vollendeter Meisterschaft den Fanfreluche gespielt hatte, stak noch im Kostüm, und während er sich an Tannhäuser wandte, bedachte er diesen mit seiner geradezu entsetzlichen Aufmerksamkeit. Der Chevalier aber fand, daß er außerhalb der Bühne recht uninteressant sei. Er erhob sich und schritt durch das Boudoir, in dem Venus es sich mit der Maniküre bequem gemacht hatte.

»Oh, wie der arme Kleine müde aussieht!« rief Priapusa. »Soll ich ihn in sein Bettchen zur Ruhe bringen?« – »Ah, wenn er nicht weniger schläfrig ist als ich, dann tu's!« antwortete Venus und gähnte. Voll mütterlicher Zartheit hob Priapusa sie aus den Kissen und trug sie auf ihren Armen fort. »Kommt, Kinderchen«, sagte die alte fette Kreatur, »es ist jetzt an der Zeit für euch beide, ins Bett zu gehen!« [...]

1894

Auguste Rodin: Die Toilette der Venus. Um 1885.

Der Venus Rundgang. Gemälde

Zwölf Stunden hatte schon des Äthers duftige Hand
Den Himmel über den lazurnen See gespannt,
Und ohne Unterlaß die goldnen Pfeile schoß
In die kristallnen Wasserhöhlen Helios,
Ob ihm vielleicht ein freundliches Geschick erlaubt,
Zu schaun der jungen Liebesgöttin Lockenhaupt,
Des mädchenhaften Wuchses süße Harmonie,
Der Glieder Ebenmaß, das mutbeseelte Knie,
Der stolzen Lippen Zwillingspaar, von Geist verschönt,
Und das herzinnige Auge, das die Schöpfung krönt.

Da schwoll in einer waldesdüstern Inselbucht,
Die selten nur ein Morgensonnenstrahl besucht,
Die Woge, übergoß den Strand mit Perlenschaum.
Ein Silberschimmer quirlte nach dem Küstensaum.
Der Sprudel teilte sich, und aus dem Quellentor
Taucht Aphrodite hoch auf schwarzem Hengst empor.

Schon hat, von ihrem linden Schenkeldruck geklemmt,
Der Rappe seinen starken Huf aufs Bord gestemmt,
Da glitt sie auf den Rasen, klatscht ihm aufs Genick,
Erhaschte seinen Stirnbusch und, mit Wort und Blick
Zum Sprung ihn reizend, zog mit leichter Kinderhand
Sie den gewaltigen Renner polternd an den Strand.
Kaum faßt er Boden, gab sie seine Stirne frei,
Und durch die Steppe stob sein wieherndes Geschrei.
Sie selbst, in leichtem Schwebegang, der Flügel spürt,
Auf weichen Sohlen, die der Blumen Kuß berührt,
Die Faust ins rote Lockenwogenhaar gepreßt,
Das, noch vom Bade feucht, ihr Hals und Lenden näßt,
Schritt aufrecht jetzt hinüber nach dem Buchenrain,
Nackt wie der Demant, wie der Himmel hehr und rein.

Und wo, von Laub bekränzt, von Veilchenduft bedeckt,
Die grüne Rasenwelle längs dem Wald sich streckt,
Dort dehnte sie, umspült vom heißen Mittagshauch,
Die kühlen Glieder unter einen Eibenstrauch,
Genoß der Ruhe Frieden, sog des Lebens Lust,
Der Jugend froh und ihrer Göttlichkeit bewußt.
Ob ihrem Haupte leuchtete der Sommertag,
Der Tauben Flug, die Herde weidend überm Hag,
Der Rappe schweifend durch das Uferklippenfeld
Und fern am See die Stadt und die geschäftige Welt.
Darüber wölbte sich der Himmel weit und groß,
Und aus dem Walde wuchs ein Wetterwolkenstoß.

Geblendet starrt ihr Aug, das matt und matter blickt.
Die trägen Lider suchen sich, die Wimper nickt.
Ziellos lustwandelt der Gedanke, stockt verirrt
In einem Purpurchaos, das die Welt verwirrt.
Jetzt sinkt ihr Haupt, und ihres Mundes Odem streift
Liebkosend ihren Arm, der in die Blumen greift.
Die unbewachte Seele stiehlt sich durch den Raum,
Und die entschlafnen Sinne täuscht ein wonniger Traum.

Da kreischt vom Seegestade Möwenzank und -streit.
Flink auf die Füße springt die Göttin fluchtbereit,
Fliegt tanzend hinter ihrem flüchtigen Rappen her,
Schwingt sich aufs Roß und sprengt landein ins Ungefähr.
Durch schattige Nußbaumhalden, durch Gebüsch und
                                                  Wald
Kam sie auf eine freie Hügelschanze bald,
Von wo die Völkerstraße, sonnenscheindurchblinkt,
Durch Gartengründe sanft zur Stadt hinuntersinkt.
Hier hemmte sie mit Wohlgefallen ihren Lauf,
Ordnet ihr Haar und schlug die schönen Augen auf.

Zu ihren Häuptern führte aufwärts nach dem Grat
Des seligen Isthmus ein gestufter Weinbergpfad.
Ein klotzig Gletscherstockgebirg, mit Schnee betaut,
Mit Wolken übertürmt, von Finsternis umblaut,

Schaute von drüben wetterleuchtend auf den Paß.
Den Gletscher wählte sie zum Führer und Kompaß.
Brach eine Blütenknospengerte, jung belaubt,
Die spannte sie als Blumenbogen um ihr Haupt.
Und während sie der unheilsschweren Nebelwand
Entgegenklomm, das Angesicht zurückgewandt,
Die Blicke sendend nach dem häuserreichen Tal,
Das, rot entflammt vom sturmesschwülen Abendstrahl,
Zu ihren Füßen mehr und mehr im Dunst verschied,
Erschloß sie ihren feinen Mund und sang ein Lied.
»Wenn ihr es wüßtet, was der Zufall euch gewährt!
Wenn ihr es ahntet, wie so nah, was ihr begehrt!
Wenn ihr erführet, daß den Traum, den jeder denkt,
Im derben Tageslicht die Wirklichkeit euch schenkt!
Ihr klugen Toren, stets vorsichtig, stets zu spät,
Man kann das Glück nicht züchten: packt es, wanns gerät.
Klagt nicht den Himmel an, daß er die Hoffnung neckt.
Seid immer wach, so braucht ihr keinen, der euch weckt.
Des Segens Fülle, durch Äonen aufgespart,
Auf einmal zu verschwenden, das ist Götterart.
Unangemeldet kommt die gute Stunde nur,
Mein Fuß ich flüchtig und unjagbar meine Spur.«

So sang sie, kletternd auf dem steilen Weinbergsteg.
Da kreuzt ein blinder Schäfer tastend ihren Weg.
Der Schönheit Sonne schien ihm strahlend ins Gesicht,
Ihn traf ihr gnadenvoller Blick, er sah es nicht.
Mitleidig lächelnd bot sie ihm die Hand zum Gruß,
Und seine struppigen Locken streiften ihren Fuß.
Dann stieg sie weiter bis zum luftigen Inselklamm,
Der zwischen diesem See und jenem ragt als Damm.
Daselbst, von heftigen Sturmeswirbeln jäh erfaßt,
Genüber Fluh an Fluh in fahlem Wetterglast,
Unten der finstre See, gepeitscht von zornigem Gischt,
Der, auf den Wellen reitend, nach den Wänden zischt,
Da warf sie lachend ihre keusche Knospenbrust
Dem Wirbelsturm entgegen mit Mänadenlust,
Schwang ihre Alabasterarme hoch empor

Und stieß aus Herz und Mund den Jubelschrei hervor:
»Hephaistos, mein Geliebter, du mein Bräutigam!
Du Sproß von Uranos, du Reis vom Heldenstamm!
Von dessen Riesenhammerschlag die Erde bebt,
Von dessen Hand das Eisen blüht, der Marmor lebt,
Auf dessen Flüstern donnert Antwort der Porphyr:
Sperr auf die Felsenriegel, öffne Tor und Tür!
Sie schelten mich, sie spotten deiner Mißgestalt.
Ihr Toren, lernet Eros' heilge Urgewalt!
Ungläubge, wißt ihr nicht, daß Liebe Wunder zeugt?
Und daß vor Geistesheldenkraft sich Schönheit beugt?
Vernehmet, daß das Weib von süßen Rätseln strotzt,
Daß Feindeswiderrede stählt, daß Treue trotzt!
Was gilt es mir, daß ihr mit glatten Wangen gleißt?
's ist einer nur auf Erden, der mein Buhle heißt.«

Sie rufts und lauscht, ob Antwort ihr entgegentönt.
Da bebt die Erde. Aus des Berges Kellern dröhnt
Ein Hammerschlag. Ein Feuerodem, blutigrot,
Jagt Dampf- und Aschensäulen aus dem Gletscherschlot.
Der Hengst begrüßt trompetend seines Herren Ruf,
Bäumt sich empor und stampft die Erde mit dem Huf.
Dann klimmen sie auf glatten Stufen Tritt um Tritt
Jenseits die Schlucht hinab in schwindelhaftem Ritt.
In Bälde hatten sie erreicht den wilden Strand,
Wo giftig nach den Felsen spie der Wogenbrand.
Von einer Platte, überdachend das Gestad,
Sprangen sie mutig in das aufgeregte Bad.
Tief in die Fluten tauchte sie der schwere Fall,
Und über ihre Häupter schlug der Wogenschwall.
Dann ruderte, vom Wellenhügelwald bedeckt,
Von tausend Wasserzungen ungestüm beleckt,
Umringt, umbrüllt von der Tritonen plumper Schar,
Hephaistos' Haus entgegen das einmütige Paar.
Ein Klippenturm von Erz bgegegnet ihrem Lauf.
Der Hengst erhob den Huf, der Felsen tat sich auf.
Aus seinem Innern sprühte Hochzeitsfackelschein,
Da tanzten sie mit hellem Siegesruf hinein.

Verjauchzt, verglänzt, verschwunden war die Huldgestalt,
Und höhnisch schloß sich zu der neidische Felsenspalt.

Doch Zeus, von Schmerz und Wut entbrannt und
                                      Eifersucht,
Wog in der grimmen Faust der Donnerkeile Wucht,
Stemmte die Ferse, hob sich zielend aus dem Sitz
Und schleuderte dem Fels entgegen Blitz auf Blitz.
Die Donner krachten Schuß auf Schuß und Knall um
                                          Knall.
Da rauschten durchs Gebirg die Regenschauer all,
Die Hagel platzten, und vom höchsten Himmelsthron
Fegte das Tal herab der rasende Zyklon.
Ihr stürzte heulend sich entgegen der Orkan,
Geschmolzne Felsen warf zum Himmel der Vulkan.
Die Berge standen zitternd ob der grausen Schlacht,
Und um die Feuerschlünde flatterte die Nacht.

Was eilt, was schreit, was wimmelt aus der Stadt daher?
Siehe, von hastigem Volk ein unermeßlich Heer.
Sie rennen längs dem Ufer suchend auf und ab:
»Hier wars, von dieser Platte schwang sie sich hinab.«
Sie starren in den See nach dem entsprungnen Glück,
Dann ziehen trüb und mutlos sie den Blick zurück.
Vom Berge schleppen Schergen einen blinden Greis,
Umringt, umdrängt von einem heftigen Fragerkreis:
»Sag an, sie grüßte dich? sie redete mit dir?
Dich streift ihr Götterodem; auf, erzähle mir!«
Und immer neue Haufen drängten sich heran,
Zu schauen, zu betasten den beglückten Mann.
Da plötzlich jauchzt ein froher Überraschungsschrei.
In wildem Knäuel wälzte sich das Volk herbei.
Sieh, mit dem Winde wirbelte ein Lockenhaar,
Das ihr im kühnen Ritt vom Sturm entrissen war.
Und wie nun jeder es zu haschen war bereit,
Erwuchs aus Neid und Mißgunst grimmiger Waffenstreit.
Das Ungewitter donnerte den Schlachtakkord,
Und das Gestade rötete mit Blut der Mord.

Doch drüben in dem weltentrückten Waldverließ
Der blumigen Bucht, wo sie zuerst den See verließ,
Im seligen Wasser, das den keuschen Leib benetzt,
Geschah ein wundersamer Hochzeitstaumel jetzt.
Hoch überschlugen in dem weichen Wasserpfühl
Die brünstigen Wellen sich in buhlendem Gewühl.
Linde Medusen, Quallen, Fische allerhand
Vermischten wimmelnd sich in üppigem Liebestand.
Die Luft durchblitzt mit kühnem Flossensprung der Salm,
Und in der Ferne orgelt der Gewitterpsalm.

1896

PETER HILLE

Venus

Nur die genossene Erde wird mir zum Himmel.
Stürben meine Sinne hungrig, so müßten sie friedlos den
    Genuß der
Erde suchen und suchen, suchen und nicht finden.
Ich hatte gebetet.
Nun wandten meine Augen sich nach oben, zum Fenster.
Und sieh', es wuchs Helle nieder.
Leise durchging es eine leise klirrende Scheibe.
Dann stand es neben mir.
Holde, hüllenlose Erhabenheit friedete wie ein gierloser
    Malleib die entzündet formlosen Wünsche.
Leise, rotgewölbte Lippen küßten zartkräuselnde Worte:
»Oh, ihr Toren, mit eurem Grübeln habt ihr den Satan –
    wir kannten diesen Gott noch nicht – in unsere un-
    schuldfreie Welt gebracht.
Du wirst erst später zu mir kommen, rein und Geist. Denn

vergrübelt und unreif würde mein Reich Dich nicht be-
ruhigen und reinigen: Du würdest es nur beschmut-
zen.«
So hoch redete Venus.
Nun rührte mich ein voller, lauterer Kuß, und grau war
   wieder das ganze Gemach.
Hell aber war mir zu Sinn.

1896

CHRISTIAN MORGENSTERN

Venus Aschthoreth*

Du jagtest durch den Saal auf leichten Knien
und warfst das Haar mit fordernder Geberde,
du wolltest mich zu dir hinunter ziehn,
mich saugen, wie den Tropfen trockne Erde.

In deines stumpfen Tänzers Arme sankst
du weit rücküber und, nach mir gedreht,
verschlangst du mich mit jedem Blick und trankst
mein fliegend Herzblut. Venus Aschthoreth!

1898

*Aschthoreth (hebr.): Astarte, die syrische Göttin der Liebe, der
Fruchtbarkeit und des Krieges; der babylonischen Ischtar ent-
sprechend [d. Hrsg.]

Venus-Tempelchen

Auf der kupfernen Kuppel eines Tempelchens
haben Tauben sich niedergelassen, und
ihre zierlichen Körper im Kreise wendend,
baden sie ihre weißen Gefieder in Sonnenlicht,
ihre liebenden Seelchen in sanfter Beschaulichkeit.

Wie ein Schwarm von leichthinflatternden Mädchen
eilen sie nun durch die rauschenden Wipfel des Parkes,
um nach Flügen einer unschuldigen Laune –
Arabesken im seidenen Blau des Himmels –
wiederzukehren nach dem stillen beschaulichen
                                    Tempelchen,
welches ein Mensch der Schönheit zu Ehren errichtete.

1900

RICHARD DEHMEL

Venus Consolatrix

Da kam Stern Lucifer; und meine Nacht
erblaßte scheu vor seiner milden Pracht.
Er schien auf meine dunkle Zimmerwand,
und wie aus unerschöpflicher Phiole
durchflossen Silberadern die Console,
die schwarz, seit lange leer, im Winkel stand.

Auf einmal fing die Säule an zu leben,
und eine Frau erhob sich aus dem Glanz;
die trug im schwarzen Haupthaar einen Kranz

von hellen Rosen zwischen grünen Reben.
Ihr Morgenkleid von weißem Sammet glänzte
so sanft wie meine Heimatflur im Schnee,
die Rüsche aber, die den Hals begrenzte,
so blutrot wie die Blüte Aloë;
und ihre Augen träumten braun ins Tiefe,
als ob da Sehnsucht nach dem Südmeer schliefe.

Sie breitete mir beide Arme zu,
ich sah erstaunt an ihren Handgelenken
die starken Pulse springen und sich senken,
da nickte sie und sagte zu mir: Du –
du bist mühselig und beladen, komm:
wer viel geliebt, dem wird auch viel verziehen.
Du brauchst das große Leben nicht zu fliehen,
durch das dein kleines lebt. O komm, sei fromm!

— — — — — — — — — — — — — — —
— — — — — — — — — — — — — — —
— — — — — — — — — — — — — — —
— — — — — — — — — — — — — — —
— — — — — — — — — — — — — — —
— — — — — — — — — — — — — — —

*[Der Mittelsatz dieser Phantasie, der die sagenhaften Tugenden
der Magdalenischen und der Nazarenischen Maria in dem hier
dargestellten weiblichen Wesen vereinigt zeigt, ist durch Urteil des
Berliner Landgerichtes vom 30. August 1897 für unsittlich erklärt
worden und darf daher öffentlich nicht mitgeteilt werden.]*

— — — — — — — — — — — — — — —
— — — — — — — — — — — — — — —
— — — — — — — — — — — — — — —
— — — — — — — — — — — — — — —
— — — — — — — — — — — — — — —
— — — — — — — — — — — — — — —

Da sprach sie wieder und trat her zu mir:
Willst du mir nicht auch in die Augen sehn?!
Und meine Blicke badeten in ihr.

Und eine Sehnsucht: du mußt untergehn,
ließ mich umarmt durch tiefe Meere schweben,
mich selig tiefer, immer tiefer streben,
ich glaube auf den Grund der Welt zu sehn –
weh schüttelt mich ein nie erlebtes Leben,
und ihren Kranz von Rosen und von Reben
umklammernd, während wir verbeben,
stamml' ich: o auf – auf – auferstehn! –

1907

RICARDA HUCH

Hörselberg

Venus, wo bist du? Weit, weit sind wir hier von dem
                heimlichen Berge,
Der uns schon manchmal vordem Herberg', erquickliche,
                gab.
Ach, hier watet der schleichende Fuß über sandige Fläche,
Nichts als ein Kirchlein ragt vor, schäbig aus Ziegeln
                gebackt.
Horch, da erscholl wie ein Rauschen im Wald ihre
                liebende Stimme:
»Kinder, wo war't ihr so lang? Wart't ihr auch stät und
                getreu?
Schreckt euch auch Distel und Dorn nicht? und meiner
                unsterblichen Freude

Festliches Sonnengesicht, scheint's euer Auge nicht blind?
Aber was prüf' ich euch erst! Wer ein Liebling der
                                    Himmlischen sein darf,
Findet den Hörselberg schon. Wunsch und Geleit ist
                                    umsonst.«
Sieh, da errötete sacht das unfruchtbare Gemäuer,
Wie sich in Marmor ergießt rosig ein edles Geblüt.
Und da das Tor vor uns wich, bewegte sich wolkige Bläue
Statt des getünchten Gewölbs über dem suchenden Blick,
Schwänen im See gleich tauchten die leise sich wiegenden
                                    Säulen
Lilienhäupter ins Blau. Aber dem Wanderer gleich,
Der, aus dem Elend zurück, die Heimat, die herrliche,
                                    wieder
Still mit gesättigtem Aug', aber durch Tränen erblickt,
Auf das erduldete Weh sich auf einmal besinnend: so
                                    standen
Wir aneinander geschmiegt. Da sie uns Zagende sah,
Lachte die selige Göttin und warf uns zum Willkomm die
                                    Hand voll
Rosen ans glückliche Herz, die ihr am Busen geblüht.

1917

Tannhäuser

Leid ist mir die
Welt geworden,
Blinder Menschen
Zank und Morden,
Kaiser, Pfaffen,
Kruzifixe,
Bären, Affen,

Schlangen, Lüchse!
In der Erde
Tiefem Bau
Da wohnt meine
Liebe Frau:
Venus! Venus!

Sieh, ich großer
Mann will dein
Bübchen dir am
Busen sein.
Bin bald wild und
Bin bald still,
Eigensinnig,
Wie ich will.
Doch du lächelst,
Rot von Mund,
Nimmer mach' ich's
Dir zu bunt,
Venus! Venus!

Leb' wohl, Erde,
Waffenglanz,
Muntrer Pferde
Schritt und Tanz,
Blättergrün und
Himmelsblaun,
Blumenblühn und
Schöne Fraun!
Nicht euch Feinen
Will ich frein;
Laß mich deinen
Liebling sein,
Venus! Venus!

Ach, ich fühl' es,
Bin entzückt
Des Gewühles

Lärm entrückt!
Rosen, Rosen,
Rosenduft,
Kuß und Kosen
In der Luft!
Rosen meinem
Leib entsprießen:
Venus kommt, mich
Zu umschließen!

1917

МАРИНА ЦВЕТАЕВА

Хвала Афродите

1

Уже богов – не те уже щедроты
На берегах – не той уже реки.
В широкие закатные ворота
Венерины, летите, голубки!

Я ж на песках похолодевших лежа,
В день отойду, в котором нет числа ...
Как змей на старую взирает кожу –
Я молодость свою переросла.

4 октября

2

Тщетно, в ветвях заповедных кроясь,
Нежная стая твоя гремит.
Сластолюбивый роняю пояс,
Многолюбивый роняю мирт.

Тяжкоразящей стрелой тупою
Освободил меня твой же сын.
– Так о престол моего покоя,
Пеннорожденная, пеной сгинь!

5 октября

MARINA ZWETAJEWA

Preis Aphrodites

1

Schon sind der Götter Gaben nicht die gleichen
an Stromes Ufer, der sich nicht mehr gleich.
Mögt, Venus' Tauben, ihr im Flug erreichen
die weiten Tore in des Westens Reich!

Ich liege auf dem kalt gewordnen Sande,
tret' in den Tag, da nichts mehr zählt, hinaus …
Wie auf die Haut hernieder blickt die Schlange,
wuchs über meine Jugend ich hinaus.

4. Oktober 1921

2

Deiner Vögel Lieder zärtlich schallen
im Gezweig vergebens auf und ab,
und ich laß der Wollust Gürtel fallen,
senk' der Liebe Myrten tief hinab.

Und dein Sohn, mit Pfeilen, die verwunden,
löste mich aus meines Körpers Raum.
Du mein Thron, wo Ruhe ich gefunden,
Schaumgeborne, schwinde hin in Schaum!

5. Oktober 1921

3

Сколько их, сколько их ест из рук,
Белых и сизых!
Целые царства воркуют вкруг
Уст твоих, Низость!

Не переводится смертный пот
В золоте кубка.
И полководец гривастый льнет
Белой голубкой.

Каждое облако в час дурной –
Грудью круглится.
В каждом цветке неповинном – твой
Лик, Дьяволица!

Бренная пена, морская соль ...
В пене и в муке –
Повиноваться тебе доколь,
Камень безрукий?

10 октября

3

Wieviel, die weiß sind und grau, aus der Hand
Tränke sich nippen.
Niedertracht, wieviel an Reichen entstand
um deine Lippen!

Todesschweiß niemals im Safte verfliegt
goldener Traube,
und selbst der mähnige Feldherr sich schmiegt,
weiß, eine Taube.

Jede der Wolken, sie ballt sich zur Brust.
Schwer ist die Stunde.
Jede der Blüten, verzaubernde Lust,
trägt deine Wunde!

Schaum, du vergänglicher, Salz du vom Meer …
Qual ohne Ende …
Sage, wie lang muß ich dienen dir schwer,
Stein ohne Hände.

10. Oktober 1921

Regent: Venus Vulgivaga

Der geile Bote rief –
Der Kuckucksspeichel tropft
ins Schaumkraut, wo er schlief,
wird blaß, verdorrt: und tief
in das gescheckte, scharfe,
gemeine Zittergras
läuft seines Ursprungs Kunde – –
nicht rann vom Vogelmunde
das fadendünne Glas!
Gespieen und gesponnen,
ist es der blinde Bronnen
und die verdeckte Harfe
des Todes, drin die Larve
der Wiesenzirpe klopft.

Der Knospenbruch am Baum,
wie weiße Feuerflut,
braust blendend in den Raum
und überschwemmt den Saum,
der gegen Osten offen,
verfinstert ihn und löscht
mit seiner Schaumeshelle
des Äthers Lichtgefälle –
doch was ihn schwärzt und schwächt,
ist schon ins Nichts verkürzte
Begattung, ist gestürzte
Natur, wo, mitgetroffen,
ihr Staub und unser Hoffen
am Blütenboden ruht.

Bald steht die Narbe nackt
und Venus tritt hervor …
nach ihren Früchten hackt

Harpyenvolk, es packt
ein Mäher ihre Haare
zu nassem Sichelbund – –
bis über dunklen Zweigen
wird wieder höher steigen
das reine Himmelsrund;
bis stumm des Kuckucks Lügen
und aus gesenkten Krügen
eins weniger der Jahre
uns rollt ins muschelklare,
hinabgeführte Ohr.

1935

Regent: Venus Urania

Im Haus der Tiere, zwischen trüben Scheiben,
vom Schmelzmetall und Nebelmilch beronnen,
in Wandelräumen, unterm Kranz von Eiben
und Efeu, der zu blühen bleich begonnen
wie Tote blühn, die Nachruhm überlaubt –
hoch in dem letzten
Schwarm der zerfetzten
Bienen und Bilder,
Kürbiskernschilder,
schleißenden Rosen,
rauhen Skabiosen,
ruht eine Huldgestalt, gramvoll bestaubt.

Zu hartem Schlaf die Schläfe hingebogen,
den Schoß im Klaffen ihrer Kniee offen,
hat sie im Traum den Erdkelch ausgesogen
und fand ihn schal, fand weder Frucht noch Hoffen
auf seinem Grund, wo er verrieselnd raucht …

hörte im hellen
Hornkraut die Schellen
grasender Tiere,
fühlte der Miere
taubes Erschrecken,
wenn ihr die Quecken
Wasser und Wurzelgrund würgend verbraucht.

»An welchem Baum, ihr Schwärme, wollt ihr hangen?
Die Esche selbst wird ächzend niedersinken
von eurer Last, in der das Jahr gefangen
mit allen Zeichen, die schon heimwärts winken,
und, ach, wo habt ihr Honig und Verbleib?
Schierling will welken,
Wolfsmilch sich melken,
Beifuß zieht leise
zaubrische Kreise,
und mit der Sichel
Natterngezischel
wuchs schon der Sternschlange eisiger Leib!«

1935

PAUL ARMGART

Dornen um Aphrodite

Fritz Garting, Held des Textes, sitzt in einem Park in unmittelbarer Nähe eines Aphrodite-Tempels.

[...] Längere Zeit mochte er in diesem halbwachen Zustand gelegen haben. Da war ihm plötzlich, als rühre sich irgend etwas in seiner Nähe. Über die kleine Wasserfläche, die vorher bleigrau und unbewegt im fahlen Halblicht gelegen hatte, zogen leichte Kreise, deren Mittelpunkt vor den Stufen zur Aphrodite lag. Blauweiß schimmerte das Marmorbild im Licht des voll aufgegangenen Mondes. Klar gezeichnet stand es vor dem leichten Dunstschleier, der über dem Wasser lag. Das dunkle Gewölk war höher gewandert und stand bis dicht unter dem Mond.

Jetzt – klang vom Wasser leichtes Plätschern herüber; Garting hielt den Atem an. Gebannt starrte er auf den milchigen Dunst, aus dem sich jetzt langsam eine Gestalt löste, die aus dem Wasser emporstieg. Nun stand sie auf den Stufen, stieg höher, bis dicht vor das Standbild.

In diesem Augenblick zuckte es am Horizont blauleuchtend auf. Im grellen Schein des Wetterleuchtens strahlte die Gestalt vor dem Bilde sekundenlang auf. Was war das? [...]

Fritz Garting starrte, halb aufgerichtet, wie gelähmt auf die Erscheinung. Jetzt bewegte sich die Gestalt, trat einen Schritt vor, so daß sie seinen Blicken durch die Bildsäule fast entzogen war –, in diesem Augenblick erscholl von dort ein leiser Schmerzensschrei.

Er riß Garting hoch. Mit ein paar Sprüngen lief er um das Gebüsch zu den Stufen und stand vor der nackten Frau, die am Boden neben dem Sockel der Aphrodite kauerte. Mit einem Schreckensruf sprang sie auf, um aber sofort mit leisem Wimmern wieder zusammenzusinken. Garting war hellwach: das war kein Traumbild, das war ein lebendiger, warmer Menschenkörper, der da am Boden lag. [...]

1946

9. Labyrinth: Botticelli

Ich konnte weder ihren Kopf noch ihren Hals, noch ihre Füße, noch ihre Knie sehen und wußte dennoch sofort, daß es die Venus von Botticelli war. Da war sie und hielt ihr blondes Haar in der einen Hand und bedeckte ihre Blöße damit. Die andere Hand lag ebenso graziös auf dem Busen, die Finger waren leicht gespreizt. Die Venus stand so als Silhouette in meinem Fensterrahmen und verharrte eine ganze Weile, ohne sich zu bewegen.

Die Farben waren zu artifiziell, um häßlich zu erscheinen. Diese vollkommene Reinheit schien mir allem Menschlichen so fern, daß sie mir wieder Selbstvertrauen verlieh. Ich schloß die Augen und versuchte einzuschlafen.

Als ich erwachte, zeichnete sich die Venus mit ihrer lieblichen Gestalt immer noch in der Umrahmung des Fensters ab. Schon eine Woche lang sah ich sie jedesmal, wenn ich nachts die Augen öffnete, heiter und hoheitsvoll. Und das Merkwürdige war, seit einer Woche konnte ich nicht mehr träumen. Trotz der Dunkelheit spürte ich, daß der untere Teil des Hintergrundes ins Grüne spielte und die obere Hälfte heller war.

Es war gerade eine Woche her, daß sich bei Dämmerung eine Person bei mir gemeldet hatte, der ich zufällig am Strand begegnet war. Es war ein kräftiger, freundlicher Herr mittleren Alters mit dicken fleischigen Lippen, einem großen Mund, ganz kleinen, schalkhaften Augen und einer eindrucksvollen Nase. Obwohl er am Strand spazierenging, trug er Jacke und Mantel und hatte es sich nicht nehmen lassen, sich eine tadellose Krawatte umzubinden, die in einem auffallenden Kontrast zu seinem schmutzigen und verknitterten Hemd stand. Was aber an seiner Aufmachung vor allem den Blick anzog, war ein riesiger, phantastischer Zylinder, mit einer goldenen Inschrift, die zu entziffern mir nicht gelang.

Sein Lachen war herzlich, und er war zweifellos ein glücklicher Mensch. Sein breites Gesicht bedeckte ein dichter kurzer weißer Stoppelbart, er hatte sich seit drei oder vier Tagen nicht rasiert. Die ganze Zeit, die ich am Strand in seiner Begleitung verbrachte, und dann später abends bei mir zu Hause befürchtete ich, er könne mich küssen wollen. Es war eine wenig begründete Furcht, denn warum hätte er mich küssen sollen? ... es wäre mir unangenehm gewesen, mit seinem stacheligen Bart in Berührung zu kommen, das ist alles.

Abends bei mir ließ er sich gleich dem großen Spiegel im Eßzimmer gegenüber nieder. Die Taschen seiner Jacke waren vollgestopft mit einem Rechenschieber, verschiedenen Zirkeln, gespitzten Bleistiften, Linealen und anderen Meßinstrumenten. Er begann mein Spiegelbild mit geometrischen Linien zu überziehen, um – wie er sagte – aufzuspüren, wo in meinem Kopf sich meine verschiedenen Eigenschaften und Fähigkeiten verbargen. In wenigen Minuten war der Spiegel voll mit rechten Winkeln, Punkten, griechischen Buchstaben, Segmenten. Dann trat er auf mich zu und küßte mich auf eine Art und Weise, die mir »überzeugend« schien. Wie ich es geahnt hatte, stach mich sein Bart. Und während ich ihn aus so unmittelbarer Nähe betrachtete, bemerkte ich etwas, das mir bisher entgangen war: er trug seinen Zylinder bis auf die Augen heruntergezogen.

Als sei nichts geschehen, erläuterte er mir weiterhin meinen »Kopf«. Er legte besonderes Gewicht auf eine dreieckige Fläche in der Mitte der Kopfhaut über dem linken Ohr. Er klärte mich darüber auf, daß sich im Mittelpunkt dieses Dreiecks jenes Organ befinde, das meine Träume erzeugt. Dann plötzlich behauptete er, es eilig zu haben, und ging, wie er gekommen war, nicht ohne mir wie eine »Botschaft« die folgenden Worte zuzuwerfen: »Wir werden uns wiedersehen!«

Auf meinem Bett liegend sah ich wieder die Venus und ihren strahlenden Körper. Ein Gedanke schoß mir durch den Kopf: Da ich doch seit einer Woche nicht mehr träumte, wäre es nicht möglich, daß … Ich lief zum Spiegel. Wie ich es erwartet hatte, zeichnete sich ein kleines Loch über dem linken Ohr genau in der Mitte der Kopfhaut ab. Ich verließ das Haus, um den Mann mit dem Zylinder zu suchen. Instinktiv ging ich zum Strand hinunter. In der Ferne konnte ich seinen einmaligen und unverwechselbaren Hut erkennen. Der Mann schlief ausgestreckt im Sand.

Ich beugte mich über ihn und war überrascht von der Ruhe in seinen Zügen, von dem seligen Ausdruck, der über seinem Gesicht lag. Offenbar erlebte er eines der hinreißendsten Abenteuer … auf Kosten meiner eigenen Träume!

Ich war entschlossen, wieder an mich zu bringen, was mir gehörte, und riß mit Gewalt seinen Hut herunter. Verblüfft stand ich da: nichts war in seinem Gehirn, nichts auf seiner Stirn, nichts als Leere. Ohne meinen Mut zu verlieren, untersuchte ich das Futter seiner Kopfbedeckung, und ich entdeckte darin klebend ein kleines, vor Leben zuckendes Stückchen meines eigenen Fleisches.

Als ich alles wieder in Ordnung gebracht hatte, warf ich einen Blick auf die Inschrift aus goldenen Lettern, die seinen Hut zierte: Sie lautete: Botticelli.

1967

MANFRED HAUSMANN

Venus im Indigoduft

Geisterhaft im Raum noch
webt das letzte Licht.
Ich erkenne kaum noch
dein geliebtes Gesicht.

Draußen unter dem Osthauch
duckt sich das dunkelnde Land.
Bräunlich verglutet der Frostrauch
hinten am Himmelsrand.

Dämmerung macht einsam,
wenn die Welt sich verliert.
Komm, wir treten gemeinsam
an das Fenstergeviert,

wo es wie Glitzern hereinweht
aus der unendlichen Luft:
Stern, der dort oben allein steht,
Venus im Indigoduft.

So wird leise dein Antlitz
von dem Schimmern erhellt,
während im Auge Demantblitz
um Demantblitz zerfällt.

Aber auch das Gestirn schwebt
reiner nun, da sich dein Blick
voll in das goldene Flirrn hebt,
glücklich und angstvoll vor Glück.

1974

CURT HOHOFF

Venus im September

*Im Museum von Ravenna wird eine aus dem Meer geborgene
Venusstatue ausgestellt.*

[...] Die Museumsleitung hatte alles getan, um der Öffentlichkeit den Rang und die Kostbarkeit des Fundes vor
Augen zu führen. Zwei uniformierte Wächter ließen das
Kunstwerk nicht aus den Augen. Sie wurden von draußen
über Sprechfunkgeräte mit Anweisungen und Ermahnungen versehen. Nach drei Tagen wurde bekannt, daß
der eine dieser Wärter um Ablösung gebeten hatte mit der
Begründung, daß der ständige Anblick der Figur seine intimen Gefühle errege, daß er den Anblick ihrer Lockung
nicht weiter ertragen könne. Der Gazzettino nahm den
Vorfall zum Anlaß, eine Leserbriefaktion zu entfesseln, bei
der sich die Ravennaten als Freunde der Kunst bewähren
und den irritierten Wächter als primitiv bezeichnen durf-
ten. Kein anderer als der bekannte Don Ramo schrieb, die
Kirche lehne die Idee einer dämonischen Verführungs-
kraft ab und sei als Förderin der Künste über jeden Verdacht erhaben. [...]

1984

JENNY VON GUSTEDT

Erinnerungen

Ein andermal überfielen wir, eine Schar übermütiger Mädchen, den Dichter [Goethe] zur Abendzeit in seinem Gartenhaus. Wir kamen von Tiefurt und brachten ihm eine Menge Frühlingsblumen. Dabei hatte eine von uns das Unglück, den Gipsabguß einer Venus umzustoßen. Wir wurden blaß vor Schreck, einen Zornausbruch erwartend; die Sünderin selbst brach in Tränen aus. Ein sonniges Leuchten flog jedoch über seine Züge; er drohte mit dem Finger und meinte: »Ei, ei! wer wird um die Tote weinen, wo Venus so viel lebende Vertreterinnen hat!«

1831

Nachwort

I

Am 30. September 1851 berichtet Heinrich Heine rückblickend von seinem letzten Ausflug in die Öffentlichkeit, bevor er sich, todkrank, in seine »Matratzengruft« zurückzieht: »Es war im Mai 1848, an dem Tage, wo ich zum letztenmal ausging, als ich Abschied nahm von den holden Idolen, die ich angebetet in den Zeiten meines Glücks. Nur mit Mühe schleppte ich mich bis zum Louvre, und ich brach fast zusammen, als ich in den erhabenen Saal trat, wo die hochgebenedeite Göttin der Schönheit, Unsere liebe Frau von Milo, auf ihrem Postamente steht. Zu ihren Füßen lag ich lange und ich weinte so heftig, daß sich dessen ein Stein erbarmen mußte. Auch schaute die Göttin mitleidig auf mich herab, doch zugleich so trostlos, als wollte sie sagen: siehst du denn nicht, daß ich keine Arme habe und also nicht helfen kann?«[1] Auch wenn die Venus von Milo Heine nicht helfen konnte, so ist es doch bezeichnend, daß der Dichter sie als letztes Ziel seiner Abschiedsreise aufgesucht hat.

Wer aber ist diese die Menschen über Jahrtausende hinweg faszinierende Göttin? Paul Valéry charakterisiert sie wie folgt: »Venus ist hinreichend bekannt. Nichts, was beglücken kann, fehlt dieser ganz sinnlichen Abstraktion, es sei denn das, was sie hier zu finden herbeigeeilt ist. Eine Venus ist sehr schwer zu beschreiben. Da alles an ihr vollkommen ist, ist es fast unmöglich, sie wahrhaft verführerisch darzustellen. Was uns an einem Wesen gefangen nimmt, ist nicht dieser höchste Grad von Schönheit noch dieser von der ganzen Person ausgehende Zauber: es ist

1 Heinrich Heine: Romanzero [Nachwort]. In: ders.: Sämtliche Werke in drei Bänden. Hier: Bd. 1. Essen: Phaidon [o. J.], S. 648.

immer ein einzelner besonderer Zug.«[2] Einige ihrer Züge, die zuweilen alles andere als »vollkommen« sind, präsentiert die vorliegende Anthologie: Aphrodite tritt immer wieder in den unterschiedlichen Masken auf: Rausch und Ekstase begleiten sie seit ihren Anfängen, aber auch der entgegengesetzte Pol läßt sich finden, die sublimierte, vergeistigte Liebe. Zwischen diesen beiden Polen tritt die Liebesgöttin noch in anderen Formen in Erscheinung: als Retterin, Lügnerin, verwerfliche Göttin oder gar als desexualisierte *Anti-Venus*.

Die bei den Römern als Venus verehrte Aphrodite ist die Göttin der Liebe, der Schönheit und der Fruchtbarkeit. Verehrt wird sie auch als Göttin der Vegetation, als Herrin über alle Gärten. Ihre Wahrzeichen werden in der Kunstgeschichte reichlich dokumentiert: Muschel, Delphin, Schildkröte, Taube, Sperling, Schwan, Ziegenbock, Rose und Apfel. Nach Homers *Ilias* (5, V. 370 f.) ist sie die Tochter des Zeus und der Dione. Bei Hesiod (*Theogonie*, V. 188–206) erhebt sie sich aus dem Schaum des Meeres. Ursprünglich stammt Aphrodite wahrscheinlich aus dem Orient. Sie wurde mit der phönikischen Astarte gleichgesetzt. Der Astarte-Kult, der sich vor allem in Form von sexuellen Ausschweifungen manifestierte, verbreitete sich von den Inseln Kypros und Kythera. Von diesen Inselnamen stammen zwei der vielen Beinamen Aphrodites: Kypris und Kythereia. Ihr Siegeszug war in der griechischen Welt nicht aufzuhalten: Als Aphrodite Urania, als Königin des Himmels, vergeistigte sie, abweichend von der orientalischen Tradition, die Liebe. Für den sinnlicheren Aspekt war Aphrodite Pandemos, die Göttin des Volkes, zuständig. Sie kümmerte sich auch um die Hetären. Blieb die Kundschaft aus, so wurde der Schutzherrin geopfert. Korinth etwa war im Altertum bekannt für seine regen Liebeshändel. Wer eine Prostituierte

---

2 Paul Valéry: Frankfurter Ausgabe. Hier: Bd. 3: Zur Literatur. Hrsg. von Jürgen Schmidt-Radefeldt. Frankfurt a. M.: Insel 1989, S. 60 f.

suchte, der mußte nur zum Aphrodite-Tempel gehen. Noch heute nennt man zuweilen die käuflichen Frauen »Venusdienerinnen« oder »Venuspriesterinnen«.

Aber auch als kriegerische Göttin wurde sie verehrt, so etwa in Sparta. In der *Anthologia Graeca* liest man folgendes darüber: »Aphrodite in Waffen / Köcher und Bögen zu führen und weit in die Ferne mit ihren / Pfeilen zu schießen, das war schon immer Kyprias Kunst. / Nun aber trägt sie in Sparta, wie kriegerisch Lykurg geheißen, / Waffen zum Nahkampf und wirkt schwer ihren Zauber damit. / Ehrt denn lakonische Frauen, im Hochzeitsgemache die Waffen / der Kythere und bringt tapfere Söhne zur Welt!«[3] Neben dieser erotischen Kriegstaktik, die mehr oder weniger harmlos ist, war Aphrodite mitverantwortlich für den Trojanischen Krieg. Das berühmte Urteil des Paris stiftet das Unheil: Eris, die Göttin der Zwietracht, ist die einzige aus der Götterwelt, die nicht zur Hochzeit von König Peleus und der Meeresgöttin Thetis eingeladen wird. Eris rächt sich: Während der Hochzeitsfeierlichkeiten wirft sie einen goldenen Apfel mit der Aufschrift »Der Schönsten« unter die Gäste. Hera, Athene und Aphrodite halten sich jeweils für die Schönste. Es entsteht ein heftiger Streit zwischen den Göttinnen. Zeus fährt dazwischen und bestimmt Paris als Preisrichter. Die drei Schönheiten versuchen den Jüngling zu bestechen. Das gelingt schließlich Aphrodite, denn sie verspricht ihm die schönste Frau auf Erden, Helena, die Gattin des Königs Menelaos. Die Entführung Helenas entfacht schließlich den Trojanischen Krieg.

3 Anthologia Graeca. Buch XII–XVI. 2., verbesserte Auflage. Griechisch/Deutsch. Hrsg. und übersetzt von Hermann Beckby. München: Ernst Heimeran Verlag 1965, S. 394.

II

Doch beginnen wir von vorne. Das erste Kapitel der vorliegenden Anthologie beschäftigt sich mit der Geburt der Göttin. Hesiod berichtet in seiner berühmten *Theogonie* von ihrem Ursprung: Kronos entmannte seinen Vater Uranos mit einer »Sichel«. Sein »Geschlecht« trieb im Meer, »und rings entstand weißer Schaum«, dem entstieg Aphrodite. Daher trägt sie auch den Beinamen Anadyomene, die Schaumgeborene. Nachdem das »Mädchen« in vollkommener Schönheit aus dem Meer emporsteigt, betritt es »Kypros«. Sandro Botticelli hat der Göttin mit seinem Gemälde *Geburt der Venus* (1485) ein unvergängliches Denkmal gesetzt. Das Bild wiederum wird von Rainer Maria Rilke in dem gleichnamigen Gedicht (1907) textuell umgesetzt. Der Leser wird Zeuge des Geburtsvorgangs: »So wie ein junges grünes Blatt sich rührt, / sich reckt und Eingerolltes langsam aufschlägt, / entfaltete ihr Leib sich in die Kühle / hinein und in den unberührten Frühwind.« Schließlich »landete die Göttin« auf der Liebesinsel. Ihr erster Auftritt ist beeindruckend. Ihre Schritte und ihre Anmut betören sogar die Vegetation, »Blumen« und »Halme« mutieren zu liebestrunkenen Gefühlswesen: »Hinter ihr, / die rasch dahinschritt durch die jungen Ufer, / erhoben sich den ganzen Vormittag / die Blumen und die Halme, warm, verwirrt, / wie aus Umarmung. Und sie ging und lief.«

Auch Paul Valérys Gedicht *Geburt der Venus* schildert ihre ersten erotisierenden Schritte auf der Erde: »Der frische Kies, den ihr gewandter Lauf besprengt und flieht, / Stürzt sinkend ein, vertieft den Lärm der Gier – / Der Sand trank ihrer Knabensprünge Küsse ganz.«

III

Nachdem Aphrodite »da« ist, entfaltet sie ihre berühmten Eigenschaften. Ihr Zuständigkeitsgebiet ist selbstverständlich die Liebe. Vier Themen bzw. Motive weisen Aphrodite im Verlauf von über zweitausendfünfhundert Jahren in der Literatur immer wieder als Liebesgöttin aus: 1. Aphrodite und Adonis – 2. Ehebruch: Hephaistos vs. Ares – 3. lebende Aphrodite-Statuen – 4. die Tannhäusersage.

1

Aphrodites eigene Liebeshändel sind nicht selten problematisch. Ihre Liebe zu Adonis (Ovid, Met. X 503–552 und 708–739) endet tragisch, nachdem der geliebte Jüngling bei der Jagd von einem Eber getötet wurde. Ihre Reaktion ist menschlich, allzumenschlich: Sie »zerriß ihr Gewand, raufte sich das Haar«. Die Adonisthematik zieht sich durch die gesamte Kulturgeschichte, wobei es zu Verschiebungen kommt; so ist zum Beispiel Adonis in William Shakespeares Versepos *Venus und Adonis* (1593) zunächst ausgesprochen zurückhaltend, im Unterschied zu der Göttin: »Den Zügel um den linken Arm geschlungen, / Umfängt sie mit dem rechten ihre Beute, / Den allerliebsten, doch verblüfften Jungen, / Der schüchtern, rot und keuchend rückwärts scheute. / Von Lust erglüht ihr Antlitz kohlenweiß, / Seins nur von Scham, sein Herz ist kalt wie Eis.« Schließlich gelingt es Aphrodite nach einigen fehlgeschlagenen Versuchen, den Jüngling zu erobern, aber nur für kurze Zeit, denn Adonis frönt lieber seiner Jagdleidenschaft. Nach seinem Tod verwünscht die Liebesgöttin die Liebe. Diese wird nun mit erheblichen Problemen belastet. Die Liebe wird von nun an komplizierter und unberechenbarer: »Weil du mir starbst, so soll für alle Zeiten / Der Kummer mit der Liebe sich vermählen / Und Eifersucht beständig sie begleiten; / Beginnend soll sie laben, schließlich quälen; / Sie paare stets, was nicht zusammenpaßt, / Und minder sei die Lust als ihre Last.«

Aphrodites Schmerz schreibt sich immer wieder in die Literatur ein, so in ein anonymes Klagelied mit dem Titel *Der Venus Klag um Adonis Grab* (1697): »Adonis grab ist hier; mehr sagt die liebe nicht / Und Venus seel entschläft bey diesem leichen-steine. / Ach hochgeliebter leib! ach werthste todten-beine! / Ach himmlischer Adon! mein mattes hertze bricht / In lieb und thränen aus: die thränen sollen zeugen / Daß meine liebe wird zu keinen zeiten schweigen.«

2

Heiter und gelassen geht es mitunter in einer anderen berühmten Aphrodite-Episode zu: Der Göttin Ehebruch an Hephaistos (Homer, 8, V. 266–366). Er, Sohn des Zeus und der Hera, fiel schon unmittelbar nach seiner Geburt in Ungnade. Das arme Kind war häßlich und hinkte obendrein. Von Hera wird es deswegen aus dem Olymp geworfen, später wird es wieder aufgenommen. Hephaistos darf Aphrodite heiraten: das Scheusal und die Schöne, ein Stoff, der Künstler immer wieder anzieht, man denke an Quasimodo und Esmeralda. Aphrodite ist nicht sonderlich erbaut von dem häßlichen Gott des Feuers, der Schmiedekunst und der Handwerker. Schließlich begeht sie mit Ares, dem Kriegsgott, Ehebruch. Hephaistos erwischt sie in flagranti und fesselt sie mit einem Netz, das der Betrogene hergestellt hat, an das Lager. So wird das Paar dem Gespött der Götter preisgegeben. Es wird schließlich auf Bitten Poseidons vom Ehemann befreit. Aphrodite und Ares fliehen »hurtig« in verschiedene Richtungen. Die Ehebrecherin verliert nach aller Schmach nichts von ihrer göttlichen Würde, der Fall ist für sie vergessen. »Aber nach Kypros ging Aphrodite, die Freundin des Lächelns, / In den paphischen Hain, zum weihrauchduftenden Altar. / Allda badeten sie die Charitinnen und salbten / Sie mit ambrosischem Öle, das ewige Götter verherrlicht, / Schmückten sie dann mit schönen und wundervollen Gewanden.« Diese Urgeschichte des Ehebruchs wird immer wieder in den verschiedenen Künsten thematisiert. So greift Heinrich von Veldeke in seinem *Eneasroman* diese Thematik am Ende des 12. Jahrhunderts auf. Venus, die ihren Sohn Eneas im Kampfgetümmel schützen möchte, beauftragt »Volcanus« sieben Jahre nach dem Ehebruch, ihrem Sohn eine »Rüstung« zu fertigen. Der Auftrag wird erfüllt. Venus bezahlt den versprochenen Lohn: »Da lagen sie / in der nächsten Nacht zusammen, / nachdem er / ihren Befehl und ihre Bitte ausgeführt hatte. / Ich muß euch nicht erzählen, was er machte: / Gute Liebe genoß / der Gott mit der Göttin.«

Der Ehebruch wird von Veldeke lediglich als »kleine Kränkung« verbucht. Aber es gibt andere Texte aus dem Mittelalter und aus dem Barock, in denen Aphrodite nicht selten aus christlich-religiösen Gründen verdammt wird. Oft wird sie als warnendes Beispiel angeführt. So wird Aphrodite in Hans Sachs' Gedicht *Die gefengnus der göttin Veneris mit dem gott Marte* (1538) wegen des Ehebruchs verurteilt. Nachdem Sachs das verwerfliche Verhalten ausführlich beschrieben hat, gibt er seinen Lesern am Ende des Gedichts, in dem »beschluß«, die entsprechende moralische Handlungsanweisung: »Derhalb so scheuch hürische lieb, / Und in den ehstand dich begib, / Da ehlich lieb auff-wachs / Und trew, das wündscht Hans Sachs.«

3

Spektakulärer geht es zu, wenn Aphrodite-Statuen lebendig werden oder wenn menschliche Attribute auf sie projiziert werden, etwa in Goethes Schilderung der »Cythere« in der elften *Römischen Elegie*: »Augen voll süßer Begier, selbst in dem Marmor / noch feucht«. Andere Texte geben handfeste Beschreibungen: In [Pseudo-]Lukians *Erotes* (2. Jh.) wird die Aphrodite-Statue des Praxiteles in Knidos von einem Jüngling beschlafen. Am nächsten Morgen wird der Frevel entdeckt, man findet »die Spuren hier, die von der liebevollen Umarmung zeugten, und die Göttin trug den Flecken als Mal der ihr widerfahrenen Schmach«. Für Praxiteles war dies eine postume Bestätigung seiner Kunstfertigkeit. Denn in der Antike galt nicht selten derjenige Künstler als der beste, der die Natur am genauesten nachbilden konnte. Lucius Apuleius beschreibt, wie man sich ein solch vollkommenes Kunstwerk vorzustellen habe: »Um den Eingang der Grotte ziehen sich verwebte Ranken mit Früchten und meisterlichst gearbeiteten Weintrauben, in denen die Kunst so mit der Natur gewetteifert, daß sie der Wahrheit gleich sind. Hauchte der mostreiche Herbst die Farbe der Reife über sie, man würde lüstern die Hände nach ihren Beeren ausstrecken.«[4] Diese Lüsternheit kann auch von einer lebensechten Statue ausgelöst werden.

Nicht immer bringt die Statue Glück oder Befriedigung. Unter dem Stichwort »Statuenverlobung« geht es meist tragisch zu. 1125 erzählt William von Malmesbury in *De Gestis Regium Anglorum libri quinque* die Kerngeschichte. Am Hochzeitstag steckt ein junger Mann den Trauring, der ihn beim Ballspiel behindert, einer Venusstatue an den Finger. Als er sich den Ring wiederholen möchte, ist der Finger gekrümmt. Venus nimmt den Ehering ernst, sie definiert sich nun als seine Gattin. Erst ein Priester, der früher Zauberer war, kann die Macht der Venus, die dem Satan dient, brechen. Schließlich bekommt der Mann seinen Ring zurück. Der Preis dafür ist allerdings hoch: der Priester stirbt. Am Ende des 17. Jahrhunderts wird dieser Stoff auch von Eberhard Werner Happel in seinem Werk *Größte Denkwürdigkeiten der Welt oder Sogenannte Relationes Curiosae* beschrieben. Hier wird der frisch Vermählte von Venus bis ins Ehebett verfolgt. Als er in der Hochzeitsnacht seine Pflicht erfüllen möchte, wird »Einspruch« erhoben: »Schlaf bei mir, deren du dich heut hast verlobet. Ich bin Venus, welcher du den Ring an den Finger gestecket, den ich dir nicht wiedergebe.« Solcherart erotisch blockiert, kann der Jüngling nicht zur Tat schreiten, »sooft er Bei-

---

4 Apuleius: Der goldene Esel. Frankfurt a. M./Leipzig: Insel 1975, S. 32 f.

wohnung suchte, widerfuhr ihm dergleichen, ohnangesehen er sonst ein gesunder, starker und so zum Krieg als andern Sachen geschickter und beherzter Jüngling war«. Schließlich wird auch ihm geholfen, der »Satan« befiehlt, nachdem er von dem Verzweifelten darum gebeten wurde, seinen »Trabanten«, den Ring zu lösen. Nun »genoß [er] dasjenige, wornach er so lange getrachtet«.

Tödlich geht die Statuenverlobung in Prosper Mérimées Novelle *Die Venus von Ille* (1837) aus. Die Venusstatue, die von dem Hobbyarchäologen Monsieur de Peyrehorade entdeckt und ausgegraben wird, rächt sich für mehrere Freveltaten, die an ihr begangen werden. Peyrehorades Sohn steckt kurz vor der Heirat den Ehering, der für seine zukünftige Gattin bestimmt ist, der Statue an den Finger. Venus schreitet in der Hochzeitsnacht zur Tat. Sie tötet vor den Augen der Braut den Ehemann. Der Vater des Toten stirbt kurz darauf, auch er wird bestraft, denn er hat in seinem archäologischen Eifer die Statue in ihrer Ruhe gestört. Der hier abgedruckte Teil der Novelle, die auch als Wissenschaftssatire gelesen werden kann, gibt Auskunft über den entwürdigenden Frevel, der an Venus begangen wurde.

Auch im 20. Jahrhundert bereitet die lebensechte Venusstatue so manche Probleme. In Curt Hohoffs Roman *Venus im September* (1984) wird eine aus dem Meer geborgene Venus im Museum aufgestellt, einer der Wärter erträgt den Anblick nicht mehr: »Nach drei Tagen wurde bekannt, daß der eine dieser Wärter um Ablösung gebeten hatte mit der Begründung, daß der ständige Anblick der Figur seine intimen Gefühle errege, daß er den Anblick ihrer Lockung nicht weiter ertragen könne.«

4

Auch in der aus dem 13. Jahrhundert stammenden Tannhäuser-Sage agiert Aphrodite im Verlauf der Geschichte recht unterschiedlich. In dem Tannhäuser-Lied wird das Schicksal des »Danheuser« beschrieben. Venus wohnt im heidnischen Hörselberg, dort verführt sie die Menschen.

Der fromme Ritter kommt auf Abwege: »Danheuser was ein Ritter gut, / wann er wolt Wunder schawen, / er wolt in Fraw Venus Berg / zu andern schönen Frawen.« Im Venusberg, so darf vermutet werden, genießt er zunächst das Leben, doch dann bittet er Venus um »Urlaub«, denn sein »Leben das ist worden krank«. Kein Wunder, denn er hat es, wie er meint, mit einer »Teufelinne« zu tun. Deswegen drängt es ihn wieder zur christlichen Welt: »Maria, Mutter, reine Maid, / nun hilf mir von den Weiben!« Schließlich gewährt ihm die Göttin den ersehnten Urlaub. Den nutzt er zu einer Bußfahrt nach Rom. Der Ritter beichtet dem Papst seinen heidnischen Fehltritt. Der ist gnädig, er stellt ihm Erlösung in Aussicht, unter einer Bedingung: »Der Babst het ein Steblein in der Hand, / das was sich also dürre: / Als wenig es begrünen mag, / kumpst du zu Gottes Hulde!« Doch der Ritter besitzt keine Geduld, er kehrt wieder zu Venus zurück: »ewiklich on Ende«. In Richard Wagners Oper *Tannhäuser* dagegen wird der Protagonist wieder in die Christenwelt aufgenommen. Er wird von Wolfram, nachdem er erfolglos vom Papst zurückkehrt, vom Einzug in den Venusberg abgehalten. Durch die Fürbitten der heiligen Elisabeth, die er liebt, wird er schließlich erlöst. An ihrem Sarg stirbt Tannhäuser.

Heinrich Heine geht gelassen mit dem Tannhäuser-Komplex um. Zwar flüchtet der Liebestolle nach sieben Jahren vor Venus, doch als er endlich vor dem Papst steht, um die Erlösung zu erbitten, trägt er dem heiligen Mann wider Erwarten eine Lobeshymne auf Venus vor: »Ich liebe sie mit Allgewalt, / Nichts kann die Liebe hemmen!« Der Papst ist klug, er erkennt, sicherlich ein klein wenig neidisch auf die »schönen Krallen«, daß der Verliebte nicht zu retten ist. »Der Teufel, den man Venus nennt, / Er ist der Schlimmste von allen; / Erretten kann ich dich nimmermehr / Aus seinen schönen Krallen.« Nachdem er in den Venusberg zurückgekehrt ist, läßt er sich von der frohgelaunten Venus recht heimisch bedienen: »Frau Venus in die Küche ging, / Um ihm eine Suppe zu kochen. // Sie gab ihm Suppe, sie gab ihm Brod, / Sie wusch seine

wunden Füße, / Sie kämmte ihm das struppige Haar, /
Und lachte dabey so süße.«

In Aubrey Beardsleys Novelle *Die Geschichte von Venus
und Tannhäuser* (1894) kommt keine frömmelnde Moral
mehr ins Spiel, lediglich die Lustmaximierung steht im
Mittelpunkt: »Tannhäuser, vor Erregung bleich und
stumm, ließ seine mit Edelsteinen geschmückte Hand leidenschaftlich über die göttlichen Glieder gehen, und
Hemd und Strümpfe niederreißend, stürzte er, da er sich
von seiner eigenen geringen Bekleidung befreit hatte, mit
einem mächtigen Atemzug auf die prächtige Dame.«

Auch Ricarda Huchs Gedicht *Tannhäuser* (1917) hat
nichts mehr mit der Religion im Sinn, auch hier herrscht
die pure Sinnenfreude, ohne daß der moralische Zeigefin-
ger erhoben wird: »Rosen, Rosen, / Rosenduft, / Kuß und
Kosen / In der Luft! / Rosen meinem / Leib entsprießen: /
Venus komm, mich / Zu umschließen!«

IV

Es liegt auf der Hand, daß auch der Mythos von Aphrodite, wie jeder Mythos, im Verlauf der Jahrhunderte tri-
vialisiert wird. So wird ihr göttlicher Status immer häufi-
ger in Frage gestellt, das gleiche gilt für ihre Sinnlichkeit.
Auf der bildlichen Ebene wird das bei der folgenden Ge-
genüberstellung deutlich: Die Venus von Velázquez ist in
einen erotisch-sinnlichen Kontext eingebunden. Die Verbindung mit Cupido, ihrem Sohn, wird über den Spiegel
und das Band, welches auf dem Spiegelrahmen liegt, hergestellt. Denkt man sich den Flügel des Cupido und den
linken Fuß der Venus verlängert, so vereinen sich beide.
Die erotische Harmonie ist augenscheinlich vorhanden.
Die anonyme Photographie dagegen zitiert die Venus von
Velázquez, sie wird dabei radikal verfremdet und entsinn-
licht. Sie verzichtet auf den kleinen Liebesgott, selbst das
Spiegelbild, Instanz der Selbstvergewisserung, ist ver-

Diego Velázquez: Venus mit Spiegel. Um 1644–1648. Öl auf
Leinwand.

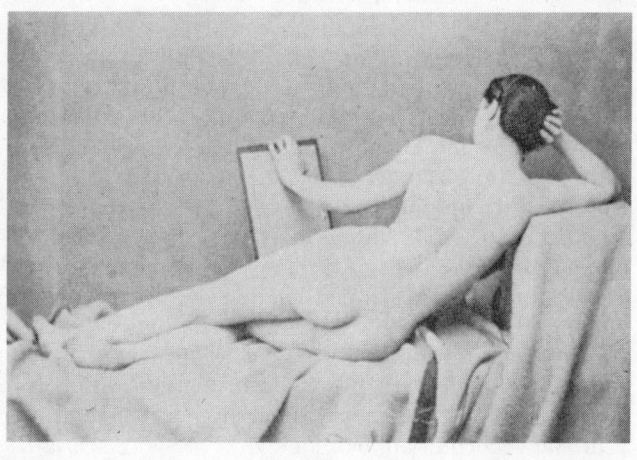

Anonym: Venus nach Velázquez. Um 1860–1870. Photographie.

schwunden. Die Photographie zerstört die Inhalts- und Formebene Velázquez'. Die kulturellen, gesellschaftlichen und sozialen Verhältnisse des 19. Jahrhunderts schreiben sich konsequenterweise in sie ein. Dieser Traditionsbruch läßt Rückschlüsse auf die Mentalitätsgeschichte der Entstehungszeit zu. Analogien drängen sich zwangsläufig auf: Einige Jahre vor dieser Aufnahme erschien Charles Baudelaires Gedicht *Die Reise nach Kythera* (1857). Auch hier hat Venus ausgespielt. Ihre Insel, Kythera, ist nicht mehr die beglückende Liebesinsel, sondern nur noch eine »steinbesäte Wüste«.

Die Ambivalenz von hochaufgeladener Erotik und Entsinnlichung begegnet uns ansatzweise schon in der Antike. Bereits um 170 n. Chr., bei Erscheinen der *Metamorphoses* von Lucius Apuleius, gerät die Liebesgöttin ins Wanken. Bekannt ist dieser satirische Roman auch unter dem Titel *Der goldene Esel*. In diesem Text wird das Märchen von *Amor und Psyche* erzählt. Ein Königspaar hat drei Töchter. Eine davon, Psyche, ist schöner als Venus. Das hat Folgen: »Niemand schiffte mehr nach Paphos zur Göttin Venus, niemand nach Knodos, noch selbst nach Kythera. Die Feste der Göttin bleiben unbeachtet, ihre Heiligtümer werden vernachlässigt, die Tempel verfallen, ihre Kissen werden mit Füßen getreten, unbekränzt stehen ihre Bildsäulen, und die verwaisten Altäre sind mit kalter Asche bedeckt. Jedermann betet zur Prinzessin. In ihr wird jene große Gottheit verehrt. Des Morgens bei ihrem Erscheinen dampften der Sterblichen Opfer, um der abwesenden Göttin Gunst zu erhalten. Man feiert ihr Fest. Wandelt sie auf den Straßen, so begleitet sie in Gepränge das Volk, wirft sie mit Sträußen und Kränzen und streut ihr Blumen. So unmäßig ward die Ehre der Himmlischen einem sterblichen Mädchen zugewandt. Die wahre Venus entbrannte darüber in Zorn.«[5] Auch wenn Venus sich am Ende wieder beruhigt, so wird doch schon hier deutlich, daß die Macht der Liebesgöttin Grenzen hat.

5 Apuleius, a. a. O., S. 103.

Radikaler geht das aufstrebende Christentum mit Aphrodite um, sie wird nun als Feindin definiert und eliminiert: »Das römische Weltreich mit seiner polytheistischen Religionstoleranz verwandelte sich [...] ins christliche Europa, wurde [...] monotheistisch und damit religiös intolerant. An den Turbulenzen des weltgeschichtlichen Übergangs, den man üblicherweise zwischen den Jahren 250 und 750 ansetzt, hatten Götterbilder wie die *Knidische Aphrodite* einen nicht geringen Anteil; sie gingen dabei letztlich zugrunde oder verschwanden aus dem Gesichtsfeld. Die Siegesstraße des Christentums ist gepflastert mit den Trümmern der Statuen des heidnischen Altertums.«[6] Aphrodite wird in die Verdammung geschickt und als satanische Brut deklariert. Zu Recht diagnostiziert Friedrich Nietzsche in der *Morgenröthe*: »Die Leidenschaften werden böse und tückisch, wenn sie böse und tückisch betrachtet werden. So ist es dem Christenthum gelungen, aus Eros und Aphrodite – grossen idealfähigen Mächten – höllische Kobolde und Truggeister zu schaffen, durch die Martern, welche es in dem Gewissen der Gläubigen bei allen geschlechtlichen Erregungen entstehen liess.«[7] Aber es kommt trotzdem immer wieder zu Ausreißversuchen, die Göttin kommt zuweilen noch zu ihrem Recht.

Vor allem seit dem 18. Jahrhundert wird Aphrodites Wiederkehr auf der sinnlich-erotischen Bühne gefeiert. So etwa von Goethe in dem Gedicht *An Venus*: »Große Venus, mächtge Göttin!« Aber es ist nicht zu leugnen, die erotischen Deformierungen vieler Jahrhunderte lassen sich nicht so einfach vergessen: augenscheinlich etwa in Joseph von Eichendorffs Novelle *Das Marmorbild*. Dort ist die Macht der Venus gebrochen. Ihr Tempel ist verwahrlost:

---

6 Berthold Hinz: Aphrodite: Geschichte einer abendländischen Passion. München: Carl Hanser 1998, S. 85 f.
7 Friedrich Nietzsche: Sämtliche Werke. Kritische Studienausgabe in 15 Bänden. Hrsg. von Giorgio Colli und Mazzino Montinari. Berlin/New York: de Gruyter 1988, KSA 3, S. 73.

»Doch öd sind nun die Stellen, / Stumm liegt ihr Säulen-haus, / Gras wächst da auf den Schwellen, / Der Wind zieht ein und aus.«

Auch im 19. Jahrhundert wird die heidnische Aphrodite immer wieder von christlichen Autoren zur Feindin de-klariert. Eine Sequenz aus den *Warnsdorfer Hausblättern* (1886) gibt darüber Auskunft, sie ist betitelt mit *Nacktes Heidentum*: »In der weltberühmten mediceischen Ge-mälde- und Skulpturen-Galerie alter und neuer Zeit in Florenz befindet sich ein eigener Salon für die Statue der Venus […]. Die Statue ist aus blendend weißem Marmor und stellt die Göttin so dar, wie fast alle dargestellt sind – ohne jegliche Verhüllung. […] Und dieses Gemach ist je-derzeit gedrängt voll neugieriger Beschauer, besonders aus den höheren Ständen. Herren und Damen verschlin-gen diese nackte Gestalt heißhungrig mit ihren Brillen, Lorignetten und Opernguckern. Stundenlang sitzen sie vor dieser Göttin, stoßen Seufzer aus und bekommen selbst Wasser in die Augen. Ist das nicht völliges Hei-denthum, nicht der frivolste Sinnendienst! […] Ich habe wahrgenommen, daß die schönsten Muttergottesbilder von den berühmtesten Meistern oft kaum eines Blickes gewürdiget werden. […] Es handelt sich also beim Publi-kum nicht eigentlich um Kunst und Kunstgenuß […], sondern es ist ihm um die Befriedigung der Sinnlichkeit und Unkeuschheit zu thun.«[8]

Die Liebesgöttin verliert im Verlaufe des 20. Jahrhun-derts einen weiteren Teil ihrer erotischen Macht, der Mythos von Aphrodite wird zusehends zum Markenartikel degradiert. Nun taucht die Göttin in allen nur denk-baren Sparten der Gesellschaft auf: in der Reklame für Bordelle, in Kochrezepten und Heiratsanzeigen. 1999 wurde auf der Erotikmesse »Venus« in Berlin »Die 5 Mi-nuten Venus« – in Anspielung auf die »Maggi-Fünf-Minuten-Terrine« – vorgestellt, eine dreieckige Packung

8 Ambr. Opitz (Hrsg.): Warnsdorfer Hausblätter 3 (1886), Nr. 2, S. 27.

mit Buchstabennudeln. Die Nudeln können vom Käufer, so die Empfehlung, in textuellen Sexexperimenten kombiniert werden.

Trotzdem, man hat es bei Heine gesehen, die Macht der Venus verschafft sich immer wieder Geltung. Vielleicht hat Nietzsche recht: »Der Zauber, der für uns kämpft, das Auge der Venus, das unsere Gegner selbst bestrickt und blind macht, das ist die *Magie des Extrems*, die Verführung, die alles Äußerste übt.«[9] Das »Auge der Venus«, so darf vermutet werden, wird ewig – als anthropologische Begleiterscheinung – auf die Menschheit blicken.

---

9 Friedrich Nietzsche, a.a.O., KSA 12 [Nachlaß 1885–1887], S. 510.

Quellen- und Rechtenachweis

Alciat, Andreas: Emblematum liber. Mit Holzschnitten von Jörg Breu. [Die Verse wurden für diese Ausgabe von Werner Deuse übersetzt.] In: Emblematisches Cabinet. Hrsg. von Dmitrij Tschižewskij und Ernst Benz. Hier: Bd. X. Hildesheim/New York: Georg Olms 1977 [o. S.].

Anonym: Der Venus Klag um Adonis Grab. In: Benjamin Neukirchs Anthologie. Herrn von Hoffmannswaldau und andrer Deutschen auserlesener und bißher ungedruckte Gedichte. 7 Bde. Hier: Bd. 2. Nach dem Erstdruck vom Jahre 1697. Hrsg. von Angelo George de Capua und Ernst Alfred Philippson. Tübingen: Max Niemeyer 1961, S. 71–73.

Anonym: Scherz-Lied. In: Benjamin Neukirchs Anthologie. Herrn von Hoffmannswaldau und andrer Deutschen auserlesener und bißher ungedruckte Gedichte. 7 Bde. Hier: Bd. 1. Nach einem Druck vom Jahre 1697. Hrsg. von Angelo George de Capua und Ernst Alfred Philippson. Tübingen: Max Niemeyer 1961, S. 408 f.

Anonym: Tannhäuser. In: Nussbächer, Konrad (Hrsg.): Deutsche Balladen. Stuttgart: Reclam 1967, S. 17–21.

Anthologia Graeca. Buch XII–XVI. 2., verbesserte Auflage. Griechisch/Deutsch. Hrsg. und übersetzt von Hermann Beckby. München: Ernst Heimeran 1965, S. 399, 401.

Anthologia Latina: In: Römische Lyrik. Lateinisch/Deutsch. Ausgewählt und hrsg. von Bernhard Kytzler. Stuttgart: Reclam 1994. – De statua Veneris (S. 444) / Statue der Venus (S. 445, übersetzt von Erich Fabian); De templo Veneris, quod ad muros [extruendos dirutum est] (S. 446) / Der Venustempel stürzt (S. 447, übersetzt von Erich Fabian). – © Hinstorff Verlag, Rostock, 1963. – Die Nachtfeier der Venus (übersetzt von Carl Fischer). – © 1994 Philipp Reclam jun. GmbH & Co., Stuttgart, S. 449, 451, 453, 455, 457, 459.

Antipatros von Sidon: Praxitiles' Aphrodite und Eros. In: Griechische Epigramme aus der Anthologia Graeca. Übersetzt von Hermann Beckby. Zürich: Manesse 1981, S. 275. – © Artemis & Winkler Verlag, Düsseldorf/Zürich.

Apollonios von Rhodos: Das Argonautenepos. Hrsg. und übersetzt von Reinhold Glei und Stephanie Natzel-Glei. Bd. 2.: Drittes und viertes Buch. Darmstadt: Wissenschaftliche Buchgesellschaft 1996, S. 3, 5, 7, 9, 11.

Armgart, Paul: Dornen um Aphrodite. In: ders.: Dornen um Aphrodite und andere Erzählungen. Bremen/Hannover: Walter Dorn 1946, S. 7–67.

Arrabal, Fernando: 9. Labyrinth: Botticelli. In: ders.: Riten und Feste der Konfusion. Übersetzt von Peter Michel Ladiges. Darmstadt: Josef Melzer 1969, S. 41–45. – © Edition Kalter Schweiß, Verlag Jochen Knoblauch, Berlin.

Artemidor: Traumkunst. Übersetzt von Friedrich S. Krauss, neubearbeitet von Gerhard Löwe. Leipzig: Reclam 1991, S. 159f., 288. – © Gerhard Löwe, Leipzig.

Athenaios von Naukratis: Das Gelehrtenmahl. Übersetzt von Ursula und Kurt Treu. Leipzig: Dieterich'sche Verlagsbuchhandlung 1985, S. 338–340 [554c–f], S. 352–354 [573c–574c].

Baudelaire, Charles: Un Voyage à Cythère / Die Reise nach Kythera. In: ders.: Les fleurs du mal – Die Blumen des Bösen. Übersetzt von Monika Fahrenbach-Wachendorff. Stuttgart: Reclam 1998, S. 244–247. – © 1998 Philipp Reclam jun. GmbH & Co., Stuttgart.

Bauer, Julius: Venus. In: Großes Raritäten- und Wachsfiguren-Kabinett. Zeichnungen von Alfred Gerstenbrand. Wien: Journalisten- und Schriftsteller-Verein »Concordia« 1931, S. 107–112.

Beardsley, Aubrey: Die Geschichte von Venus und Tannhäuser. Novelle. Übersetzt von Curt Moreck. Berlin: Aufbau 1995, S. 59–61. – © Gustav Kiepenheuer Verlag GmbH, Leipzig 1987.

Benn, Gottfried: Liebe. In: ders.: Gedichte in der Fassung der Erstdrucke. Hrsg. von Bruno Hillebrand. Frankfurt a. M.: Fischer 1993, S. 212. – © Klett-Cotta, Stuttgart 1998.

–: Roman des Phänotyp. In: ders.: Der Ptolemäer. Hrsg. von Gerhard Schuster. (Cotta's Bibliothek der Moderne). Stuttgart: Klett-Cotta 1988, S. 56f.

Bilek, Franziska / Foitzick, Walter: Heiterer Olymp. Gezeichnet von Franziska Bilek, beschrieben von Walter Foitzick. Berlin: Eulenspiegel Verlag [o. J.], S. 30.

Busch, Wilhelm: Die fromme Helene. In: ders.: Sämtliche Werke und eine Auswahl in zwei Bänden. Hrsg. von Rolf Hochhuth. Hier: Bd. 2. Gütersloh: Sigbert Mohn 1959, S. 596.

Chaucer, Geoffrey: The Canterbury Tales / Die Canterbury-Erzählungen. Übersetzt und erläutert von Heinz Bergner u. a.

Hrsg. von Heinz Bergner. Stuttgart: Reclam 1982, S. 133, 135, 137. – © 1982 Philipp Reclam jun. GmbH & Co., Stuttgart.

Dehmel, Richard: Venus Anadyomene. In: ders.: Gesammelte Werke in zehn Bänden. Hier: Bd. 4: Die Verwandlungen der Venus. Erotische Rhapsodie. Berlin: Fischer 1907, S. 35–37.

–: Venus Consolatrix. A. a. O., S. 123–125.

Domenech der Jüngere [Pseudonym]: Muropictographische Studien. In: Fliegende Blätter, Bd. 35 [nach 1860], Nr. 855, S. 166 f.

Droste-Hülshoff, Annette von: Der Venuswagen. In: dies.: Sämtliche Werke in zwei Bänden. Hrsg. von Günter Weydt und Winfried Woesler. Hier: Bd. 2. Darmstadt: Wissenschaftliche Buchgesellschaft 1978, S. 49–53.

Eichendorff, Joseph von: Venus-Lied. In: ders.: Das Marmorbild. Das Schloß Dürande. Stuttgart: Reclam 1989, S. 44–46.

Euripides: Hippolytos. In: ders.: Alkestis. Medeia. Hippolytos. Übertragen von Ernst Buschor. München: Heimeran 1972, S. 185, 187, 189.

Goethe, Johann Wolfgang: Römische Elegien. In: ders.: Sämtliche Werke nach Epochen seines Schaffens. Münchner Ausgabe. Hrsg. von Karl Richter in Zusammenarbeit mit Herbert G. Göpfert, Norbert Miller und Gerhard Sauder. Hier: Bd. 3.2.: Italien und Weimar 1786–1790. München: Carl Hanser 1990, S. 55.

–: Venezianische Epigramme. In: ders.: Sämtliche Werke nach Epochen seines Schaffens. Münchner Ausgabe. Hrsg. von Karl Richter in Zusammenarbeit mit Herbert G. Göpfert, Norbert Miller und Gerhard Sauder. Hier: Bd. 3.2.: Italien und Weimar 1786–1790. München: Carl Hanser 1990, S. 107.

–: An Venus. In: ders.: Der junge Goethe in seiner Zeit. Sämtliche Werke, Briefe, Tagebücher und Schriften bis 1775. Hrsg. von Karl Eibl, Fotis Jannidis und Marianne Willems. 2 Bde. Hier: Bd. 2. Frankfurt a. M./Leipzig: Insel 1998, S. 63 f.

Gutstedt, Jenny von: Erinnerungen. In: Der heiter-lebendige Goethe. Ein Büchlein – Lebensführung. Hrsg. von Reinhold Braun. Berlin: Verlag für soziale Ethik und Kunstpflege [o. J.], S. 40.

Hallmann, Johann Christian: Die sinnreiche Liebe oder der glückselige Adonis und die vergnügte Rosibella [...]. In: ders.: Sämtliche Werke. Hier: Bd. 3, Erster Teil. Hrsg. von Gerhard Spellerberg. Berlin/New York: de Gruyter 1987, S. 306–308.

Happel, Eberhard Werner: Größte Denkwürdigkeiten der Welt oder Sogenannte Relationes Curiosae. Hrsg. von Uwe Hübner und Jürgen Westphal. Berlin: Rütten & Loening 1990, S. 206 f.

Hausmann, Manfred: Venus im Indigoduft. In: ders.: Jahre des Lebens. Gedichte. Neukirchen-Vluyn: Neukirchner Verlag 1974, S. 100.

Hederich, Benjamin: [Mythologisches Lexikon]. Benjamin Hederichs […] gründliches mythologisches Lexikon […] zu besserm Verständnisse der Schönen Künste und Wissenschaften […] sorgfältigst durchgesehen, ansehnlich vermehret und verbessert von Johann Joachim Schwabe […] Leipzig 1770, S. 2437 f. In: Der junge Goethe in seiner Zeit. Sämtliche Werke, Briefe, Tagebücher und Schriften bis 1775. Hrsg. von Karl Eibl, Fotis Jannidis und Marianne Willems. CD-ROM. Frankfurt a. M./Leipzig: Insel 1998.

Heine, Heinrich: Die Götter Griechenlands [Buch der Lieder]. In: ders.: Sämtliche Schriften. Bd. 1. München: Carl Hanser 1968, S. 206.

–: Der Tannhäuser. Eine Legende. In: ders.: Düsseldorfer Ausgabe. Hrsg. von Manfred Windfuhr. Hier: Bd. 2: Neue Gedichte. Bearbeitet von Elisabeth Genton. Hamburg: Hoffmann und Campe 1983, S. 53–60.

Heinrich von Veldeke: Eneasroman. Mittelhochdeutsch/Neuhochdeutsch. Übersetzt von Dieter Kartschoke. Stuttgart: Reclam 1986, S. 317, 319, 329, 331. – © 1986 Philipp Reclam jun. GmbH & Co., Stuttgart.

Hesiod: Theogonie. Griechisch/Deutsch. Hrsg. und übersetzt von Otto Schönberger. Stuttgart: Reclam 1999, S. 13, 15, 17, 19.

Heym, Georg: Kypris. In: ders.: Dichtungen und Schriften. Gesamtausgabe. Hrsg. von Karl Ludwig Schneider. Hier: Bd. 1: Lyrik. Hamburg/München: Heinrich Ellermann 1964, S. 7.

Heyse, Paul: Die Geburt der Venus. In: ders.: Gesammelte Werke. Hier: Reihe III, Bd. 2. Hildesheim [u. a.]: Georg Olms 1985, S. 15 f.

Hille, Peter: Schaumgeboren. In: ders.: Gesammelte Werke in sechs Bänden. Hrsg. von Friedrich Kienecker. Hier: Bd. 1: Gedichte und Schriften. Essen: Ludgerus 1984, S. 49 f.

–: Venus. A. a. O., S. 92.

Hohoff, Curt: Venus im September. Wiesbaden/München: Limes 1984, S. 157. – © by Limes in der F. A. Herbig Verlagsbuchhandlung, München 1984.

Homer: Odyssee. Übertragen von Johann Heinrich Voß. Stuttgart: Reclam 1977, S. 109–111.

–: Ilias. Übertragen von Johann Heinrich Voß. Zürich: Diogenes 1980, S. 53 f., 78–81, 234 f.

Homerische Hymnen. Hier: Hymnos auf Aphrodite. Griechisch/ Deutsch. Hrsg. von Anton Weiher. 5. Aufl. München/Zürich: Artemis 1986, S. 93–109.

Horaz: Oden II, 19 [übersetzt von Bernhard Kytzler]. In: ders.: Sämtliche Gedichte. Lateinisch/Deutsch. Hrsg. von Bernhard Kytzler. Stuttgart: Reclam 1992, S. 49. – © 1992 Philipp Reclam jun. GmbH & Co., Stuttgart.

Horváth, Ödön von: Die marschierende Venus. In: ders.: Jugend ohne Gott. Gesammelte Werke. Hrsg. von Traugott Krischke. Hier: Bd. 13. Frankfurt a. M.: Suhrkamp 1994, S. 38–41. – © Suhrkamp Verlag Frankfurt am Main 1994.

Huch, Ricarda: Hörselberg. In: dies.: Gesammelte Werke. Hier: Bd. 5: Gedichte, Dramen, Reden, Aufsätze und andere Schriften. Hrsg. von Wilhelm Emrich. Köln/Berlin: Kiepenheuer & Witsch 1971, S. 217 f. – © 1971 by Verlag Kiepenheuer & Witsch Köln.

–: Tannhäuser. A. a. O., S. 53–55.

Jandl, Ernst: jupiter unbewohnt. In: ders.: poetische werke in 10 bänden. Hrsg. von Klaus Siblewski. München: Luchterhand Literaturverlag 1997, Bd. 3, S. 138.

Kaschnitz, Marie Luise: Venus Anadyomene. In: dies.: Gesammelte Werke. Hrsg. von Christian Büttrich und Norbert Miller. Hier: Bd. 5: Die Gedichte. Frankfurt a. M.: Insel 1985, S. 277. – © Econ Ullstein List Verlag, München.

Koehler, Reinhold: Hüfte des ... [nach einem unveröffentlichten Typoskript]. Gedruckt mit Einverständnis der Erben.

Kornmannum, Henricum: Mons Veneris. Fraw Veneris Berg. Fotomechanischer Neudruck der Originalausgabe von 1614. Leipzig: Zentralantiquariat der Deutschen Demokratischen Republik 1978, S. 19–22.

La Fontaine, Jean de: Vénus Callipyge / Venus Kallipygos. In: ders.: Sämtliche Novellen in Versen / Contes et nouvelles en vers. In der Übertragung von Gustav Fabricius. München: Winkler 1981, S. 852 f.

Langgässer, Elisabeth: Regent: Venus Vulgivaga. In: dies.: Gedichte. Hamburg: Claassen 1959, S. 86 f. – © Econ Ullstein List Verlag, München.

–: Regent: Venus Urania. A. a. O., S. 99 f. – © Econ Ullstein List Verlag, München.

Lewald, Fanny: Italienisches Bilderbuch. Hrsg. von Ulrike Helmer. Frankfurt a. M.: Ulrike Helmer 1992, S. 70–72.

Lohenstein, Caspar von: Venus. In: Brancaforte, Charlotte: Lohensteins Preisgedicht »Venus«. Kritischer Text und Untersuchung. München: Wilhelm Fink 1974, S. 16f.

Lorris, Guillaume de/Meung, Jean de [hier: Guillaume de Lorris]: Der Rosenroman. Bd. 1. Hrsg. von Hans Robert Jauss und Erich Köhler. Übersetzt von Karl August Ott. München: Wilhelm Fink 1976, S. 239, 241, 243.

Lukian: Göttergespräche. In: ders.: Werke in drei Bänden. Übersetzt von Christoph Martin Wieland. Hier: Erster Band. Berlin/Weimar: Aufbau 1974, S. 302–311.

Lukrez: De rerum natura / Welt aus Atomen. Lateinisch/Deutsch. Übersetzt von Karl Büchner. Stuttgart: Reclam 1986, S. 9, 11.

Mandelstam, Ossip: Silentium / Silentium. Übertragen von Paul Celan. In: ders.: Hufeisenfinder. Gedichte. Russisch/Deutsch. Hrsg. von Fritz Mierau. 6., veränderte Auflage. Leipzig: Reclam 1993, S. 14f. – © S. Fischer Verlag GmbH, Frankfurt am Main, 1959.

Mérimée, Prosper: Die Venus von Ille. In: ders.: Meisternovellen. Übertragen von Ferdinand Hardekopf. 5. Aufl. Zürich: Manesse 1985, S. 571–583. – © Manesse Verlag, Zürich 1949.

Morgenstern, Christian: Anadyomene. In: ders.: Stuttgarter Ausgabe. Unter der Leitung von Reinhardt Habel. Hrsg. von Maurice Cureau u.a. Hier: Bd. 1: Lyrik 1887–1905. Hrsg. von Martin Kießig. Stuttgart: Urachhaus 1988, S. 108.

–: Der Regenbogen. A. a. O., S. 91f.

–: Venus Aschthoreth. A. a. O., S. 292.

–: Venus-Tempelchen. A. a. O., S. 621.

Opitz, Martin: Auff H. Niclas Wasserführers und Jungfrawen Magdalenen Planckin Hochzeit. In: Die Deutsche Literatur vom Mittelalter bis zum 20. Jahrhundert. Hier: Bd. 3: Barock. Hrsg. von Albrecht Schöne. München: Deutscher Taschenbuch Verlag 1988, S. 902.

Ovidius Naso, Publius: Metamorphosen. Lateinisch/Deutsch. Übertragen und hrsg. von Michael von Albrecht. Stuttgart: Reclam 1994, S. 544–549, 559–561. – © 1994 Philipp Reclam jun. GmbH & Co., Stuttgart.

Platon: Das Gastmahl. In: ders.: Werke in acht Bänden. Griechisch/Deutsch. Hrsg. von Gunther Eigler. Hier: Bd. 3: Phaidon. Das Gastmahl. Kratylos. Bearbeitet von Dietrich Kurz. Übertragen von Friedrich Schleiermacher. Darmstadt: Wissenschaftliche Buchgesellschaft 1974, S. 237–241, S. 317f.

[Pseudo-]Lukian: Erotes. Ein Gespräch über die Liebe. Hrsg. von

Hans Floerke und Renatus Kuno. Übersetzt von Hans Licht. München: Georg Müller 1920, S. 67–73.

Rilke, Rainer Maria: Geburt der Venus. In: ders.: Neue Gedichte und Der Neuen Gedichte anderer Teil. Frankfurt a. M.: Insel 1974, S. 74–76.

Sacher-Masoch, Leopold von: Venus im Pelz. In: ders.: Venus im Pelz und andere Erzählungen. Köln: Könemann 1996, S. 9–11.

Sachs, Hans: Die gefengnus der göttin Veneris mit dem gott Marte. In: ders.: Gesammelte Werke. Hier: Bd. 20. Hrsg. von Adelbert von Keller und E. Goetze. Hildesheim: Georg Olms 1964, S. 542–544.

–: Der triumphwagen Veneris, der göttin der lieb, mit all irer eigenschafft. A. a. O., S. 553–558.

Sappho: Liebesentbehrung. Übersetzt von Wolfgang Schadewaldt. In: Sappho. Muse des äolischen Eros. Neu übertragen und kommentiert von Stefanie Preiswerk-zum Stein. Frankfurt a. M.: Insel 1990, S. 96 f. - © Insel Verlag Frankfurt am Main 1990.

Schiller, Friedrich: Der Venuswagen. In: ders.: Nationalausgabe. Hrsg. von Julius Petersen und Gerhard Fricke. Hier: Bd. 1: Gedichte 1776–1799. Hrsg. von Julius Petersen und Friedrich Beißner. Weimar: Hermann Böhlaus Nachfolger 1943, S. 15–23.

–: Nänie. In: ders.: Nationalausgabe. Hrsg. von Julius Petersen und Gerhard Fricke. Hier: Bd. 2/Teil 1: Gedichte 1799–1805. Hrsg. von Norbert Oellers. Weimar: Hermann Böhlaus Nachfolger 1983, S. 326.

–: Über Anmuth und Würde. In: ders.: Nationalausgabe. Hrsg. von Lieselotte Blumenthal und Benno von Wiese. Hier: Bd. 20/Teil 1: Philosophische Schriften. Hrsg. von Benno von Wiese. Weimar: Hermann Böhlaus Nachfolger 1986, S. 251, 256.

Shakespeare, William: Venus and Adonis / Venus und Adonis. In: ders.: Sonette / Epen und die kleineren Dichtungen. Zweisprachige Ausgabe. Übersetzt von Wilhelm Jordan. Darmstadt: Wissenschaftliche Buchgesellschaft 1968, S. 218–221.

Spitteler, Carl: Der Venus Rundgang. Gemälde. In: ders.: Gesammelte Werke. Hier: Bd. 3. Hrsg. von Wilhelm Altwegg. Zürich: Artemis 1945, S. 528–533.

Stettenheim, Julius: Anti-Venus. In: Fliegende Blätter [o. J.], Bd. 121, Nr. 3090, S. 192.

Stieler, Kaspar: Die Geharnschte Venus oder Liebes-Lieder im

Kriege gedichtet. In: Die Geharnschte Venus. Stuttgart: Reclam 1970, S. 20–22.

Strauß, Botho: Die Fehler des Kopisten. München: dtv 1999, S. 57. – © 1997 Carl Hanser Verlag, München/Wien.

Tacitus, P. Cornelius: Historiae / Historien. Lateinisch/Deutsch. 3. Aufl. Hrsg. und übersetzt von Joseph Borst. München: Heimeran 1977, S. 128–131.

Tucholsky, Kurt: Hinter der Venus von Milo. In: ders.: Gesammelte Werke. Hrsg. von Mary Gerold-Tucholsky und Fritz J. Raddatz. Hier: Bd. 4: 1925–1926. Reinbek bei Hamburg: Rowohlt 1975, S. 419–421. – Copyright © 1960 by Rowohlt Verlag, Reinbek.

Valéry, Paul: Naissance de Vénus / Geburt der Venus. In: ders.: Frankfurter Ausgabe. Hrsg. von Jürgen Schmidt-Radefeldt. Hier: Bd. 1: Dichtung und Prosa. Hrsg. von Karl Alfred Bühler und Jürgen Schmidt-Radefeldt. Frankfurt a. M./Leipzig: Insel 1992, S. 12 f. – © Insel Verlag Frankfurt am Main und Leipzig 1992.

Venus-Gärtlein. Die geláhrte Schul-Meisterinn auff der Hohen-Venus-Schulen. In: Ein Liederbuch des XVII. Jahrhunderts. Nach dem Drucke von 1656. Hrsg. von Max Freiherrn von Waldberg. Halle a. S.: Max Niemeyer 1896, S. 35 f.

Wagner, Richard: Tannhäuser. Stuttgart: Reclam 1996, S. 18–23.

Waiblinger, Wilhelm: Venus des Capitols / Venus von Milo / Venus von Medizis / Venus. In: ders.: Werke und Briefe. Hrsg. von Hans Königer. Hier: Bd. 1: Gedichte. Stuttgart: J. G. Cotta'sche Buchhandlung 1980, S. 235, 244.

Zwetajewa, Marina: Хвала Афродите / Preis Aphrodites. In: dies.: Briefe an Bachrach und ausgewählte Gedichte. Übertragen von Irmgard Wille. Hrsg. von Siegfried Heinrichs. Berlin: Oberbaum 1989, S. 143, 145.

Abbildungsnachweise

Abb. S. 16: Geburt der Venus. Fragment vom sog. Ludovisischen Thron. 5. Jh. v. Chr. – Rom: Museo Nazionale Romano (Palazzo Altemps).

Abb. S. 28: Sandro Botticelli: Geburt der Venus. In: Rolf Toman (Hrsg.): Die Kunst der italienischen Renaissance. Köln: Könemann 1994, S. 283 – Florenz: Galleria degli Uffizi.

Abb. S. 94: Tempel der Aphrodite auf Knidos. In: Berthold Hinz: Aphrodite: Geschichte einer abendländischen Passion. München: Carl Hanser 1998, S. 42.

Abb. S. 96: Aphrodite von Knidos, römische Kopie nach Praxiteles. In: Berthold Hinz: Aphrodite: Geschichte einer abendländischen Passion. München: Carl Hanser 1998, S. 19 – Rom: Vatikanische Museen.

Abb. S. 131: In: Andreas Alciat: Emblematum liber. Mit Holzschnitten von Jörg Breu. Hildesheim/New York: Georg Olms Verlag 1977 [o. S.].

Abb. S. 136: Lucas Cranach d. Ä.: Venus in einer Landschaft – Paris: Louvre.

Abb. S. 200: Domenech der Jüngere [Pseudonym]: Muropictographische Studien. In: Fliegende Blätter, Bd. 35, Nr. 855, S. 166.

Abb. S. 201: Wilhelm Busch: Die fromme Helene. In: ders.: Sämtliche Werke und eine Auswahl in zwei Bänden. Hrsg. von Rolf Hochhuth. Hier: Bd. 2. Gütersloh: Sigbert Mohn Verlag 1959, S. 596.

Abb. S. 207: Venus von Milo – Paris: Louvre.

Abb. S. 217: Claus Grupen: Entdeckung der Venus. Mit Genehmigung des Zeichners gedruckt.

Abb. S. 254: Auguste Rodin: Die Toilette der Venus – Paris: Musée Rodin.

Abb. S. 294: Diego Velázquez: Venus mit Spiegel. In: José López-Rey: Velázquez. Köln: Taschen 1997, S. 158 f. – London: The Trustees of the National Gallery.

Abb. S. 294: Anonym: Venus nach Velázquez. In: Hans Körner: Edouard Manet. Dandy, Flaneur, Maler. München: Fink 1996, S. 80 – Paris: Bibliothèque Nationale, Cabinet des Estampes.

Weiterführende Literatur

Beller, Manfred: Narziß und Venus. Klassische Mythologie und romantische Allegorie von Eichendorffs Novelle »Das Marmorbild«. In: Euphorion 62 (1968), S. 117–142.

Bernoulli, J. J.: Aphrodite. Ein Baustein zur griechischen Kunstmythologie. Leipzig 1873.

Böhme, Hartmut: Romantische Adoleszenzkrisen. Zur Psychodynamik der Venuskultnovellen von Tieck, Eichendorff und E. T. A. Hoffmann. In: Literatur und Psychoanalyse. Vorträge des Kolloquiums am 6. und 7. Oktober 1980. Hrsg. von Klaus Bohnen [u. a.]. Kopenhagen/München 1981 (= Kopenhagener Kolloquien zur deutschen Literatur 3), S. 133–176.

Erim, Kenan: Aphrodisias, City of Venus Aphrodite. London 1986.

Gramaccini, Norberto: Mirabilia. Das Nachleben antiker Statuen vor der Renaissance. Mainz 1996.

Havelock, Christine Mitchell: The Aphrodite of Knidos and her Successors. A Historical Review of the Female Nude in Greek Art. University of Michigan 1995.

Hinz, Berthold: Statuenliebe. Antiker Skandal und mittelalterliches Trauma. In: Marburger Jahrbuch für Kunstwissenschaft. Bd. 22, 1989, S. 135–142.
–: Aphrodite: Geschichte einer abendländischen Passion. München 1998.

Klotz, Volker: Venus Maria. Auflebende Frauenstatuen in der Novellistik. Bielefeld 2000.

Kurzel-Runtscheiner, Monica: Töchter der Venus. Die Kurtisanen im 16. Jahrhundert. München 1995.

Mülher, Robert: Der Venusring. Zur Geschichte eines romantischen Motivs. In: Aurora 17 (1957), S. 50–62.

Pabst, Walter: Venus und die mißverstandene Dido. Literarische Ursprünge des Sybillen- und des Venusberges. Hamburg 1955.

Mythos Don Juan

Zur Entwicklung eines männlichen Konzepts

Herausgegeben von Beatrix Müller-Kampel
314 Seiten. Mit 13 Abbildungen. RBL 1675. 24,– DM
ISBN 3-379-01675-6

Wo begegnet man Don Juan oder Don Giovanni heutzutage? Außer in den Opernhäusern der Welt ist er an Orten anzutreffen, die nicht zu seinem Nimbus passen wollen: im Supermarkt, im Tabak- und Blumenladen. Eine Zigarrensorte führt seinen Namen ebenso wie eine karminrote Kletterrose. Ist dies das Ende Don Juans als mythische Gestalt?

Mozarts Wüstling entstammt der spanischen Literatur des 17. Jahrhunderts: Tirso de Molinas brutaler »Verführer von Sevilla« steht am Beginn seiner Karriere in der europäischen Dichtung. Über Italien gelangte der Stoff nach Frankreich; bei Molière erscheint Don Juan als Freigeist und Genießer. Die Burleske und das Puppenspiel bedienen sich im 18. Jahrhundert dieses Stoffs; seine reifste Formung erhält er in Da Pontes berühmtem Textbuch. Im 19. Jahrhundert tritt Don Juan als unwiderstehlicher Verführer, gar als romantischer Held auf. Im 20. Jahrhundert schließlich versucht sich die Gestalt von der traditionellen Verführerrolle zu befreien.

Die Texte dieser Sammlung zeigen, daß Don Juan nicht allein Inbegriff spanischer Mentalität, Emotionalität und Männlichkeit ist, sondern ein beständig aufscheinender Mythos der Neuzeit.

RECLAM-BIBLIOTHEK

Mythos Ikarus

Texte von Ovid bis Wolf Biermann

Herausgegeben von Achim Aurnhammer
und Dieter Martin
269 Seiten. Mit 18 Abbildungen. RBL 1646. 24,– DM
ISBN 3-379-01646-2

Für das 45. Wochenende vor der Jahrtausendwende sei
ein Lese- und Bilderbuch empfohlen, das nicht nur die
Kulturgeschichte eines Mythos schreibt und »zeigt«, sondern diesen Mythos als Katalysator einsetzt für eine euro-
päische Bewußtseins- und Rezeptionsgeschichte des Un-
botmäßigen. Aber noch einen anderen Gebrauchswert
besitzt die in fünf Abteilungen – Dädalus und Ikarus in der
Antike, Ikarus in Renaissance und Barock, Ikarus von der
Klassik bis zur klassischen Moderne, Ikariden vom Ex-
pressionismus bis zum Zweiten Weltkrieg, Ikarus in der
deutschen Dichtung der Gegenwart – gegliederte Sammlung: In einer fast schon bizarren Fülle liefert und entlarvt
sie Lesemodelle. Wer vögeln kann, kann auch fliegen, sagt
in einem Achternbuschfilm der Gehörnte – wobei er den
Liebhaber seiner Frau zum Dachfenster hinauswirft.
Der Barockdichter Daniel Czepko (1605 bis 1660) ar-
gumentiert ähnlich: »Was vor ein *Icarus* fleugt zu dem
Fenster naus? / Ich kenne seinen Fall, er hat sich ja verstie-
gen: / Ihr Buhler thut es nach, und mercket dieses Haus: /
Der vor in Federn lag, muß ohne Federn fliegen.«

Hermann Wallmann, Süddeutsche Zeitung v. 20./21. 2. 1999

Mythos Prometheus

Texte von Hesiod bis René Char

Herausgegeben von Wolfgang Storch und
Burghard Damerau
255 Seiten. RBL 1528. 24,– DM
ISBN 3-379-01528-8

Einen »Schicksalsmythus des Abendlandes« nannte H. G. Gadamer den Prometheus-Mythos. »Die Geschichte seiner Deutungen erzählen heißt daher, die Geschichte der abendländischen Menschheit selbst erzählen.« Über die Jahrhunderte hinweg zog der Stoff immer wieder bedeutende Schriftsteller in seinen Bann. Hesiod, Aischylos, Cicero versuchten sich daran, ebenso Augustinus, Shaftesbury, Herder, Goethe, Nietzsche, Kafka, Brecht, Gide, Camus, Benn, Heiner Müller, Franz Fühmann und viele andere. Die versammelten Textbeispiele zeugen von vielfältiger literarischer Rezeption: Prometheus erscheint als Menschenbildner und als Feuerbringer, als Gefesselter und als Befreiter. Prometheus faßt in sich die mythischen Urlehrer aller Völker zusammen, auf rebellische Art.

RECLAM-BIBLIOTHEK

Mythos Orpheus

Texte von Vergil bis Ingeborg Bachmann

Herausgegeben von Wolfgang Storch
291 Seiten. RBL 1590. 22,– DM
ISBN 3-379-01590-3

Wenn es eine Rangfolge der Ausstrahlung griechischer Mythen gibt, dann nimmt die Sage von Orpheus und Eurydike einen der ersten Plätze ein. Bis heute wird ihre Geschichte immer wieder neu aufgenommen und anders erzählt.
Die Kraft dieses Mythos beruht darauf, daß er von einer Grundfrage abendländischer Zivilisation erzählt. Ihre gewissermaßen dunkelste und letzte Frage ist, so scheint es, die nach der Möglichkeit eines glücklichen Lebens in Liebe und Weisheit. Die anhaltende Faszination dieses Stoffs entsteht aus der Unerschöpflichkeit der Deutungen und Fragen, die sich in ihm bieten. Es ist ein nicht endender Auslegungsprozeß, und der Leser wird mit seinen Erfahrungen an ihm teilnehmen.
Wolfgang Storch hat in Zusammenarbeit mit Kattrin und Marcus Deufert aus dieser über zweitausendjährigen Auseinandersetzung einen Fundus von mehr als 70 Texten zusammengestellt, mit einer feinsinnigen Einleitung eröffnet und im Anhang mit Essays bereichert und einer Bibliographie weiterführender Literatur ergänzt. Damit haben wir ein wunderbar handliches Lesebuch der Rezeptionsgeschichte des Orpheus-Mythos.

Mathias Marquardt, Berliner Morgenpost

Mythos Narziß

Texte von Ovid bis Jacques Lacan

Herausgegeben von Almut-Barbara Renger
320 Seiten. Mit 26 Abbildungen. RBL 1661. 24,– DM
ISBN 3-379-01661-6

Die Nymphe Echo verliebt sich in den schönen Jüngling
Narziß, der sie zurückweist. Nemesis straft ihn für die
Grausamkeit: Narziß muß sich in unbefriedigter Liebe zu
seinem Spiegelbild verzehren. Diese Version des alten
griechischen Mythos überliefert Ovid in seinen »Metamorphosen«. Doch Mythen sind vieldeutig. Die in diesem
Band versammelten Texte belegen es ein weiteres Mal.
Als Symbol hoffnungsloser Liebe erscheint Narziß in Dichtungen des Mittelalters und der Renaissance. Im 17. Jahrhundert figurieren Narziß und Echo als Beispiele für die
Torheit von Liebenden. Doch bereits den Romantikern
dient der Mythos modellhaft zur Beschreibung von Poe-
sie. Narziß gilt ihnen als Bild des Dichters schlechthin.
Seine in sich abgeschlossene Existenz wird von nun an kritischer Wertung unterzogen, liebeskalte Ich-Bezogenheit
facettenreich thematisiert: Rilke, Valéry, Trakl, später Marie Luise Kaschnitz, Karl Krolow, Inge Müller nehmen
Narziß als Metapher individueller und gesellschaftlicher
Befindlichkeit wahr. Mit Sigmund Freud, Lou Andreas-
Salomé, Erich Fromm, Jacques Lacan geht der »Fall Narziß« in die modernen Theorien vom Ich ein.

Panta rhei

Der Fluß und seine Bilder

Ein kulturgeschichtliches Lesebuch

Herausgegeben von Ute Seiderer
319 Seiten. Mit 17 Abbildungen. RBL 1677. 24,– DM
ISBN 3-379-01677-2

Was immer Flüsse dem Menschen bedeutet haben – es hat seinen Niederschlag gefunden bei Philosophen und Historikern, bei Dichtern und Essayisten. Sie führen den Leser dieser Anthologie an Initiations- und Inspirationsquellen, an Grenzflüsse und an heilige Flüsse, sie zeigen den Fluß als Lebenselixier und Erotikon, aber auch seine todbringende Gewalt.

Der Blick auf Natur ist zeitbedingt. Daß Flüsse in der Literatur der deutschen Klassik vornehmlich brausen und fast überschäumen, während sie ein Jahrhundert später ruhig dahinziehen, oder daß Bäche bei den Romantikern murmeln und plätschern, in barocken Zeiten hingegen hüpfen und springen – dies offenbart höchst unterschiedliche Denkweisen und Empfindungswelten ganzer Epochen. Die stinkenden Kanäle und versickernden Flüsse in der Literatur des beginnenden 20. Jahrhunderts stehen dagegen in verwunderlicher Nachbarschaft zu Leonardo da Vincis apokalyptischer Vision von der Austrocknung unterirdischer Wasserwege. Panta rhei: Alles fließt. – Aber wie?

Wildes Wetter!

Ein literarischer Begleiter durch Heiteres und Wolkiges

Herausgegeben von Horst Kutzer
251 Seiten. RBL 1692. 16,90 DM
ISBN 3-379-01692-6

Horst Kutzer, ein Liebhaber und Kenner wetter- und landschaftsbezogener literarischer Texte, lebt in Küstennähe und steht dort bisweilen »unter dem Einfluß von grauen, nebeligen Stunden« – um so heiterer ist sein Buch, in dem er die schönsten Texte über das Wetter aus drei Jahrhunderten versammelt.

»Der Regen«, sagt Karl Valentin, »ist eine primöse Zersetzung luftähnlicher Mibrollen und Vibromen.« Ob Frau Dr. Karla Wege (auch sie ist hier vertreten, danke!) dem zustimmt? »In der Sonne sehen die Menschen aus, als verdienten sie es zu leben«, sagt Canetti. Verdienen sie es also? Jean Paul wiederum: »Nichts am Himmel gebiert uns so oft und leicht Gewölk als seine Bläue.« Diese kleine, liebevolle Sammlung kann nur Grundstein einer Bibliothek sein, die erst noch folgen muss: Die Literatur des Wetters ist die Literatur.

Ulrich Greiner, DIE ZEIT

Das bleibt

Deutsche Gedichte 1945–1995

Herausgegeben von Jörg Drews
274 Seiten. RBL 1532. 25,– DM
ISBN 3-379-01532-6

Die ewigen Rechtfertigungen des eigenen Geschmacks, der eigenen Vorlieben und Besessenheiten scheint Drews satt zu haben. Er nennt seine Anthologie schlicht und wohl mit der Faust auf den Tisch schlagend: »Das bleibt«. Schließlich hat Drews seine Kriterien oft genug formuliert.

Jürgen Werth, Radio Bremen

Seine Auswahl beispielhafter Texte aus dieser Moderne gibt einen eigenwilligen und anregenden Querschnitt. Man hat etwas in der Hand, mit dem sich umgehen läßt ... Einer ihrer Vorzüge ist, daß sie Streitigkeiten auslösen und ein bißchen Bewegung bringen könnte.

Heinrich Vormweg, WDR

Also (viele völlig Mißachtete werden dem gerne zustimmen) wohl noch nicht die Ultima ratio, aber (viele »Bleibende« werden es nicht bestreiten) ein klug, mit Humor und Sinn für das Originelle arrangierter lyrischer Kanon, über dessen Auswahlkriterien man sich mit Gewinn ärgern kann.

Rheinischer Merkur

Feuerharfe

Deutsche Gedichte jüdischer Autoren
des 20. Jahrhunderts

Herausgegeben von Josef Billen
281 Seiten. RBL 1598. 24,– DM
ISBN 3-379-01598-9

Die jüdische Welt im Deutschland des 20. Jahrhunderts –
wie sah sie aus, wie spiegelte sich ihr Wesen im Werk des
Dichters? – Die Autoren der vorliegenden Sammlung zeigen es auf mannigfache Weise: gemäß ihrem religiösen, ethnischen, weltanschaulichen und künstlerischen Selbstverständnis. Im Spannungsfeld von Annahme und Abweisung
durch das umgebende Milieu und von eigenem Assimilations- und Dissimilationsstreben stellen sie die klassischen
Fragen nach Gott und der Welt, versuchen sie sich ihrer
Wurzeln zu versichern und gegenwärtiger Gemeinschaft. –
Aus dem Dasein als Jude sind in jedem Fall extreme Bewußtseins- und Erfahrungsinhalte hervorgegangen. Seismographisch werden die Anzeichen der heraufziehenden
Katastrophe des nazistischen Völkermords aufgenommen.
Dieser ist die thematische Mitte der Anthologie: Klage, Verzweiflung, Gedenken und Weiterdenken, Auseinandersetzung mit Verdrängung und Verleugnung begegnen hier. Vor
allem aber die Frage: Wie weiterleben nach dem ungeheuerlichen Geschehen?

Der Herausgeber Josef Billen lehrt am Institut für Deutsche
Sprache und Literatur und ihre Didaktik der Universität
Münster.